Öffentlich-rechtliche Kreditinstitute
und EU-Beihilferegime

Europäische Hochschulschriften
Publications Universitaires Européennes
European University Studies

Reihe II
Rechtswissenschaft

Série II Series II
Droit
Law

Bd./Vol. 3177

PETER LANG
Frankfurt am Main · Berlin · Bern · Bruxelles · New York · Oxford · Wien

Hilger v. Livonius – Freiherr v. Eyb

Öffentlich-rechtliche Kreditinstitute und EU-Beihilferegime

Eine Betrachtung aus deutscher Sicht

PETER LANG
Europäischer Verlag der Wissenschaften

Die Deutsche Bibliothek - CIP-Einheitsaufnahme

Livonius von Eyb, Hilger/von:

Öffentlich-rechtliche Kreditinstitute und EU-Beihilferegime : eine Betrachtung aus deutscher Sicht / Hilger von Livonius Frh. von Eyb. - Frankfurt am Main ; Berlin ; Bern ; Bruxelles ; New York ; Oxford ; Wien : Lang, 2001
(Europäische Hochschulschriften : Reihe 2, Rechtswissenschaft ; Bd. 3177)
Zugl.: Mainz, Univ., Diss., 2001
ISBN 3-631-38050-X

D 77
ISSN 0531-7312
ISBN 3-631-38050-X

www.peterlang.de

VORWORT:

Die vorliegende Arbeit hat dem Fachbereich Rechts- und Wirtschaftswissenschaften der Johannes Gutenberg-Universität Mainz im Wintersemester 2000/2001 unter dem gleichlautenden Titel als Dissertation vorgelegen.

Mein besonderer Dank gilt meinem Vater, der die Anregung zu dieser Arbeit gab, sowie Herrn Professor Dr. Mathias Habersack, der die Arbeit geduldig betreut und stets hilfreich unterstützt hat. Zu danken habe ich auch Herrn Professor Dr. Meinrad Dreher, LL.M. für die rasche Abfassung des Zweitgutachtens.

Mein Dank gilt außerdem allen, die mich während der Abfassung dieser Arbeit mit Rat und Tat begleitet haben. Schließlich danke ich all jenen, die mir bereitwillig Informationsmaterial zur Verfügung gestellt haben, wobei ich insbesondere den Bundesverband deutscher Banken sowie den Deutschen Sparkassen- und Giroverband herausheben möchte.

Rechtsprechung und Literatur sind bis Januar 2001 berücksichtigt.

München, im März 2001 — Hilger v. Livonius – Freiherr v. Eyb

INHALT:

Literaturverzeichnis 13

Abkürzungsverzeichnis 23

1. Teil: Einleitung

I. Einführung in die Thematik 25
II. Die Stellung der öffentlich-rechtlichen Kreditinstitute im deutschen Bankensystem 27
1. Das Dreisäulenkonzept des deutschen Bankwesens 27
2. Verfassungsrechtliche Grundlagen des Bankwesens 28
3. Privatrechtlich organisierte Kreditinstitute 28
4. Genossenschaftlich organisierte Kreditinstitute 29
5. Öffentlich-rechtlich organisierte Kreditinstitute 30
5.1 Sparkassensektor 30
5.2 Kreditinstitute mit Sonderaufgaben 31
6. Konflikt der Institutsgruppen 32
6.1 „WestLB-Verfahren" 32
6.2 Wettbewerbsuntersuchung der Kommission 34
6.3 Standpunkt der deutschen Politik 36

2. Teil: Beihilferechtliche Analyse

I. Die Befugnisse der Gemeinschaft 38
1. Grundsatz der Subsidiarität 38
2. Erhalt der nationalen Identität 41
3. Verhältnismäßigkeitsgrundsatz 43
II. Das EG-Beihilfenregime als Teil der europäischen Wettbewerbsordnung (allgemeine Darstellung) 44
1. Die Bestimmungen des EG-Beihilfenrechts 44
2. Der Beihilfebegriff 45
2.1 Kreis der Empfänger 45
2.2 Begünstigung 46
2.3 Beihilfegeber 47
2.4 Fehlendes Leistungsäquivalent 48
2.5 Verfälschung des Wettbewerbs 50
2.6 Beeinträchtigung des innergemeinschaftlichen Handels 51
2.7 Beispiele 51
2.8 Zusammenfassung 53

3. Anwendbarkeit auf öffentliche Unternehmen 53
4. Bestehende und neue Beihilfen 56
III. Umfang der Beihilferechtlichen Analyse 57
IV. Darstellung der Institute 58
1. Sparkassen 58
1.1 Gesetzlicher Rahmen 60
1.2 Aufbau und Organisation 60
1.3 Aufgaben 62
1.4 Sondervorteile 63
1.4.1 Gewährträgerhaftung 63
1.4.2 Anstaltslast 64
1.4.3 Sonstige Sondervorteile 65
2. Landesbanken 66
2.1 Gesetzlicher Rahmen 68
2.2 Aufbau und Organisation 68
2.3 Aufgaben 69
2.4 Sonderstatus 70
3. Deutsche Postbank AG 71
3.1 Gesetzlicher Rahmen 71
3.2 Aufbau und Organisation 72
3.3 Aufgaben 73
3.4 Sonderstatus 73
4. Kreditinstitute mit Sonderaufgaben 74
4.1 Kreditanstalt für Wiederaufbau 74
4.2 Deutsche Ausgleichsbank 77
4.3 Landwirtschaftliche Rentenbank 78
4.4 Deutsche Siedlungs- und Landesrentenbank 81
4.5 Institute der Bundesländer 82
V. Beihilferechtliche Prüfung der Sondervorteile 84
1. Anstaltslast und Gewährträgerhaftung 84
1.1 Allgemeingültigkeit 85
1.2 Rechtliche Einordnung 86
1.3 Verhältnis zur Einlagensicherung 87
1.3.1 Entwicklung der Einlagensicherung in Deutschland 88
1.3.2 Heutiger Stand der Einlagensicherung 89
1.3.2.1 Private Banken 89
1.3.2.2 Institute des Bundesverbandes öffentlicher Banken 90
1.3.2.3 Sparkassen/Landesbanken 90
1.3.2.4 Genossenschaftsbanken 91
1.3.3 Mittelaufbringung für die Sicherungseinrichtungen 91
1.3.4 Struktur der Sicherungssysteme 92
1.3.5 Zwischenergebnis 92

1.4 Tatsächlicher Vorteil durch Credit-Rating 93
1.4.1 Bedeutung und Grundlagen eines Rating 94
1.4.2 Vorteil oder „Marktreflex" 96
1.4.3 Tatsächliche Auswirkungen 96
1.4.4 Ermittlung des Beihilfewertes 98
2. Steuervergünstigungen 99
3. Zwischenergebnis 100
VI. Vorteilskompensation 103
1. Erfüllung eines öffentlichen Auftrags 104
1.1 Feststellung eines öffentlichen Auftrages 104
1.2 Fortdauern dieses öffentlichen Auftrages 106
2. Sonstige öffentlich-rechtliche Bindungen 108
2.1 Kontrahierungszwang 108
2.2 Regionalprinzip 109
2.3 Verbot der Gewinnmaximierung 110
2.4 Weitere Geschäftsbeschränkungen 110
2.5 Eigenkapitalbildung 111
2.6 Fremdkapitalaufnahme 113
3. Bewertung 113
VII. Ausnahmen vom Beihilfeverbot 114
1. Erbringung von Dienstleistungen von allgemeinem wirtschaftlichen Interesse 115
1.1 Prinzip des dynamischen Gleichgewichts 115
1.2 Begriff der Dienstleistungen von allgemeinem wirtschaftlichen Interesse 116
1.3 Bankdienstleistungen als Dienstleistungen von allgemeinem wirtschaftlichen Interesse 118
1.4 Verhinderung der Aufgabenerfüllung 119
2. „De-minimis"-Regelung 121
3. Ausgleich von Teilungsfolgen in Ostdeutschland 123
4. Bestandsgarantie für die Eigentumsordnung 125
5. „Amsterdamer Erklärung" 129
6. Ungeschriebenes Gemeinschaftsrecht 131
7. Auslegung der Verträge 132
7.1 Auslegungsmethoden 132
7.2 Historische Betrachtung 133
7.3 Ständige Rechtsvergleichung/europäischer Kontext 134
7.3.1 Frankreich 135
7.3.2 Italien 136
7.3.3 Österreich 137
7.3.4 Schweden 138
7.3.5 Spanien 138

7.3.6 Zusammenfassung 138
VIII. Zwischenergebnis 139

3. Teil: Lösungsmodelle

I. Freiwillige Reformansätze 143
1. Förderinstitute des Bundes 143
2. Sparkassenorganisation 144
II. Offenlegung der Finanzbeziehungen 146
1. Transparenzrichtlinie 147
2. Segmentberichterstattung 151
III. Aufgabe von Anstaltslast und Gewährträgerhaftung 155
IV. Privatisierung 156
V. Vergütungsmodelle 160
1. Ausschüttungsmodell 160
2. Kompensationsmodell 162
VI. Zusammenfassung und Ausblick 163

Anhang I

BEIHILFEPROBLEMATIK BEI ÖFFENTLICH-RECHTLICHEN KREDITINSTITUTEN - CHRONOLOGISCHE DARSTELLUNG - 168

Anhang II

ENTSCHLIEßUNG DES BUNDESRATS ZUR FRAGE DER ANSTALTSLAST UND GEWÄHRTRÄGERHAFTUNG BEI ÖFFENTLICH-RECHTLICHEN KREDITINSTITUTEN 170

Anhang III

MEMORANDUM DER MINISTERPRÄSIDENTEN DER BUNDESLÄNDER ZU ANSTALTSLAST UND GEWÄHRTRÄGERHAFTUNG 172

Anhang IV

ERKLÄRUNG NR. 37 GEMÄß DER SCHLUSSAKTE ZUM VERTRAG VON AMSTERDAM 176

Anhang V

STELLUNGNAHME DER BUNDESREGIERUNG ZU DEN FRAGEN DER EU-KOMMISSION 177

Anhang VI

STELLUNGNAHME DES BUNDESVERBANDES DEUTSCHER BANKEN ZU DEN FRAGEN DER EU-KOMMISSION 182

Anhang VII

MITTEILUNG DER KOMMISSION VOM 28.10.1998 185

Anhang VIII

ENTSCHLIEßUNG DES BUNDESRATS VOM 09.07.1999 188

Anhang IX

DEUTSCHER SPARKASSEN UND GIROVERBAND

ÖFFENTLICH-RECHTLICHE KREDITINSTITUTE IN DEUTSCHLAND 189

Anhang X

ANTWORT DER BUNDESREGIERUNG AUF DIE KLEINE ANFRAGE

DER ABGEORDNETEN URSULA LÖTZER UND DER FRAKTION DER PDS 194

Anhang XI

ANTWORT DER BUNDESREGIERUNG AUF DIE KLEINE ANFRAGE

DER ABGEORDNETEN RAINER BRÜDERLE, RAINER FUNKE, DR. WERNER HOYER, WEITERER ABGEORDNETER UND DER FRAKTION DER FDP 198

Anhang XII

BANKENVEREINIGUNG DER EUROPÄISCHEN UNION:

BESCHWERDEBEGRÜNDUNG VOM 26.07.2000 201

Anhang XIII

BUNDESVERBAND ÖFFENTLICHER BANKEN DEUTSCHLANDS:

STELLUNGNAHME ZU DER ORGANISATION DER LANDESBANKEN

ALS ANSTALTEN DES ÖFFENTLICHEN RECHTS

VOR DEM HINTERGRUND DER EU-BEIHILFE-DISKUSSION 205

ANMERKUNG:

Die in Zitaten mit eckigen Klammern eingefügten Zusätze sind Anmerkungen/Hinweise des Verfassers.

LITERATURVERZEICHNIS

I. MONOGRAPHIEN/KOMMENTARE:

AUTOR/HERAUSGEBER	TITEL/VERLAG/ZITIERWEISE
Arthur Andersen	Körperschaftsteuergesetz (Lsbl.), Stollfuß-Verlag, Bonn/Berlin; zit.: *Bearbeiter* in Arthur Andersen, § ... Rn. ...
Beck'scher Bilanz-kommentar (Handels- und Steuerrecht)	bearbeitet von Wolfgang Dieter Budde, Hermann Clemm, Helmut Elrott und Gerhart Förschle; 4. Auflage (1999), C.H. Beck'sche Verlagsbuchhandlung, München; zit.: *Autoren* in Beck'scher Bilanzkommentar, § ... Rn. ...
Bleckmann, Albert........	Europarecht, 6. Auflage (1997), Carl Heymanns Verlag KG, Köln/Berlin/Bonn/München; zit.: Bearbeiter in Bleckmann, Rn. ...
Boos, Karl-Heinz / Fischer, Reinfrid / Schulte-Mattler, Hermann	Kreditwesengesetz (Kommentar), C.H. Beck'sche Verlagsbuchhandlung, München, 2000; zit.: Bearbeiter in Boos/Fischer/Schulte-Mattler, § ... Rn. ...
Claussen, Peter..............	Bank- und Börsenrecht, 2. Auflage, C.H. Beck'sche Verlagsbuchhandlung, München, 2000; zit.: Claussen, § ... Rn. ...
Dötsch, Ewald / Eversberg, Horst / Jost, Werner F. / Witt, Georg........	Die Köperschaftsteuer (Lsbl.), Schäffer-Poeschel Verlag, Stuttgart; zit.: Dötsch/Eversberg/Jost/Witt, § ... Rn. ...
Dreher, Meinrad	Die Staatliche Eigenkapitalzufuhr an Gesellschaften als Beihilfe im Sinne des EG-Vertrages, in Gedächtnisschrift für Brigitte Knobbe-Keuk (hrsg. von Wolf-

gang Schön), Otto Schmidt Verlag, Köln, 1997; zit.: Dreher in Gedächtnisschrift Knobbe-Keuk, S. 583 ff.

Dreier, Horst .... Grundgesetz (Kommentar), Band II (Art. 20 – 82), Verlag J. C. B. Mohr, Tübingen, 1998; zit.: *Bearbeiter* in Dreier, Art. ... Rn. ...

Fischer, Reinfried / Klanten, Thomas .... Bankrecht (Grundlagen der Rechtspraxis), 3. Auflage (2000), RWS-Verlag, Köln; zit.: Fischer/Klanten, Rn. ...

Frotscher, Gerrit / Maas, Ernst .... Köperschaftsteuergesetz, Umwandlungssteuergesetz (Lsbl.), Rudolf Haufe Verlag, Freiburg; zit.: *Bearbeiter* in Frotscher/Maas, § ... Rn. ...

Geiger, Rudolf .... EG-Vertrag, 2. Auflage (1995), C. H. Beck'sche Verlagsbuchhandlung, München; zit.: Geiger, Art. ... Rn. ...

Glanegger, Peter / Güroff, Georg .... Kommentar zum Gewerbesteuergesetz, 4. Auflage (1999), C.H. Beck'sche Verlagsbuchhandlung, München; zit.: *Bearbeiter* in Glanegger/Güroff, § ... Rn. ...

Grabitz, Eberhard / Hilf, Meinhard .... Das Recht der Europäischen Union (Lsbl.), C. H. Beck'sche Verlagsbuchhandlung, München; zit.: Autor in Grabitz/Hilf, Art ... Rn. ...

Gürsching, Lorenz / Stenger, Alfons .... Bewertungsgesetz, Vermögensteuergesetz (Lsbl.), Dr. Otto Schmidt Verlag, Köln; zit.: Gürsching/Stenger, § ... Rn. ...

Haegele, Karl / Schöner, Hartmut / Stöber, Kurt .... Grundbuchrecht, 11. Auflage, C.H. Beck'sche Verlagsbuchhandlung, München, 1997; zit.: Haegele/Schöner/Stöber, Rn. ...

Hellner, Thorwald / Steuer, Stephan .... Bankrecht und Bankpraxis (Loseblatt), Bank-Verlag,

Köln; zit.: *Autor* in Hellner/Steuer, Abschnitt ...

Immenga, Ulrich / Rudo, Joachim.................... Die Beurteilung von Gewährträgerhaftung und Anstaltslast der Sparkassen und Landesbanken nach dem EU-Beihilfenrecht, Nomos Verlagsgesellschaft, Baden-Baden (1997); zit.: Immenga/Rudo, S. ...

Jarass, Hans / Pieroth, Bodo .... Grundgesetz für die Bundesrepublik Deutschland, 4. Auflage (1997), C.H.Beck'sche Verlagsbuchhandlung, München; zit.: *Bearbeiter* in Jarass/Pieroth, Art. ... Rn. ...

Kümpel, Siegfried.......... Bank- und Kapitalmarktrecht, 2. Auflage (2000), Otto-Schmidt-Verlag, Köln; zit: Kümpel, Rn. ...

Leibholz, Gerhard / Rinck, Hans-Justus / Hesselberger, Dieter..... Grundgesetz (Lsbl.), Dr. Otto Schmidt Verlag, Köln; zit.: Leibholz/Rinck/Hesselberger, Art. ... Rn. ...

Lenski, Edgar / Steinberg, Wilhelm .... Gewerbesteuergesetz (Lsbl.), Dr. Otto Schmidt Verlag, Köln; zit.: Lenski/Steinberg, § ... Rn. ...

Lenz, Carl Otto............... EG-Vertrag, 2. Auflage (1999), Bundesanzeiger Verlagsgesellschaft mbH, Köln; zit. Bearbeiter in Lenz, Art. ... Rn. ...

Pellens, Bernhard .... Internationale Rechnungslegung , 3. Auflage (1999), Schäffer-Poeschel Verlag, Stuttgart; zit.: Pellens, S. ....

Schimansky, Herbert / Bunte, Hermann-Josef / Lwowski, Hans-Jürgen Bankrechts-Handbuch, C. H. Beck'sche Verlagsbuchhandlung, München (1997); zit.: *Autor* in Schimansky/Bunte/Lwowski, § ... Rn. ...

Schweitzer, Michael / Hummer, Waldemar..... Europarecht, 5. Auflage (1996), Luchterhand Verlag GmbH; zit.: Schweitzer/Hummer, Rn. ...

Stern, Klaus .... Anstaltslast und Gewährträgerhaftung in europarechtlicher Bewertung, Rechtsgutachten erstattet dem Deutschen Sparkassen- und Giroverband, Köln (1997); zit.: Stern, S. ...

von der Groeben, Hans / Thiesing, Jochen / Ehlermann, Claus-Dieter .... Kommentar zum EU-/EG-Vertrag, 5. Auflage (1997), Nomos Verlagsgesellschaft, Baden-Baden; zit.: *Bearbeiter* in Groeben/Thiesing/Ehlermann, Art. ... Rn. ...

Wolff, Hans J. / Bachof, Otto / Stober, Rolf .... Verwaltungsrecht II, 5. Auflage (1987), C.H.Beck'sche Verlagsbuchhandlung, München; zit.: Wolff/Bachof/Stober, § ... Rn. ...

II. AUFSÄTZE:

AUTOR	TITEL/ZEITSCHRIFT
Badura, Peter	Das öffentliche Unternehmen im europäischen Binnenmarkt in *ZGR* 1997, 291
Bartosch, Andreas	Öffentlichrechtliche Rundfunkfinanzierung und EG-Beihilfenrecht – eine Zwischenbilanz in *EuZW* 1999, 176
Bartosch, Andreas	Verschärft sich die Spruchpraxis zum Europäischen Beihilfenrecht in *ZIP* 2000, 2010
Beike, Rolf	Die Segmentberichterstattung der Kreditinstitute nach International Accounting Standards in *Finanz Betrieb* 1999, 420
Bezzenberger, Gerold ..	Die öffentliche Anstalt als abhängiges Konzernunternehmen in *ZGR* 1996, 481
Blaß, Uwe	Die Umwandlung der DSL Bank in eine Aktiengesellschaft in *Kreditwesen* 2000, 79
Benecke, Birka	Neue Vorschriften zur Segmentberichterstattung nach IAS und US-GAAP unter dem Aspekt des Business Reporting in *Wpg* 1998, 92
Böcking, Hans-Joachim	Neue Vorschriften zur Segmentberichterstattung

nach IAS und US-GAAP unter dem Aspekt des Business Reporting in *Wpg* 1998, 92

Bös, Dietmar.................... Private public partner-ship: Gemeinschaftsunternehmen zwischen Privaten und der öffentlichen Hand in *ZGR* 1996, 519

Britz, Gabriele................ Staatliche Förderung gemeinwirtschaftlicher Dienstleistungen in liberalisierten Märkten und Europäisches Wettbewerbsrecht in *DVBl* 2000, 1641

Busch, Torsten................ Swapgeschäfte der Landesbanken in *WM* 1995, 326

Busch, Torsten................ Die Nachhaftung des Anstalts- bzw. Gewährträgers bei Privatisierung der Rechtsform öffentlich-rechtlicher Kreditinstitute in AG 1997, 357

Busch, Torsten................ Anstaltslast und Gewährträgerhaftung als Beihilfen im Sinne von Art. 92 EGV? in *EuZW* 1997, 602

Claußen, Carsten.......... Kapitalflußrechnung und Segmentberichterstattung in *ZGR* 1999, 499

Dreher, Meinrad............ Die neue deutsche Einlagensicherung im Bereich der privaten Banken und das Europarecht in *ZIP* 1998, 1777

Düren, Alexandra.......... Die kreditwirtschaftliche Versorgung der Verbraucher und des Mittelstandes in Großbritannien in *Sparkasse* 2000, 293

Emmerich, Volker.......... Neues zur Zulässigkeit der wirtschaftlichen Betätigung der öffentlichen Hand in AG 1985, 293

Endell, Antje.................. Sind die privaten deutschen Großbanken „Gewährträger" ihrer Tochtergesellschaften? in *Kreditwesen* 1997, 710

Fischer, Hans Georg..... Die neue Verfahrensordnung zur Überwachung staatlicher Beihilfen nach Art. 93 (jetzt Art. 88) EGV in *ZIP* 1999, 1426

Friesen, Alexander v...... Umgestaltung des öffentlichrechtlichen Bankensektors angesichts des Europäischen Beihilfenrechts in *EuZW* 1999, 581

Gärtner, Wolfram........... Die Transparenz der Finanzbeziehungen innerhalb der öffentlich-rechtlichen Kreditinstitute in *ZBB* 1998, 6

Gerlach, Rolf.................. Die Arbeit der Verwaltungsräte in Sparkassen in *Kreditwesen* 2000, 187

Gruson, Michael............ Zum Fortbestehen von Anstaltslast und Gewährträgerhaftung zur Sicherung der Anleihen von Landesbanken in *EuZW* 1997, 357

Gusy, Christoph .... Privatisierung und parlamentarische Kontrolle in *ZRP* 1998, 265

Habersack, Mathias ...... Staatsbürgschaften und EG-vertragliches Beihilfeverbot in *ZHR* 159 (1995), 663

Habersack, Mathias ...... Public private partnership: Gemeinschaftsunternehmen zwischen Privaten und der öffentlichen Hand – Gesellschaftsrechtliche Analyse – in *ZGR* 1996, 544

Hakenberg, Waltraud ... Die Rechtsprechung des EuGH auf dem Gebiet der staatlichen Beihilfen im Jahre 1996 in *EWS* 1997, 217

Haug, Volker .... Funktionsvorbehalt und Berufsbeamtentum als Privatisierungsschranken in *NVwZ* 1999, 816

Heinke, Volker .... Rating am europäischen Kapitalmarkt: Aktuelle Entwicklungstendenzen – Teil I in *Finanz Betrieb* 2000, 1

Heinke, Volker .... Rating am europäischen Kapitalmarkt: Nutzenaspekte und Empirische Analysen (Teil II), *Finanz Betrieb* 2000, 138

Herdegen, Matthias ...... Die vom Bundesrat angestrebte Festschreibung der Privilegien öffentlich-rechtlicher Kreditinstitute: Gefahr für die EG-Wettbewerbsordnung in *WM* 1997, 1130

Hirsbrunner, Simon .... Anstaltslast und Gewährträgerhaftung und die Zwischenstaatlichkeitsklausel in Art. 87 EG in *EuZW* 2000, 364

Horn, Hans-Detlef .... Sparkassen privatisieren? in *Sparkasse* 1999, 187

Jöhnk, Thorsten .... Probleme der Bestimmung der Eigenkapitalkosten öffentlicher Unternehmen in *Kreditwesen* 1999, 1052

Jöhnk, Thorsten .... Probleme der Bestimmung der Eigenkapitalkosten öffentlicher Unternehmen in *Kreditwesen* 1999, 1052

Kahl, Wolfgang .... Das öffentliche Unternehmen im gegenwind des europäischen Beihilferegimes in *NVwZ* 1996, 1082

Kenntner, Markus .... Das Subsidiaritäsprotokoll des Amsterdamer Vertrages in *NJW* 1998, 2871

Knobbe-Keuk, Brigitte .. Zum Landesbanken-Trick und der wundersamen Vermehrung von bankaufsichtsrechtlichem „Eigenkapital" in *DB* 1992, 563

Koenig, Christian .... Zur Anwendbarkeit der Ultra-vires-Lehre im Falle des Überschreitens der gesetzlich begrenzten Aufgaben öffentlicher Kreditanstalten am Beispiel einer Landesbank in *WM* 1995, 317

Koenig, Christian........... Begründen Anstaltslast und Gewährträgerhaftung unabhängig von ihrer Kodifizierung tragfähige Kreditmerkmale öffentlicher Finanzinstitute? in *WM* 1995, 821

Koenig, Christian........... Zur Auslegung der Amsterdamer Erklärung im Hinblick auf die EG-Beihilfenaufsicht über Landesbanken in *WM* 1997, 1279

Koenig, Christian........... Die Privilegien öffentlich-rechtlicher Einstandspflichten zugunsten der Landesbanken vor den Schranken der EG-Beihilfenaufsicht in *EWS* 1998, 149

Koenig, Christian........... Fremd- und Eigenkapitalzufuhr an Unternehmen durch die öffentliche Hand in *ZIP* 2000, 53

Koenig, Christian........... Grundfragen des EG-Beihilferechts in *NJW* 2000, 1065

Koenig, Christian........... Zur Beihilfenaufsicht über Anstaltslast und Gewährträgerhaftung nach Art. 93 EGV in *EuZW* 1997, 363

Köhler, Helmut...............

Öffentlicher Auftrag, Subvention und unlauterer Wettbewerb in *NJW* 1995, 1705

Köhler, Horst................... Die Sparkassenprinzipien in *Kreditwesen* 1998, 376

Kruse, Eberhard............. Kommunale Sparkassen im Blickfeld des europäischen Beihilferechts in *NVwZ* 2000, 721

Kühling, Jürgen.............. Grundfragen des EG-Beihilferechts in *NJW* 2000, 1065

Martin-Ehlers, Andres.... Der „Private Investor" als Maßstab für das Vorliegen staatlicher Beihilfen in *EWS* 1999, 245

Mauerer, Anton............. Shareholder-Value: ein Bumerang für die Zukunft der Sparkassen in *Kreditwesen* 1999, 438

Merl, Günther................. Investment Banking – auch für Sparkassen in *Kreditwesen* 1998, 392

Milbradt, Georg............. Sächsische Verbundlösung – Konzept für eine sichere Zukunft in Sachsen in *WM* 1999, 1164

Monti, Mario................... Die Integration des europäischen Finanzsektors: Die nächsten Schritte in *WM* 1998, 1764

Möschel, Wernhard....... Privatisierung der Sparkassen in *WM* 1993, 93

Niemeyer, Hans-Jörg.... Anstaltslast und Gewährträgerhaftung und die Zwischenstaatlichkeitsklausel in Art. 87 EG in *EuZW* 2000, 364

Nippel, Peter .... Eigenkapital, Eigenkapitalkosten und Gewinnverwendung öffentlich-rechtlicher Kreditinstitute in ZBB 2000, 217

Padberg, Thomas .... Die Segmentberichterstattung der Kreditinstitute nach International Accounting Standards in *Finanz Betrieb* 1999, 420

Palmen, Hans-Richard.. Zwischen öffentlichem Auftrag und Wettbewerb in *Kreditwesen* 1999, 478

Peres, Holger .... Anstaltslast und Gewährträgerhaftung bei kommunalen Sparkassen und Landesbanken in *BB* 1997, 1749

Rehm, Hannes .... Öffentlich-rechtliche Sparkassen: Privatisierung, weil erfolgreich im Wettbewerb? in *WM* 1993, 133

Rümker, Dietrich .... Bei der Außenfinanzierung stehen öffentlichen Banken nicht die gleichen Möglichkeiten offen wie anderen Bankengruppen in *Kreditwesen* 1996, 1992

Sander, Claude .... Zur Beihilfenaufsicht über Anstaltslast und Gewährträgerhaftung nach Art. 93 EGV in *EuZW* 1997, 363

Scherer, Peter .... Staatliche Beihilfen und Kreditgewerbe in *ZBB* 1996, 165

Schmid, Kathrin .... Öffentlichrechtliche Kreditinstitute und EU-Beihilfenrecht in *NJW* 1998, 716

Schmidt, Rainer .... Der Übergang öffentlicher Aufgabenerfüllung in private Rechtsformen in *ZGR* 1996, 345

Schneider, Friedrich...... Private public partner-ship: Gemeinschaftsunternehmen zwischen Privaten und der öffentlichen Hand in *ZGR* 1996, 519

Schneider, Hannes........ Swapgeschäfte der Landesbanken in *WM* 1995, 326

Schneider, Hannes........ Anstaltslast und Gewährträgerhaftung als Beihilfen im Sinne von Art. 92 EGV? in *EuZW* 1997, 602

Schoch, Friedrich .... Privatisierung von Verwaltungsaufgaben in *DVBl* 1994, 962

Schödermeier, Martin... Staatliche Beihilfen und Kreditgewerbe in *ZBB* 1996, 165

Schön, Wolfgang .... Der Einfluß öffentlich-rechtlicher Zielsetzungen auf das Statut privatrechtlicher Eigengesellschaften der öffentlichen Hand – Gesellschaftsrechtliche Analyse – in *ZGR* 1996, 429

Schröder, Michael......... Messung des Marktrisikos von Kapitalanlagen in *Finanz Betrieb* 1999, 383

Schroeder, Werner........ Vernünftige Investition oder Beihilfe? in *ZHR* 161 (1997), 805

Schuster, Detlev............ Die öffentliche Anstalt als abhängiges Konzernunternehmen in *ZGR* 1996, 481

Schwarze, Jürgen.......... Der Staat als Adressat des europäischen Wettbewerbsrechts in *EuZW* 2000, 613

Spannowsky, Willy........ Der Einfluß öffentlich-rechtlicher Zielsetzungen auf das Statut privatrechtlicher Eigengesellschaften der öffentlichen Hand – öffentlich-rechtliche Vorgaben, insbesondere zur Ingerenzpflicht – in *ZGR* 1996, 400

Spannowsky, Willy........ Öffentlich-rechtliche Bindungen für gemischtwirtschaftliche Unternehmen in *ZHR* 1996, 560

Sprißler, Wolfgang......... Segmentberichterstattung – welche Quellen hat der Erfolg des Bankkonzerns? in *Kreditwesen* 1999, 384

Steindorff, Ernst.............. Öffentlicher Auftrag, Subvention und unlauterer Wettbewerb in *NJW* 1995, 1705

Steindorff, Ernst.............. Mehr staatliche Identität, Bürgernähe und Subsidiarität in Europa in *ZHR* 163 (1999), 395

Steiner, Manfred............ Rating am europäischen Kapitalmarkt: Aktuelle Entwicklungstendenzen – Teil I in *Finanz Betrieb* 2000, 1

Steiner, Manfred............ Rating am europäischen Kapitalmarkt: Nutzenaspekte und Empirische Analysen (Teil II), *Finanz Betrieb* 2000, 138

Stern, Klaus..................... Die institutionellen Grundlagen der Sparkassenorganisation in *Sparkasse* 1999, 470

Steuer, Stephan............. Das Gesetz zur Umsetzung der EG-Einlagensicherungs- und Anlegerentschädigungsrichtlinie und seine Umsetzung in der Praxis in *WM* 1998, 2449

Steuer, Stephan............. Girokonto für Jedermann in *WM* 1998, 439

Thode, Bernd.................. Anstaltslast und Gewährträgerhaftung bei kommunalen Sparkassen und Landesbanken in *BB* 1997, 1749

Tremmel, Ernst................ Die Rechtsprechung des EuGH auf dem Gebiet der staatlichen Beihilfen im Jahre 1996 in *EWS* 1997, 217

Vollmöller, Thomas........ Öffentlichrechtliche Kreditinstitute und EU-

Beihilfenrecht in *NJW* 1998, 716

Westermann, Georg ..... Ist der öffentliche Sektor ineffizient? in *Sparkasse* 2000, 201

Wolff, Eberhard .... Wieviel Freiheit vom Staat? in *WM* 1992, 1469

Zimmermann, Gebhard Shareholder-Value- oder Stakeholder-Ansatz als Zielkonzeption für öffentlich-rechtliche Kreditinstitute? in *Kreditwesen* 1998, 277

Zimmermann, Gebhard Probleme der Bestimmung der Eigenkapitalkosten öffentlicher Unternehmen in *Kreditwesen* 1999, 1052

Zimpelmann, Uwe .... Von staatlich verbilligten Krediten zu Sonderkreditprogrammen in *Kreditwesen* 1999, 507

ABKÜRZUNGSVERZEICHNIS

ABIEG .... Amtsblatt der Europäischen Gemeinschaften
AG .... Die Aktiengesellschaft (*Zeitschrift*)
AktG .... Aktiengesetz
Bay .... Bayrische(s)
BB .... Der Betriebsberater (*Zeitschrift*)
BGB .... Bürgerliches Gesetzbuch
BGBl. .... Bundesgesetzblatt
BGH .... Bundesgerichtshof
BHO .... Bundeshaushaltsordnung
BR-DrS. .... Bundesratsdrucksache
BStBl .... Bundessteuerblatt
BT-DrS. .... Bundestagsdrucksache
BVerfG .... Bundesverfassungsgericht
BVerfGE .... Entscheidungen des Bundesverfassungsgerichts
BVerwG .... Bundesverwaltungsgericht
BVerwGE .... Entscheidungen des Bundesverwaltungsgerichts
B-W .... Baden-Württemberg
DB .... Der Betrieb (*Zeitschrift*)
DVBl .... Deutsches Verwaltungsblatt
EAG .... Gesetz zur Umsetzung der EG-Einlagensicherungs-Richtlinie und der EG-Anlegerentschädigungs-Richtlinie
ECU .... European Currency Unit
EG .... Vertrag zur Gründung der Europäischen Gemeinschaft (EG-Vertrag)
EGV .... Vertrag zur Gründung der Europäischen Gemeinschaft (EG-Vertrag)
EuG .... Gericht erster Instanz beim EuGH
EuGH .... Gerichtshof der Europäischen Gemeinschaften
EUR .... EURO
EUV .... Vertrag zur Gründung der Europäischen Union (Maastricht-Vertrag)
EuZW .... Europäische Zeitschrift für Wirtschaftsrecht
EWiR .... Entscheidungen zum Wirtschaftsrecht (*Zeitschrift*)
EWS .... Europäisches Wirtschafts- und Steuerrecht (*Zeitschrift*)
GBO .... Grundbuchordnung
GBVfg .... Allgemeine Verfügung über die Errichtung und Führung des Grundbuchs (Grundbuchverfügung)
GenG .... Gesetz betreffend die Erwerbs- und Wirtschaftsgenossenschaften
GewStG .... Gewerbesteuergesetz
GG .... Grundgesetz für die Bundesrepublik Deutschland
GVBl. .... Gesetz- und Verordnungsblatt

Hess .... Hessische(s)

HGB .... Handelsgesetzbuch

IAS .... International Accounting Standards

KStG .... Körperschaftsteuergesetz

KWG .... Gesetz über das Kreditwesen

Nieders .... Niedersächsisches

NJW .... Neue Juristische Wochenschrift

NRW .... Nordrhein-Westfalen

NVwZ .... Neue Zeitschrift für Verwaltungsrecht

R-P .... Rheinland-Pfalz

Saarl .... Saarländisches

Sächs .... Sächsisches

Slg. .... Sammlung der Entscheidungen des Gerichtshofs der Europäischen Gemeinschaften

SpkG .... Sparkassengesetz

SpkO .... Sparkassenordnung

Thür .... Thüringisches

UmwG .... Umwandlungsgesetz

US-GAAP .... Generally Accepted Accounting Principles (USA)

VStG .... Vermögensteuergesetz

WiGBl. .... Gesetzblatt der Verwaltung des Vereinigten Wirtschaftsgebietes

WM .... Wertpapiermitteilungen (Zeitschrift für Wirtschafts- und Bankrecht)

Wpg .... Die Wirtschaftsprüfung (*Zeitschrift*)

WuB .... Wirtschafts- und Bankrecht (*Zeitschrift*)

ZBB .... Zeitschrift für Bankrecht und Bankwirtschaft

ZGR .... Zeitschrift für Unternehmens- und Gesellschaftsrecht

ZHR .... Zeitschrift für das gesamte Handels- und Wirtschaftsrecht

ZIP .... Zeitschrift für Wirtschaftsrecht (bis 1982: Zeitschrift für Wirtschaftsrecht und Insolvenzpraxis)

ZRP .... Zeitschrift für Rechtspolitik

1. TEIL: EINLEITUNG

I. EINFÜHRUNG IN DIE THEMATIK

Nach Feststellungen der Europäischen Kommission leben mehr als die Hälfte der Bürger der Europäischen Union in subventionierten Gebieten. Um gleichwohl das im EG-Vertrag[1] vorgesehene Ziel eines Binnenmarktes zu erreichen, der durch die völlige Beseitigung der Hemmnisse für einen freien Waren-, Personen-, Dienstleistungs- und Kapitalverkehr zwischen den Mitgliedstaaten gekennzeichnet ist (vgl. Art. 3 lit. c EG[2]), führt die Kommission als Hüterin der Verträge daher bereits seit Jahrzehnten einen mühsamen Kampf gegen die in den einzelnen Mitgliedstaaten in vielfältiger Form vorkommenden nationalen Beihilfen aller Art, um die „künstlichen" Vorteile im Wettbewerb zu beseitigen[3]. Hierbei wird zwar kein absolutes Beihilfenverbot angestrebt, zumindest aber eine generelle Überprüfung mitgliedstaatlicher Beihilfen durch die Gemeinschaft aufgrund eines präventiven Verbots mit Erlaubnisvorbehalt[4]:

> *Die Verpflichtung, alle Beihilfen mit einer Gemeinschaftsdimension der Kontrolle durch die Gemeinschaft zu unterstellen, ist die notwendige Gegenleistung für das Recht der Mitgliedstaaten, frei in andere Mitgliedstaaten zu exportieren, und ist somit die Grundlage des Gemeinsamen Marktes*[5].

Dass dieser Gemeinsame Markt jedoch noch lange nicht verwirklicht ist, zeigt sich daran, dass insbesondere in den großen EU-Mitgliedstaaten der Anteil des öffentlichen Sektors an der gesamten Volkswirtschaft – die sog. Staatsquote – regelmäßig immer noch bei ungefähr 50% liegt, während z.B. der Vergleichswert in den USA nur etwa 30% beträgt[6].

Entgegen einer weitläufig verbreiteten Meinung sind staatliche Beihilfen dabei keineswegs ein Problem, das eher die südlichen Mitgliedstaaten der Europäischen Union betrifft. Nach einer von der Kommission durchgeführten Untersuchung für den Zeitraum 1996 bis 1998 liegt die Bundesrepublik Deutschland, gefolgt von Italien und Dänemark, im Vergleich der staatlichen Beihil-

---

[1] Vertrag zur Gründung der Europäischen Gemeinschaft vom 25.03.1957 in der Konsolidierten Fassung mit den Änderungen durch den Vertrag von Amsterdam vom 02.10.1997 (CONF/4005/97 ADD 2).

[2] Entsprechend der Zitierweise des EuGH seit dem Inkrafttreten des Vertrages von Amsterdam werden die einzelnen Artikel des EG-Vertrages im folgenden nur noch mit „EG" anstatt von „EG-Vertrag" bezeichnet.

[3] Vgl. Köhler/Steindorff in NJW 1995, 1707.

[4] Vgl. Koenig/Kühling in NJW 2000, 1065.

[5] Vgl. Mitteilung der Kommission an die Mitgliedstaaten, ABlEG C 307 vom 13.11.1993, S. 12.

[6] Vgl. Westermann in Sparkasse 2000, 201 f..

fen pro Kopf der Bevölkerung europaweit mit einem Jahresdurchschnittswert von € 327 an der Spitze"[7].

Das vornehmliche Augenmerk der europäischen Beihilfenkontrolle ist zwar traditionell vor allem auf sog. „Krisenindustrien" des produzierenden Gewerbes gerichtet, denn zu staatlichen Unterstützungsmaßnahmen kommt es insbesondere dann, wenn Arbeitsplätze auf dem Spiel stehen[8]. Aber auch andere Wirtschaftszweige werden zunehmend kritischer unter die Lupe genommen. Als besonders problembehaftet erweist sich dabei der gesamte Bereich öffentlicher Unternehmen, der vom Brüsseler Beihilfenregime nur sehr schwer zu durchdringen ist[9]. Hierzu zählen insbesondere öffentliche Unternehmen, die im Bereich Bank- und Finanzdienstleistungen tätig sind, wobei aus deutscher Sicht vor allem die öffentlich-rechtlichen Kreditinstitute und hier insbesondere die Sparkassen und Landesbanken in den Mittelpunkt des Interesses gerückt sind. Der Problemkreis öffentlicher Beihilfen im Finanzsektor ist hiermit jedoch noch keineswegs erschöpft und kann auf eine Vielzahl anderer Unternehmen der Bank- und Versicherungswirtschaft erstreckt werden. Nur so wird es schließlich möglich sein, auch die Freiheit und Öffnung dieser Märkte zu gewährleisten und etwaige protektionistische Ansätze durch eine effektive Wettbewerbspolitik sowie durch konsequente Regeln für die Vergabe staatlicher Beihilfen zu bekämpfen[10].

Auch wenn in der Praxis die beihilferechtlich relevanten Fälle oftmals Unternehmen betreffen, in denen sich Unternehmen in wirtschaftlichen Schwierigkeiten befanden: das europäische Beihilfenregime betrifft nicht nur die Unterstützung solcher Unternehmen. Gerade in wirtschaftlich gesunden Branchen sind staatliche Unterstützungen gleich welcher Art häufig anzutreffen. Eine effiziente Beihilfenaufsicht muss daher die gesamte Wirtschaftstätigkeit der öffentlichen Hand mit einbeziehen, was letztlich einem „Generalangriff auf jegliche wirtschaftliche Betätigung der öffentlichen Hand"[11] gleichkommt. Dass hierdurch zahlreiche Wirtschaftssektoren in den Mitgliedstaaten quasi in ihren „Grundfesten" erschüttert werden dürften, mag im Einzelfall für die Betroffenen schmerzhaft sein und nationale Interessen nachhaltig beeinträchtigen. Im Hinblick auf die Gemeinschaftsinteressen, insbesondere zur Erreichung der Ziele, denen sich alle Mitgliedstaaten der Europäischen Union verschrieben haben, ist dies jedoch nicht zu vermeiden.

In der juristischen Literatur hat es in den vergangenen Jahren bereits zahlreiche Abhandlungen zur Vereinbarkeit einzelner Komponenten des deutschen öffentlichen Bankensektors (insbesondere aus dem Bereich der Sparkassen

---

7 Vgl. Kommission: Achter Bericht über staatliche Beihilfen in der Europäischen Union vom 11.04.2000, KOM (2000) 205, S. 62.

8 Dreher in Gedächtnisschrift Knobbe-Keuk, S. 583.

9 Vgl. Schröder in ZHR 161 (1997), 807.

10 Vgl. Monti in WM 1998, 1764 f..

11 Hoppenstedt: „Solidarität Gebot der Stunde" in Deutsche Sparkassenzeitung Nr. 51 vom 16.07.1999, S. 1.

und Landesbanken) mit den Beihilfevorschriften des EG-Vertrages gegeben, ohne dass dabei allerdings eine einheitliche Meinung erkennbar geworden wäre. Im folgenden wird daher zu untersuchen sein, ob die gegenwärtigen Strukturen im Bereich öffentlich-rechtlicher Kreditinstitute in der Bundesrepublik Deutschland mit den europarechtlichen Vorgaben konform sind und auch für die Zukunft so beibehalten werden können.

II. DIE STELLUNG DER ÖFFENTLICH-RECHTLICHEN KREDITINSTITUTE IM DEUTSCHEN BANKENSYSTEM

1. Das Dreisäulenkonzept des deutschen Bankwesens

Bei der Versorgung mit Bankdienstleistungen nimmt die Bundesrepublik Deutschland im weltweiten Vergleich traditionell einen Spitzenplatz ein.

Das deutsche Bankwesen kennt insoweit drei große Gruppen von Kreditinstituten, nämlich die privatrechtlich organisierten, die öffentlich-rechtlich organisierten und schließlich die genossenschaftlich organisierten. Zusammen ergeben sie das „Dreisäulenkonzept" des deutschen Bankwesens[12]. Nachdem die „klassische" Dreisäulengliederung grundsätzlich auf der rechtlichen Organisationsform der Institute aufbaut, steckt sie im wesentlichen auch einen brauchbaren Rahmen für eine Prüfung beihilferechtlich relevanter Sachverhalte ab.

Freilich kann sie dabei nicht immer trennscharf verwendet werden, vielmehr wird man im Sinne einer vollumfänglichen Untersuchung den Begriff der „öffentlich-rechtlichen Kreditinstitute" auch auf diejenigen ehemals öffentlich-rechtlich organisierten Kreditinstitute erstrecken müssen, die nach der Durchführung von Privatisierungsmaßnahmen heute grundsätzlich eine privatrechtliche Organisation unter Beibehaltung einer Beteiligung der öffentlichen Hand haben. Gerade in diesen Fällen besteht nämlich die große Gefahr, dass tatsächlich nur eine „formelle Privatisierung" (d.h. eine bloße Änderung der Organisationsform) stattgefunden hat, eine „materielle Privatisierung" (d.h. eine Eigentumsaufgabe der öffentlichen Hand) jedoch unterblieben ist.

---

[12] Die Deutsche Bundesbank unterscheidet in ihren monatlich veröffentlichten Statistiken sogar zwischen insgesamt acht verschiedenen Bankengruppen, nämlich den Kreditbanken (Großbanken, Regionalbanken und sonstige Kreditbanken, Zweigstellen ausländischer Banken), den Landesbanken, den Sparkassen, den genossenschaftlichen Zentralbanken (einschließlich der Deutschen Genossenschaftsbank), den Kreditgenossenschaften, den Realkreditinstituten, den Bausparkassen und den Kreditinstituten mit Sonderaufgaben.

2. Verfassungsrechtliche Grundlagen des Bankwesens

Das Bank- und Börsenrecht ist als Teil des Wirtschaftsrechts grundsätzlich Gegenstand der konkurrierenden Gesetzgebung (vgl. Art. 74 Abs. 1 Nr. 11 GG). Die Zuständigkeit des Bundes erstreckt sich insoweit, vorbehaltlich der in Art. 73 Nr. 4 GG genannten Inhalte, auf die typische Geschäftstätigkeit sowie das Verfassungs- und Organisationsrecht der privaten Kreditinstitute[13], von der der Bund im wesentlichen durch den Erlass des Gesetzes über das Kreditwesen (KWG) Gebrauch gemacht hat. Sonderregelungen gibt es für die Postbank (Art. 73 Nr. 7 GG) und die Deutsche Bundesbank (Art. 88 GG).

Für die Organisation der öffentlich-rechtlichen Kreditinstitute (insbesondere der Sparkassen und Landesbanken) liegt die Gesetzgebungskompetenz grundsätzlich bei den Ländern, für den Bund verbleibt es beim Erlass allgemeiner Regeln über das Geschäftsgebaren der Kreditinstitute im Kreditwesengesetz (KWG)[14]. Hinsichtlich des Sparkassenrechts ist zu unterscheiden zwischen dem formellen Sparkassenrecht (Sparkassenverfassungsrecht/Sparkassenorganisationsrecht) und dem materiellen Sparkassenrecht (Geschäftspolitik, Geschäftsführung). Die Gesetzgebungskompetenz des Bundes nach Art. 74 Nr. 11 GG umfasst insoweit nur das materielle Sparkassenrecht, während das formelle Sparkassenrecht Sache der Ländergesetzgebung ist[15].

Einen grundgesetzlichen „Auftrag" zur Errichtung und Betreibung von Banken durch den Bund oder die Länder gibt es nicht. Einzige Ausnahme ist insoweit die Deutsche Bundesbank, die vom Bund als Währungs- und Notenbank errichtet worden ist (vgl. Art. 88 GG). Das deutsche Verfassungsrecht gebietet grundsätzlich auch keine Besserstellung öffentlich-rechtlicher Kreditinstitute im Vergleich zu privaten Instituten[16]. Ein Grundrechtsschutz besteht somit nur in dem allgemein für juristische Personen gegebenen Rahmen, wobei den öffentlich-rechtlichen Kreditinstituten insoweit nicht – wie z.B. den öffentlich-rechtlichen Rundfunkanstalten – ein grundrechtlich besonders geschützter Lebensbereich zugeordnet ist[17].

3. Privatrechtlich organisierte Kreditinstitute

Das private Bankwesen in Deutschland hat eine Jahrhunderte lange Tradition und geht bis in das Mittelalter zurück. Heute machen die privatrechtlich organisierten Kreditinstitute, gemessen an ihrer Geschäftstätigkeit, ungefähr 24%

[13] *Pieroth* in Jarass/Pieroth, Art. 74 Rn. 25.

[14] Vgl. BGH, Urteil vom 16.02.1988 – III ZR 196/82, WM 1984, 692; *Stettner* in Dreier, Art. 74 Rn. 59.

[15] Vgl. BVerwG, Urteil vom 18.12.1996 – BVerwG 3C 39/81, BVerwGE 75, 299.

[16] Herdegen in WM 1997, 1130.

[17] Herdegen a.a.O..

des deutschen Bankenmarktes aus[18]. Die großen Institute sind dabei regelmäßig in der Form von Aktiengesellschaften oder Gesellschaften mit beschränkter Haftung organisiert. Entsprechend ihrer Markstellung sind vor allem die als „Großbanken" bezeichneten Institute Deutsche Bank AG, Dresdner Bank AG, Bayerische Hypotheken- und Vereinsbank AG und Commerzbank AG hervorzuheben, die seit Jahren die Rangliste der größten deutschen Kreditinstitute anführen.

Neben zahlreichen Regionalbanken sind weiter die privatrechtlich organisierten Kreditinstitute mit Sonderaufgaben zu erwähnen, die von den privaten Banken zur Verfolgung spezieller Zwecke errichtet wurden. Zu nennen sind hier z.B. die IKB Deutsche Industriebank AG (Düsseldorf/Berlin), die AKA Ausfuhrkreditgesellschaft mbH (Frankfurt/Main) und die Deutsche Verkehrsbank AG (Frankfurt/Main)[19].

Nicht zu vergessen sind schließlich noch die meist sehr traditionsreichen und renommierten Privatbankiers, die ihre Bankgeschäfte regelmäßig als Einzelkaufmann oder Personengesellschaft betreiben. Viele von ihnen haben allerdings in den vergangenen Jahren ihre Unabhängigkeit verloren und sind nun Teil großer Konzerne. Zu beachten ist, dass die Gründung neuer Kreditinstitute in der Rechtsform des Einzelkaufmanns heute wegen § 2a Abs. 1 KWG nicht mehr möglich ist.

4. Genossenschaftlich organisierte Kreditinstitute

Genossenschaftsbanken gibt es in Deutschland seit mehr als 150 Jahren[20]. Ende 1999 hatten die mehr als 2.000 in der Bundesrepublik Deutschland organisierten Kreditgenossenschaften, gemessen an ihrem Geschäftsvolumen, einen Marktanteil von ungefähr 13%[21]. Traditionell haben die Genossenschaftsbanken dabei vor allem im ländlichen Bereich eine starke Marktposition inne.

Die genossenschaftlichen Institute sind in der Rechtsform einer Genossenschaft nach dem Genossenschaftsgesetz (GenG) „zur Förderung des Erwerbs und der Wirtschaft ihrer Mitglieder" errichtet (vgl. § 1 Abs. 1 GenG). Gleichwohl können die Kreditgenossenschaften Geschäfte auch mit Nichtmitgliedern betreiben (vgl. § 8 Abs. 1 Nr. 5 GenG). Wie bei den Sparkassen ist auch bei den Genossenschaftsbanken – hier allerdings ohne ausdrückliche gesetzliche Regelung – der Tätigkeitsbereich auf ein lokales Gebiet beschränkt[22].

[18] Vgl. Monatsbericht der Deutschen Bundesbank Nr. 12 für Dezember 1999, S. 24.

[19] Vgl. Fischer/Klanten, Rn. 1.16.

[20] Vgl. *Rümker* in Bunte/Schimansky/Lwowski, § 124 Rn. 112.

[21] Vgl. Monatsbericht der Deutschen Bundesbank Nr. 12 für Dezember 1999, S. 24.

[22] Vgl. Fischer/Klanten, Rn. 1.7.

Der genossenschaftliche Bankenbereich ist, wie auch der Sparkassensektor, grundsätzlich dreistufig aufgebaut: auf lokaler bzw. regionaler Ebene sind die Kreditgenossenschaften (Volksbanken und Raiffeisenbanken) tätig, die genossenschaftlichen Zentralbanken[23] haben insbesondere eine „Zentralbankfunktion" für die in ihrem Bereich tätigen Kreditgenossenschaften, die deutsche Genossenschaftsbank (DG Bank) schließlich ist das Dachinstitut aller Genossenschaftsbanken[24].

5. Öffentlich-rechtlich organisierte Kreditinstitute

Innerhalb der Gruppe der öffentlich-rechtlichen Kreditinstitute kann man unterscheiden zwischen dem Sparkassensektor, bestehend aus den Sparkassen und Landesbanken, und den sog. „Kreditinstituten mit Sonderaufgaben", die entweder vom Bund oder von den Ländern unterhalten werden. Die Errichtung der öffentlich-rechtlicher Kreditinstitute beruht grundsätzlich entweder auf einem speziellen Errichtungsgesetz oder auf einem allgemeinen Gesetz in Verbindung mit einer für den Einzelfall beschlossenen Satzung[25].

5.1 Sparkassensektor

Kern des öffentlichen Bankwesens in Deutschland ist der Sparkassensektor, der aus den Sparkassen und Landesbanken besteht und – was die Sparkassen anbelangt – bereits auf eine mehr als 200-jährige Geschichte zurückblickt[26]. Gemessen am Geschäftsvolumen seiner Institute kommt er heute ungefähr auf einen Marktanteil von 45%[27]. Der Sparkassensektor im weiteren Sinne ist dabei dreistufig aufgebaut. Auf lokaler bzw. regionaler Ebene sind die Sparkassen tätig, die Landesbanken haben insbesondere die Funktion einer zentralen Clearing- und Refinanzierungsstelle für die in ihrem Bundesland (bzw. Bereich) tätigen Sparkassen und sind daneben Staats- und Kommunalbank. Formelles Dachinstitut der Sparkassenorganisation ist die DGZ-Deka Bank. Dieser Aufbau ist Ausdruck der grundsätzlich dezentral und regional ausgestalteten deutschen Wirtschaftsstruktur[28].

---

23 Westdeutsche Genossenschafts-Zentralbank eG/Düsseldorf, Südwestdeutsche Genossenschafts-Zentralbank eG/Frankfurt und Genossenschaftliche Zentralbank AG/Stuttgart.

24 Daneben gibt es noch eine Reihe von sog. atypischen Primärbanken wie z.B. die Deutsche Apotheker- und Ärztebank eG (Düsseldorf) oder die Badische Beamtenbank BB Bank eG (Karlsruhe).

25 *Rümker* in Schimansky/Bunte/Lwowski, § 124 Rn. 6; Thode/Peres in BB 1997, 1750.

26 Vgl. *Rümker* in Bunte/Schimansky/Lwowski, § 124 Rn. 90.

27 Vgl. Monatsbericht der Deutschen Bundesbank Nr. 12 vom Dezember 1999, S. 24.

28 Stern in Sparkasse 1999, 472.

Ende 1999 belegte die Westdeutsche Landesbank Girozentrale (Düsseldorf) als größtes öffentlich-rechtliches Kreditinstitut mit einer Bilanzsumme von rund DM 770 Mrd. unter den 100 größten deutschen Kreditinstituten (nach Bilanzsumme) insgesamt den vierten Platz, noch vor der Commerzbank AG und nur knapp hinter der Dresdner Bank AG[29]. Die Hamburger Sparkasse (HASPA) als größte deutsche Sparkasse[30] nahm in dieser Rangliste mit einer Bilanzsumme von rund DM 59 Mrd. immerhin noch Rang 38 ein. Insgesamt befanden sich unter den zehn größten deutschen Kreditinstituten allein vier öffentlich-rechtliche.

Nicht den Sparkassen im engeren Sinn und damit auch nicht zu den öffentlichen Kreditinstituten zählen die sog. „freien Sparkassen", die als juristische Personen des Privatrechts betrieben werden und keiner kommunalen Bindung unterliegen, auch wenn sie regelmäßig als „öffentliche Sparkassen" (z.B. im Sinne des § 1807 Abs. 1 Nr. 5 BGB) anerkannt sind. Gleichwohl betreiben die freien Sparkassen ihre Bankgeschäfte allein in Ausübung ihrer grundrechtlich gewährleisteten Berufs- und Gewerbefreiheit und nicht in Erfüllung einer ihnen übertragenen oder überlassenen öffentlichen Aufgabe[31]. Die bekannteste und größte dieser freien Sparkassen ist die bereits erwähnte Hamburger Sparkasse (HASPA). Die Bildung neuer freier Sparkassen ist heute allerdings nicht mehr möglich, da die Bezeichnung „Sparkasse" nur noch von öffentlich-rechtlichen Sparkassen geführt werden darf[32].

5.2 Kreditinstitute mit Sonderaufgaben

Neben dem Sparkassensektor sind in der Gruppe der öffentlich-rechtlichen Kreditinstitute noch eine Reihe von Instituten mit Sonderaufgaben zu nennen, die insbesondere in der Zeit nach dem zweiten Weltkrieg auf Bundesebene errichtet wurden, um den raschen Wiederaufbau zu fördern. Hierzu zählen vor allem die Kreditanstalt für Wiederaufbau (KfW), die Deutsche Ausgleichsbank (DtA), die Landwirtschaftliche Rentenbank und die Deutsche Siedlungs- und Landesrentenbank (DSL-Bank). Die Aufgabe dieser Institute besteht heute zumeist in der Förderung von Existenzgründungen und des privaten Wohnungsbaus, hinzu kam Anfang der 90er Jahre des vergangenen Jahrhunderts die Bewältigung von Sonderaufgaben im Zusammenhang mit der deutschen Wiedervereinigung. Auch die Bundesländer unterhalten zahlreiche Förderinstitute mit ähnlichen Zielsetzungen. Gerade in jüngster Zeit sind starke Tenden-

---

[29] Vgl. „Die 100 größten deutschen Kreditinstitute" in Die Bank 2000, 646 f..

[30] Als private Sparkasse zählt dieses Institut allerdings nicht zu den Sparkassen im engeren Sinne, vgl. Fn. 31.

[31] Vgl. BVerwG, Urteil vom 14.02.1984 – 1 C 81.78, WM 1984, 1397.

[32] Vgl. § 40 Abs. 1 Nr. 1 KWG.

zen erkennbar geworden, die Aktivitäten öffentlich-rechtlicher Förderinstitute des Bundes zu konzentrieren[33].

6. Konflikt der Institutsgruppen

Von Seiten der privaten Bankwirtschaft wird seit längerem der Vorwurf geäußert, Sparkassen und Landesbanken hätten aufgrund ihrer Organisationsstruktur einen erheblichen Wettbewerbsvorteil gegenüber ihren Konkurrenten, der mit den Prinzipien des europäischen Binnenmarktes nicht zu vereinbaren sei[34].

6.1 „WestLB-Verfahren"

Ausgehend von einer Beihilfebeschwerde des Bundesverbandes deutscher Banken, der Organisation der privaten Banken in Deutschland, schwelt seit Jahren ein auf europarechtlicher Ebene geführter Streit zwischen den öffentlich-rechtlichen und den privaten Banken in der Bundesrepublik Deutschland (vgl. hierzu die chronologische Übersicht in ANHANG I). Dieser Streit wird von den Beteiligten mit ganz unterschiedlichen Zielsetzungen geführt: die privaten Banken sähen sich sicher gerne von einer „lästigen" Konkurrenz befreit, während die öffentlich-rechtlichen teilweise „um ihr Überleben kämpfen".

Auslöser des Streits[35] und Grund eingehender Untersuchungen der Kommission war das durch ein entsprechendes Gesetz[36] vom Bundesland Nordrhein-Westfalen über die Wohnungsbauförderungsanstalt (Wfa) in die Westdeutsche Landesbank (WestLB) in Höhe von DM 5,9 Mrd. eingebrachte Landes-Wohnbauvermögen. Die Einbringung einer solchen Vermögensmasse ist allerdings kein allein auf das Bundesland Nordrhein-Westfalen beschränkter Vorgang, vielmehr geht es bundesweit[37] um kommunale Wohnungsbauvermögen in Höhe von insgesamt DM 11,4 Mrd.[38]. Umstritten ist dabei vor allem,

[33] So wurde am 15.06.2000 bekanntgegeben, daß die Kreditanstalt für Wiederaufbau (KfW) im Rahmen der Neuordnung der staatlichen Mittelstandförderung die Deutsche Ausgleichsbank (DtA) vollständig übernehmen werde.

[34] Tatsächlich gab es einen solchen Streit um die Wettbewerbsvorteile von Sparkassen in Deutschland bereits schon einmal in den zwanziger Jahren des 19. Jahrhunderts, ohne dass dies damals aber erhebliche Konsequenzen gehabt hätte (vgl. Piorkowski: „Geschichte wiederholt sich" in Deutsche Sparkassenzeitung Nr. 5 vom 21.01.2000, S. 4).

[35] Vgl. hierzu Knobbe-Keuk in DB 1992, 563.

[36] Gesetz zur Regelung der Wohnungsbauförderung vom 18.12.1991, GVBl. NRW Nr. 61 vom 30.12.1991, S. 561.

[37] Vgl. z.B. das Gesetz über die Bildung eines Zweckvermögens durch Übertragung von Treuhandforderungen des Freistaats Bayern in das haftende Eigenkapital der Bayerischen Landesbank Girozentrale (Zweckvermögensgesetz) vom 23.07.1994, GVBl. S. 602.

[38] Vgl. „Sparkassen nicht am Ende" in Handelsblatt Nr. 102 vom 31.05.1999, S. 29.

ob die von der WestLB zu entrichtende Vergütung als marktgerecht[39] dafür anzusehen ist, dass das eingebrachte Vermögen für die Zwecke des Kreditwesengesetzes (KWG) zumindest teilweise als Eigenkapital anzurechnen ist und daher den Kreditvergaberahmen der WestLB nicht unerheblich erhöht. Darüber hinaus wird zurecht kritisiert, dass die Einbringung des kommunalen Wohnungsbauvermögens sich nicht auch in einer entsprechenden Anpassung der Eigentumsanteile der Gesellschafter widergespiegelt hat[40].

Nachdem die Kommission in der teilweisen Anerkennung des Landes-Wohnbauvermögens durch das Bundesaufsichtsamt für das Kreditwesen keinen Verstoß gegen die Eigenkapital- und Solvabilitätsrichtlinien der EU sah, initiierte der Bundesverband deutscher Banken (BdB) Ende 1994 die Einleitung eines Beihilfeprüfverfahrens, in dessen Verlauf u.a. auch der französische und britische Bankenverband einen Verstoß gegen die Wettbewerbsvorschriften des EG-Vertrages geltend machten. Die Kommission entschied in diesem im Oktober 1997 eröffneten Verfahren unter Bezugnahme auf ein externes Gutachten[41] zunächst, dass die vereinbarte Vergütung für die Überlassung nicht als marktgerecht anzusehen sei[42]:

> *(229) Nach obigen Berechnungen hält die Kommission ein Entgelt von 9,3% nach Steuern für den Teil des Kapitals, der von der WestLB zur Unterlegung ihrer Geschäftstätigkeit verwendet werden kann, nämlich 2,5 Mrd. DEM (1,28 Mrd. EUR) per Ende 1993, und von 0,3% nach Steuern für den Unterschied zwischen diesem Teil und dem in der West LB-Bilanz als Eigenmittel ausgewiesenen Betrag von 5,9 Mrd. DEM (3,03 Mrd. EUR) ... für marktkonform.*
>
> *(231) Das Beihilfeelement kann als die Differenz zwischen den tatsächlichen Zahlungen und den Zahlungen berechnet werden, die den Marktbedingungen entsprechen würden.*
>
> *(241) Auf der Basis all dieser Ausführungen läßt sich feststellen, daß sämtliche Kriterien des Artikel 87 Absatz 1 EG-Vertrag erfüllt sind und die Wfa-Übertragung folglich staatliche Beihilfen im Sinne des betreffenden Artikel beinhaltet. ...*

---

[39] Nach einem Gutachten der Investmentbank Lehman Brothers soll sich die Verzinsung mit tatsächlich 1,1% jedoch noch innerhalb der marktangemessenen Spanne von 0,8% bis 1,3% bewegen.

[40] Vgl. Nippel in ZBB 2000, 220.

[41] Dieses Gutachten wurde von Anfang an kontrovers diskutiert. Dabei wurde vor allem der Vorwurf laut, dass es von einer kleinen und bis dato allgemein eher unbekannten britischen Beratungsfirma erstellt wurde, deren Sachkunde auf diesem Gebiet durchaus fragwürdig zu sein schien.

[42] Kommission, Entscheidung vom 08.07.1999 (AZ: K (1999) 2265), ABIEG L 150 vom 23.06.2000, S. 34.

(247) Da keine Ausnahme von dem grundsätzlichen Verbot staatlicher Beihilfen nach Artikel 87 Absatz 1 EG-Vertrag greift, kann die vorliegende Beihilfe nicht als mit dem Vertrag vereinbar angesehen werden.

Die Kommission kam daher zu dem Ergebnis, dass bis Ende 1998 ein „Beihilfeelement" von DM 279,2 Mio. aufgelaufen sei[43].

Gegen diese Entscheidung sind inzwischen Klagen der Bundesrepublik Deutschland, des Landes Nordrhein-Westfalen und der WestLB anhängig, eine Entscheidung des EuGH steht allerdings noch aus. Nachdem diesen Klagen jedoch keine aufschiebende Wirkung zukommt, schlug die Bundesregierung zunächst eine Maßnahme zur Umsetzung der Kommissionsentscheidung vor, die jedoch von der Kommission als unzureichend abgelehnt wurde. Weil in der Folgezeit auch monatelange Verhandlungen zwischen den Beteiligten zu keiner Kompromisslösung führten, hat die Kommission im Sommer 2000 gegen die Bundesrepublik Deutschland ein Vertragsverletzungsverfahren wegen Nichtumsetzung der Entscheidung vor dem Europäischen Gerichtshof eingeleitet[44].

6.2 Wettbewerbsuntersuchung der Kommission

Über den „WestLB-Fall" hinaus sind inzwischen aber auch andere öffentliche Kapitalisierungsmaßnahmen für Landesbanken und Sparkassen Gegenstand von Beihilfeprüfverfahren.

Bereits 1997 haben nämlich die Staats- und Regierungschefs der Mitgliedstaaten der Europäischen Union auf dem Gipfeltreffen in Amsterdam die Kommission beauftragt, die Wettbewerbsverhältnisse zwischen privaten und öffentlichen Banken in den Mitgliedstaaten zu untersuchen:

Der Europäische Rat nimmt Kenntnis von der Erklärung zu den öffentlich-rechtlichen Kreditinstituten in Deutschland [siehe Anhang IV]. Er ersucht die Kommission, zu prüfen, ob es in den übrigen Mitgliedstaaten vergleichbare Fälle gibt, in etwaigen vergleichbaren Fällen dieselben Maßstäbe anzulegen und dem Rat ,Wirtschaft und Finanzen' Bericht zu erstatten.

Die für Wettbewerbsfragen zuständige Generaldirektion IV der Kommission hat daraufhin am 18.07.1997 in den Mitgliedstaaten eine Wettbewerbsuntersuchung zu „Finanzdienstleistungen und Dienstleistungen von allgemeinem

[43] Über die sich hieraus ergebende Verzinsung entbrannte später ein heftiger öffentlich ausgetragener Streit zwischen den Beteiligten. Während sie von den privaten Kreditinstituten als angemessen angesehen wurde, wurde von Seiten der öffentlich-rechtlichen Banken hieraus eine Rendite von 23,7% vor Steuern errechnet (vgl. Hoppenstedt in Deutsche Sparkassenzeitung vom 16.07.1999, S. 4).

[44] AZ C-209/00.

wirtschaftlichen Interesse" eingeleitet. Für diese Wettbewerbsuntersuchung übermittelte die Kommission den Regierungen einen Fragenkatalog zu „Finanzdienstleistungen und Dienstleistungen von allgemeinem wirtschaftlichen Interesse"[45].

Die deutsche Bundesregierung hat Anfang Dezember 1997 zu dem ihr vorgelegten Fragenkatalog Stellung genommen (vgl. hierzu Anhang V). Dass sie sich bei der Beantwortung des Fragenkatalogs der Kommission allerdings sehr schwer getan haben muss, zeigt die Tatsache, dass sie nicht zu den einzelnen Fragen Stellung genommen, sondern in einer Art Gesamtübersicht des deutschen Bankwesens die bestehende Situation zu rechtfertigen versucht hat. Die Ausführungen der Bundesregierung beinhalten zwei zentrale Feststellungen:

1. Anstaltslast und Gewährträgerhaftung sind keine Beihilfe, sondern Eigenhaftung des Staates kraft Unternehmensorganisation.

2. Sparkassen und Landesbanken erfüllen einen öffentlichen Auftrag und erbringen damit Dienstleistungen von allgemeinem wirtschaftlichen Interesse.

Die privaten Banken, die an der Stellungnahme nicht beteiligt wurden, sahen ihre Interessen durch die Bundesregierung nicht ausreichend gewürdigt und haben der Kommission daher eine eigene Stellungnahme zugeleitet (vgl. Anhang VI). Ihrer Ansicht nach stellen Anstaltslast und Gewährträgerhaftung für die öffentlich-rechtlichen Kreditinstitute, insbesondere für Landesbanken und Großsparkassen, einen beträchtlichen wirtschaftlichen Wert dar, dem ein klar definierter öffentlicher Auftrag zur Erbringung von „Dienstleistungen von allgemeinem wirtschaftlichen Interesse" gegenüberstehen müsste. Weil dies nicht der Fall sei, führten die staatlichen Vergünstigungen zu gravierenden Vorteilen im nationalen und internationalen Wettbewerb.

In ihrem auswertenden Bericht an den Europäischen Rat[46] kommt die Kommission zu der Erkenntnis, dass es europaweit nur in Deutschland und Österreich gleich mehrere Kreditinstitute gibt, die die Aufgabe haben, in einem bestimmten Gebiet eine umfassende Basis-Finanzinfrastruktur bereitzustellen, während es in Schweden ein bestimmtes Kreditinstitut gibt, das einen Basisdienst landesweit zu gewährleisten hat. Daneben gibt es in verschiedenen Mitgliedstaaten Kreditinstitute, die in Einzelfällen mit der Erbringung spezieller Dienstleistungen oder der Aufbringung von Finanzmitteln beauftragt werden, ohne dass es allerdings ein flächendeckendes Netz öffentlich-rechtlicher Kreditinstitute gibt, das mit dem deutschen oder österreichischen verglichen

---

[45] Schreiben an die Ständige Vertretung der Bundesrepublik Deutschland bei der Europäischen Union vom 18.07.1997, DG IV-G-6/KSD (97).

[46] „Bericht der Europäischen Kommission an den Rat: Dienstleistungen von allgemeinem wirtschaftlichen Interesse im Bankensektor" in ZBB 1998, 270 ff..

werden könnte. Die Kommission hat hieraus allerdings keine konkreten Schlüsse gezogen, sondern sich vielmehr eine abschließende Beurteilung der Zulässigkeit vorbehalten:

> *Die Vereinbarkeit jedes dieser Systeme mit Artikel 90 Absatz 2 EG-Vertrag muss von Fall zu Fall geprüft werden.*

Der Bereich öffentlich-rechtlicher Kreditinstitute wird daher auch weiter Gegenstand von Wettbewerbsuntersuchungen auf europäischer Ebene sein. So hat bereits am 21.12.1999 die Europäische Bankenvereinigung eine Beschwerde bei der Kommission angebracht, in der unter ausdrücklicher Nennung der WestLB, der Stadtsparkasse Köln und der Westdeutschen Immobilienbank Anstaltslast und Gewährträgerhaftung bei diesen Instituten gerügt werden (vgl. ANHANG XII).

Am 26.01.2001 erreichte die Auseinandersetzung um die öffentlich-rechtlichen Kreditinstitute in Deutschland dann einen vorläufigen neuen Höhepunkt: in einem Schreiben an die Bundesregierung teilte die Kommission mit, dass sie die bestehenden Haftungsverpflichtungen für die öffentlich-rechtlichen Kreditinstitute als staatliche Beihilfen ansieht, die nicht mit dem Gemeinschaftsrecht zu vereinbaren sind, soweit sie die Wettbewerbsstellung der Kreditinstitute und den Handel zwischen den Mitgliedstaaten beeinträchtigen. Die Kommission hat die Bundesregierung in diesem Schreiben aufgefordert, innerhalb eines Monats Stellung zu ihrer Auffassung zu nehmen, und somit ein förmliches Beihilfeprüfverfahren[47] nach Art. 88 Abs. 2 EG eingeleitet.

6.3 Standpunkt der deutschen Politik

In den Streit der Institutsgruppen haben sich immer wieder zahlreiche hochrangige deutsche Politiker zugunsten der Landesbanken und Sparkassen eingeschaltet (vgl. hierzu Anhang II, III und VIII). Insbesondere die Ministerpräsidenten einzelner Bundesländer haben sich mehrfach (über alle Parteigrenzen hinweg) für den Erhalt des status quo im deutschen öffentlich-rechtlichen Bankensektor ausgesprochen – freilich dürfte dieses Verhalten regelmäßig von einem besonderen Interesse an diesem von der öffentlichen Hand kontrollierten Sektor geprägt sein, dem nicht zuletzt im Hinblick auf die Schaffung und den Erhalt von Ausbildungs- und Arbeitsplätzen sowie gewisse finanzielle Vorteile (z.B. durch Steuereinnahmen) eine nicht unerhebliche Bedeutung zukommt.

Trotz anderslautender Berichte zur jüngsten politischen Entwicklung auf Bundesebene findet sich auch in der von SPD und Bündnis 90/Die Grünen im Oktober 1998 verabschiedeten Koalitionsvereinbarung ein ausdrückliches Bekenntnis für den Fortbestand der öffentlich-rechtlichen Kreditinstitute in

---

[47] Vgl. zum Verfahren die Ausführungen im 1. Teil unter Abschnitt IV, Ziffer 4.

Deutschland[48], das auch in jüngster Zeit nochmals bestätigt wurde[49]. Das politische Umfeld in Deutschland wird freilich nichts daran zu ändern vermögen, dass auch künftig ein besonderes Interesse des europäischen Beihilfenregimes dem deutschen Finanzsektor gelten wird.

[48] Vgl. Ziffer XI.2 der Koalitionsvereinbarung zwischen der Sozialdemokratischen Partei Deutschlands und Bündnis 90/Die Grünen: „... *Die neue Bundesregierung setzt sich dafür ein, dass die Europäische Kommission die in Protokollen zum Vertrag von Amsterdam festgelegten Zusagen zum öffentlich-rechtlichen Rundfunk und zu öffentlich-rechtlichen Kreditinstituten entsprechend den Verhandlungsabsprachen einhält, d.h. den geltenden Rechtsstatus beihilferechtlich nicht beanstandet* ...".

[49] Vgl. Antwort der Bundesregierung vom 27.03.2000, BT-DrS. 14/3069 (Anhang IX); „Müller ermahnt die privaten Banken" in Handelsblatt Nr. 72 vom 11.04.2000, S. 23; Antwort der Bundesregierung vom 09.05.2000, BT-DrS. 14/3334 (Anhang X); „Schröder verteidigt das deutsche Sparkassen-System" in Handelsblatt Nr. 123 vom 29.06.2000, S. 23; „Schröder will sich mit Brüssel anlegen" in Süddeutsche Zeitung Nr. 164 vom 19.07.2000, S. 23.

2. TEIL: BEIHILFERECHTLICHE ANALYSE

I. DIE BEFUGNISSE DER GEMEINSCHAFT

Nach dem „Prinzip der begrenzten Einzelermächtigung" können die Organe der Gemeinschaft nur dann tätig werden, wenn ihnen durch die Mitgliedstaaten im Rahmen des EG-Vertrages entsprechende Befugnisse eingeräumt sind (vgl. Art. 5 Abs. 1 EG). Als Ausfluss des Subsidiaritätsgrundsatzes ist daher grundsätzlich die einzelstaatliche Zuständigkeit die Regel, während Gemeinschaftszuständigkeiten die Ausnahme darstellen[50].

Nachdem der EG-Vertrag im Rahmen der Bestimmungen über das Wettbewerbsrecht einen eigenen Abschnitt für staatliche Beihilfen (Artt. 87 ff. EG) vorsieht, ist insoweit grundsätzlich eine Befugnis für ein Tätigwerden der Kommission gegeben. Es geht daher sicher zu weit, wenn man der Kommission unterstellt, sie verfolge mit ihrem Einschreiten im Rahmen des Beihilfenregimes allein Ziele einer „allgemeinen Privatisierungspolitik", wofür sie keine Befugnisse habe[51]. Allerdings bleibt durchaus festzuhalten, dass das allgemeine Ziel des Beihilfenregimes durchaus ein grundsätzlich allein von privaten Kräften beeinflusster Binnenmarkt ist.

Gegen eine europäische Beihilfenkontrolle im Bereich des öffentlichen Bankwesens wird oftmals auch eingewandt, dass der Europäischen Gemeinschaft eine Befugnis zum Tätigwerden aufgrund der im Unionsvertrag (EUV)[52] und im EG-Vertrag auferlegten Beschränkungen fehle. Besonderes Augenmerk im Rahmen der erforderlichen Befugnisprüfung ist daher insbesondere auf den Grundsatz der Subsidiarität des Gemeinschaftshandelns, das Prinzip des Erhalts der nationalen Identität sowie das Verhältnismäßigkeitsprinzip zu legen.

1. Grundsatz der Subsidiarität

Im Kampf um die Erhaltung nationalstaatlicher Aufgaben wird der Ruf nach „Subsidiarität" der Gemeinschaft nicht nur in Deutschland laut[53].

---

[50] *Langguth* in Lenz, Art. 5 Rn. 4.

[51] So aber Stern in Sparkasse 1999, 473.

[52] Vertrag über die Europäische Union vom 07.02.1992 in der konsolidierten Fassung mit den Änderungen durch den Vertrag von Amsterdam vom 02.10.1997 (CONF/4005/97 ADD 1).

[53] Vgl. Steindorff in ZHR 163 (1999), 398 f..

Der Subsidiaritätsbegriff ist im europarechtlichen Kontext insoweit von Bedeutung, als er der Gemeinschaft in den Bereichen, die nicht in ihre ausschließliche Zuständigkeit fallen, über den Grundsatz der begrenzten Ermächtigung[54] in Art. 5 Abs. 1 EG hinaus nur dann eine Befugnis zum Tätigwerden einräumt, wenn die Ziele der in Betracht gezogenen Maßnahmen auf Ebene der Mitgliedstaaten nicht ausreichend erreicht werden können und daher besser auf Gemeinschaftsebene (unter Wahrung der Verhältnismäßigkeit) wahrgenommen werden. Dieser Grundsatz der Subsidiarität im engeren Sinn[55] ist durch das auf den Beschlüssen von Birmingham und Edinburgh im Jahre 1992 basierende und im Jahre 1997 dem Vertrag von Amsterdam beigefügte Subsidiaritätsprotokoll[56] nochmals konkretisiert worden, das gemäss Art. 311 EG Bestandteil des EG-Vertrages geworden ist. Auch hier wird erneut betont, dass das Subsidiaritätsprinzip ein dynamisches Konzept ist, das unter Berücksichtigung der im EG-Vertrag festgelegten Ziele angewendet werden soll[57]:

> *Maßnahmen der Gemeinschaft sind nur gerechtfertigt, wenn beide Bedingungen des Subsidiaritätsprinzips erfüllt sind: Die Ziele der in Betracht gezogenen Maßnahmen können nicht ausreichend durch Maßnahmen der Mitgliedstaaten im Rahmen ihrer Verfassungsordnung erreicht werden und können daher besser durch Maßnahmen der Gemeinschaft erreicht werden. ...*
>
> *Für Maßnahmen der Gemeinschaft ist eine möglichst einfache Form zu wählen, wobei darauf geachtet werden muss, dass das Ziel der Maßnahme in zufriedenstellender Weise erreicht wird und die Maßnahme tatsächlich zur Anwendung gelangt. ...*
>
> *Unter Einhaltung der gemeinschaftlichen Rechtsvorschriften sollten bewährte nationale Regelungen sowie Struktur und Funktionsweise der Rechtssysteme der Mitgliedstaaten geachtet werden. Den Mitgliedstaaten sollten in den Gemeinschaftsmaßnahmen Alternativen zur Erreichung der Ziele der Maßnahmen angeboten werden, sofern dies für eine ordnungsgemäße Durchführung der Maßnahmen angemessen und erforderlich ist.*
>
> *Führt die Anwendung des Subsidiaritätsprinzips dazu, dass ein Tätigwerden der Gemeinschaft unterbleibt, so müssen die Mitgliedstaaten bei ihren Tätigkeiten den allgemeinen Vorschriften des Artikels 10 des Vertrages genügen, indem sie alle geeigneten Maßnahmen zur Erfüllung ihrer Verpflichtungen aus dem Vertrag treffen und alle Maßnahmen, welche die Verwirklichung der Ziele des Vertrages gefährden könnten, unterlassen.*

---

[54] Vgl. von Bogdandy/Nettesheim in Grabitz/Hilf, Art. 3b, Rn. 3 ff..

[55] Vgl. Langguth in Lenz, Art. 5 Rn. 9.

[56] Protokoll zum Vertrag über die Gründung der Europäischen Gemeinschaft über die Anwendung der Grundsätze der Subsidiarität und der Verhältnismäßigkeit.

[57] Aufgrund seiner teilweisen Widersprüchlichkeit zur Bestimmung des Art. 5 Abs. 2 EG wird die praktische Bedeutung des Subsidiaritätsprotokolls allerdings teilweise bestritten (vgl. Kenntner in NJW 1998, 2871 f.).

Dem Bundesverfassungsgericht steht zwar grundsätzlich keine Befugnis zur Auslegung des Gemeinschaftsrechts zu, im Rahmen der Überprüfung des deutschen Zustimmungsgesetzes zum Vertrag von Maastricht hat es aber eine Art „deutsches Verständnis" kundgetan, das Voraussetzung dafür ist, dass die Bundesrepublik Deutschland dem Vertrag von Maastricht im Einklang mit den Bestimmungen des Grundgesetzes beigetreten ist. Hinsichtlich des Subsidiaritätsprinzips hat das Bundesverfassungsgericht im sog. „Maastricht-Urteil" ausgeführt, dass hierdurch keine neuen Handlungsbefugnisse der Gemeinschaftsorgane begründet, sondern auf bereits bestehende Befugnisse zurückgegriffen und diese in gewisser Weise eingeschränkt werden[58]. Hierdurch wird bezweckt, grundsätzlich die nationale Identität der Mitgliedstaaten und deren eigene Befugnisse zu erhalten. Freilich hat der Begriff der nationalen Identität zunächst reinen Schlagwortcharakter, Konturen kann er allein durch die Umsetzung in der europarechtlichen Praxis erfahren. Insoweit sieht es das Bundesverfassungsgericht als Aufgabe der nationalen Verfassungsorgane (Bundestag und Bundesrat) an, die mitgliedstaatlichen Interessen angemessen geltend zu machen und die Gemeinschaftsorgane zu einem restriktiven Verhalten im Hinblick auf die Ausübung der ihnen nach dem EG-Vertrag eingeräumten Befugnisse anzuhalten.

Dies alles setzt jedoch voraus, dass es sich eben um einen Bereich handelt, in dem die Organe der Europäischen Gemeinschaft und die Mitgliedstaaten konkurrierend zuständig sind[59]. Handelt es sich hingegen um einen Bereich, dessen Wahrnehmung ausschließlich durch die Gemeinschaft erfolgen soll, so bestehen auch abschließende Kompetenzen der Gemeinschaft. Hierzu zählt insbesondere die Schaffung und Vollendung des Gemeinsamen Marktes[60], ein Vorhaben dass logischerweise nur auf gesamteuropäischer Ebene zu erreichen ist und für das im EG-Vertrag ausdrückliche Kompetenzen der Organe der Europäischen Gemeinschaften verankert worden sind. Den Zwecken dieses Vorhabens dienen vor allem Beihilfevorschriften des EG-Vertrages, denn gerade im Bereich staatlicher Beihilfen kann eine effektive Verfolgung des Ziels eines allein von den Marktkräften beeinflußten Wettbewerbs auf Ebene der einzelnen Mitgliedstaaten nicht erreicht werden.

Der Einwand, eine Beihilfekontrolle im Bereich des öffentlichen Bankwesens in Deutschland verstoße gegen den europarechtlichen Subsidiaritätsgrundsatz, geht daher bereits aufgrund systematischer Erwägungen ins Leere.

---

[58] Vgl. BVerfG, Urteil vom 12.10.1993 – 2 BvR 2134, 2159/92, BVerfGE 89, 157, 211 ff..

[59] Steindorff in ZHR 163 (1999), 400.

[60] Vgl. Langguth in Lenz, Art. 5 Rn. 19.

2. Erhalt der nationalen Identität

Gemäß Artikel 6 Abs. 3 EUV gehört die Wahrung der nationalen Identität der Mitgliedstaaten zu den tragenden Grundprinzipien der Europäischen Union. Durch diese Stärkung des föderalen Prinzips soll einer in weiten Teilen Europas verbreiteten Furcht begegnet werden, dass die Nationalstaatlichkeit im Zuge der fortschreitenden europäischen Integration völlig untergehen könnte[61].

Der Begriff der „Identität" lässt dabei zwei grundlegende Deutungsweisen zu: einerseits kann er sich auf Sprache, Geschichte und Kultur eines Volkes und damit auf eine rein materielle Ebene beziehen, andererseits kann ihm aber auch eine rein ideelle (immaterielle) Bedeutung zukommen. Für den europarechtlichen Kontext sind insoweit beide Deutungsvarianten von Bedeutung[62]. Dies führt dazu, dass Art. 6 Abs. 3 EUV letztlich gebietet, dass durch die europäische Integration die rechtliche und politische Lage in den Mitgliedstaaten nicht so weit verändert werden darf, dass sich die Unionsbürger letztlich nicht mehr mit ihrem Mitgliedstaat als einer organisierten staatlichen Einheit identifizieren können[63]. Die zur Umsetzung der Verträge erforderlichen Maßnahmen dürfen also nicht so weit gehen, dass letztlich jegliches Souveränitätsbewusstsein in den Mitgliedstaaten durch eine alles überlagernde rechtliche und politische Vereinheitlichung auf europäischer Ebene „ausgelöscht" wird.

Der Begriff der „nationalen Einheit" ist darüber hinaus im Gegensatz zu dem in Art. 2, 2. Spiegelstrich EUV verwendeten Begriff der „Identität der europäischen Union" zu sehen, der sich explizit auf die Bereiche der Außen-, Sicherheits- und Verteidigungspolitik bezieht. Hier ist das Ziel ein gemeinsames und einheitliches Auftreten, das mangels gesetzlicher Rahmenbedingungen auch nur auf einer höheren, ideellen Ebene verwirklicht werden kann. Damit ist zugleich ein Bereich abgegrenzt, der keinen Raum für nationale Identität lässt.

Nationale Identität ist aber nicht mit einer allgemeinen „Rechtsidentität" gleichzusetzen, sondern bezieht sich vielmehr auf eine Art „Verfassungsidentität" zum Schutz der nationalen Verfassungsgrundsätze[64]. Kern des Art. 6 Abs. 3 EUV ist daher eine Art „Wesensgarantie", die vielleicht mit der Wesensgehaltsgarantie des Art. 19 Abs. 2 GG verglichen werden kann. Die Garantie der nationalen Identität kann aber nicht so weit gehen, dass sie den auf einen Wandel der Staatlichkeit angelegten europäischen Integrationsprozess einschränkt oder behindert, vielmehr kann sie nur einen Rahmen vorgeben, in dem den Mitgliedstaaten eine „integrierte Staatlichkeit" verbleibt[65].

---

[61] Vgl. Bleckmann, Rn. 79; *Hilf* in Grabitz/Hilf, Art. F EUV Rn. 1, 4.

[62] Vgl. Steindorff in ZHR 163 (1999), 411 ff..

[63] Bleckmann, Rn. 80.

[64] *Hilf* in Grabitz/Hilf, Art. F EUV Rn. 17.

[65] *Hilf* in Grabitz/Hilf, a.a.O., Rn. 9.

Zum Begriff der „nationalen Identität" hat das Bundesverfassungsgericht im sog. „Maastricht-Urteil" ausgeführt, dass es sich hierbei um einen wichtigen Baustein des Systems „Europäische Union" handelt, bei dem sich die Mitgliedstaaten zusammengetan haben, um einen Teil ihrer Aufgaben gemeinsam wahrzunehmen und dementsprechend ihre nationale Souveränität gemeinsam mit den anderen Mitgliedstaaten auszuüben[66]. Das Bundesverfassungsgericht hat in diesem Zusammenhang ausdrücklich betont, dass es sich bei den im Verbund mit den anderen Mitgliedstaaten wahrzunehmenden Tätigkeiten grundsätzlich um die Tätigkeiten einer Wirtschaftsgemeinschaft handelt und dass es insoweit die Europäischen Gemeinschaften von den einzelnen Mitgliedstaaten abgeleitete Hoheitsbefugnisse ausübt, während die Souveränität der Mitgliedstaaten grundsätzlich unangetastet bleibt.

Art. 6 EUV verbietet daher zwar alle Maßnahmen, die die Mitgliedstaaten zu unselbständigen Teilen eines gesamteuropäischen Gebildes machen würden, erlaubt jedoch Eingriffe in nationale Bereiche, die nicht zum Kern des Ideengehalts gehören, der Grundlage der nationalen Identifikation ist[67]. Dem europäischen Recht kommt dabei ein Anwendungsvorrang vor dem nationalen Recht zu, da die Bundesrepublik Deutschland im Rahmen des Art. 23 GG einen Teil ihrer Hoheitsrechte auf die EG übertragen und insoweit die Ausübung ihrer Hoheitsrechte der EUG überlassen hat[68].

Festzuhalten ist: man kann zwar grundsätzlich daran denken, die besonderen gesetzlichen Regelungen für die öffentlich-rechtlichen Kreditinstitute in Deutschland als Teil der nationalen Identität anzusehen, die vom Gemeinschaftsrecht zu respektieren ist. Selbst bei einer weiten Auslegung des Begriffs der „nationalen Identität" zählt aber der Bereich des öffentlich-rechtlichen Bankwesens sicher nicht zu dem „Kernbereich", der für die Erhaltung der deutschen Identität unerläßlich ist. Zwar haben öffentlich-rechtliche Kreditinstitute – wie bereits dargestellt – eine lange historische Tradition, andererseits zeigt aber gerade das deutsche „Dreisäulenkonzept" eine Vielschichtigkeit des Bankwesens, die auch durch den Wegfall einer „Säule" nicht gänzlich beseitigt würde. Außerdem handelt es sich hier grundsätzlich um den Bereich, der zu den Tätigkeiten im Rahmen einer Wirtschaftsgemeinschaft zu zählen ist und für den die Mitgliedstaaten, wie das Bundesverfassungsgericht ausgeführt hat, ihre Zuständigkeiten zum Teil auf die Gemeinschaftsorgane übertragen haben. Im übrigen darf dem Begriff der nationalen Identität keineswegs eine so große Bedeutung eingeräumt werden, dass dadurch die Entwicklung des Gemeinsamen Marktes, insbesondere bei der Angleichung der Wettbewerbsbedingungen, nachhaltig beeinträchtigt wird[69].

---

[66] Vgl. BVerfG, Urteil vom 12.10.1993 – 2 BvR 2134, 2159/92, BVerfGE 89, 157, 189 f..

[67] Bleckmann, Rn. 94.

[68] Vgl. BVerfG, Beschluss vom 17.02.2000 – 2 BvR 1210/98, WM 2000, 622.

[69] Steindorff in ZHR 163 (1999), 415, 429.

3. Verhältnismäßigkeitsgrundsatz

Der auf Art. 5 Abs. 3 EG beruhende gemeinschaftsrechtliche Verhältnismäßigkeitsgrundsatz setzt voraus, dass die eingesetzten Mittel zur Erreichung des angestrebten Ziels angemessen und erforderlich sind[70]. Weiter ist zu beachten, dass unter mehreren geeigneten Maßnahmen die am wenigsten belastende auszuwählen ist, und dass die auferlegten Belastungen zu den angestrebten Zielen in einem angemessenen Verhältnis stehen[71]. Insoweit steht den Gemeinschaftsorganen nach der Rechtsprechung des Europäischen Gerichtshofs grundsätzlich ein weiter Ermessensspielraum zu, wenn es sich um komplexe Abwägungen handelt; in diesen Bereichen kann nur überprüft werden, ob ein offensichtlicher Irrtum oder ein Ermessensmissbrauch vorliegt oder ob die Grenzen des Ermessens offenkundig überschritten werden[72]. Man kann daher festhalten, dass der „gemeinschaftsrechtliche Verhältnismäßigkeitsgrundsatz" wie im deutschen Recht aus drei Stufen besteht: Geeignetheit, Erforderlichkeit und Angemessenheit (d.h. Verhältnismäßigkeit im engeren Sinn)[73].

Das Bundesverfassungsgericht misst dem Verhältnismäßigkeitsgrundsatz als dem dritten grundlegenden Prinzip der europäischen Gemeinschaftsverfassung gleich in zweierlei Hinsicht Bedeutung zu[74]. Zum einen sieht es darin ein grundrechtliches Übermaßverbot, wie man es bereits aus dem nationalen Rechtsverständnis kennt, zum anderen dient es der Beschränkung der Aktivitäten der Gemeinschaft in dem Sinne, dass die nationalen Verfassungsorgane in jeder Hinsicht gegen ein Übermaß europäischer Regelungen zu schützen sind.

Man kann aus dem in Art. 5 Abs. 3 EG verankerten Verhältnismäßigkeitsprinzip auch ableiten, dass insbesondere die Wettbewerbsvorschriften des EG-Vertrages nicht ohne Rücksicht auf die Sozialordnungen der Mitgliedstaaten eingesetzt werden dürfen und daher gerade bei Beihilfeentscheidungen hinsichtlich öffentlicher Unternehmen besondere Loyalitätspflichten der Gemeinschaftsorgane bestehen[75]. Dieser Ansatz muss freilich auf besondere Einzelfälle beschränkt bleiben, um nicht das EU-Beihilfenregime als Ganzes in Frage zu stellen. Darüber hinaus führt aber auch die Berücksichtigung des Loyalitätsgebots nicht dazu, dass im Einzelfall eine Durchsetzung der beihilferechtlichen Vorschriften ausgeschlossen wird. Vielmehr kommt die Loyalität der Gemeinschaftsorgane darin zum Ausdruck, dass im Zusammenwirken mit den

---

[70] Vgl. EuGH, Urteil vom 29.01.1998 – Rs. C-161/96, Slg. 1998-I, 281, 310 (Südzucker).

[71] Vgl. EuGH, Urteil vom 11.07.1989 – Rs. 265/87, Slg. 1989, 2237, 2269.

[72] Vgl. EuGH, Urteil vom 12.11.1996 – Rs. C-84/94, Slg. 1996-I, 5755, 5811.

[73] Vgl. Schweitzer/Hummer, Rn. 897; Steindorff in ZHR 163 (1999), 407.

[74] Vgl. BVerfG, Urteil vom 12.10.1993 – 2 BvR 2134, 2159/92, BVerfGE 89, 157, 213 („Maastricht"); *Jarass* in Jarass/Pieroth, Art. 23 Rn. 18.

[75] Vgl. Schroeder in ZHR 161 (1997), 842 f..

Mitgliedstaaten durch eine verhältnismäßige und rücksichtsvolle Anwendung des Beihilfenrechts Kompromisse zur Problembewältigung zu suchen sind[76]. Kurz gesagt: es kann hier nicht um das „ob" der Anwendung beihilferechtlicher Vorschriften auf die öffentlich-rechtlichen Kreditinstitute in Deutschland gehen, sondern allenfalls um das „wie", d.h. deren Durchsetzung im Einzelfall.

Insgesamt kann somit festgestellt werden, dass weder das Subsidiaritätsprinzip, noch der Grundsatz der Erhaltung der nationalen Identität oder das („europäische") Verhältnismäßigkeitsprinzip einem Eingriff der Organe der Gemeinschaft in das deutsche Bankwesen entgegenstehen.

II. DAS EG-BEIHILFENREGIME ALS TEIL DER EUROPÄISCHEN WETTBEWERBSORDNUNG (ALLGEMEINE DARSTELLUNG)

1. Die Bestimmungen des EG-Beihilfenrechts

Die Europäische Gemeinschaft als Wirtschafts- und Währungsgemeinschaft hat sich dem Grundsatz einer offenen Marktwirtschaft mit freiem Wettbewerb verpflichtet (Art. 4 Abs. 1, 98 EG). Ziel ist die Solidarität und Gleichbehandlung in einer offenen und dynamischen Marktwirtschaft durch die Errichtung eines Systems, das den Wettbewerb innerhalb des Gemeinsamen Marktes vor Verfälschungen schützt (Art. 3 lit. g EG). Zur Erreichung dieses Ziels enthält der EG-Vertrag Wettbewerbsregeln, zu denen insbesondere die Vorschriften über das Verhalten der Unternehmen (Artt. 81 – 86 EG) und die Bestimmungen für von den Mitgliedstaaten gewährte Beihilfen (Artt. 87 – 89 EG) gehören. Im Rahmen der Wettbewerbsvorschriften des EG-Vertrages haben die Mitgliedstaaten ihre Selbständigkeit auf dem Gebiet der nationalen Wirtschaftsverfassung aufgegeben und sich so in ihren Möglichkeiten beschränkt, „ihre öffentlichen Unternehmen als Werkzeuge des nationalwirtschaftlichen Vorteils einzusetzen"[77]. Dies hat zu erheblichen Einschnitten in die nationale Souveränität geführt, ist jedoch zur Schaffung eines gesamteuropäischen Binnenmarktes unerlässlich.

Nach Art. 87 Abs. 1 EG sind grundsätzlich staatliche oder aus staatlichen Mitteln gewährte Beihilfen gleich welcher Art, die durch die Begünstigung bestimmter Unternehmen oder Produktionszweige den Wettbewerb tatsächlich oder potentiell verfälschen, mit dem Gemeinsamen Markt unvereinbar, soweit sie den Handel zwischen den Mitgliedstaaten beeinträchtigen. Ausnahmen gibt es unter bestimmten Voraussetzungen für Unternehmen, die mit Dienstleistungen von allgemeinem wirtschaftlichen Interesse betraut sind oder den Charakter eines Finanzmonopols haben, wenn die Anwendung die-

[76] Vgl. Schroeder, a.a.O., 844 f..

[77] Vgl. Badura in ZGR 1997, 293.

ser Vorschriften die Erfüllung der ihnen übertragenen Aufgabe tatsächlich oder rechtlich verhindert.

Die Artt. 87 ff. EG gelten in allen Mitgliedstaaten der Gemeinschaft (vgl. Art. 299 EG). In zeitlicher Hinsicht gilt das Beihilfeverbot in Deutschland seit Inkrafttreten des EWG-Vertrages nach Hinterlegung der letzten Ratifikationsurkunde (vgl. Art. 313 Abs. 2 EG) zum 01.01.1958[78].

2. Der Beihilfebegriff

Mangels einer ausdrücklichen Definition des Begriffs der „Beihilfe" – eine solche kann es im Sinne einer effektiven, sich an den ständig verändernden Gegebenheiten orientierenden Beihilfenkontrolle eigentlich auch gar nicht geben[79] – lag es an der europarechtlichen Literatur und Rechtsprechung, einen umfangreichen Katalog von Fallgruppen und Erscheinungsformen herauszubilden. Ausgangspunkt ist dabei die Rechtsprechung des Europäischen Gerichtshofs, der sich entsprechend dem Sinn und Zweck der Beihilfevorschriften zur Begriffsauslegung eines relativ weiten Maßstabs bedient.

2.1 Kreis der Empfänger

Empfänger einer Beihilfe können bestimmte Unternehmen oder Produktionszweige sein. Leistungen an Privatpersonen sind hingegen grundsätzlich keine Beihilfen[80].

Nach der Rechtsprechung des Europäischen Gerichtshofs umfasst der im europäischen Wettbewerbsrecht verwendete Begriff des „Unternehmens" unabhängig von der Rechtsform und der Art der Finanzierung jede Einheit, die eine wirtschaftliche Tätigkeit ausübt[81]. Eine solche wirtschaftliche Betätigung liegt nur dann nicht vor, wenn die ausgeführten Tätigkeiten nach ihrer Art, ihrem Gegenstand und nach den für sie geltenden Regeln sich als eine Ausübung von typischerweise hoheitlichen Rechten darstellt[82]. Der Begriff des Produktionszweiges ist ebenfalls weit auszulegen und umfasst neben den

---

[78] *Röttinger* in Lenz, Art. 314 Rn. 4.

[79] Vgl. Dreher in Gedächtnisschrift Knobbe-Keuk, S. 585.

[80] Vgl. Geiger, Art. 92 Rn. 14; v. *Wallenberg* in Grabitz/Hilf, Art. 92 Rn. 19.

[81] Vgl. EuGH, Urteil vom 19.01.1994 – Rs. C-364/92 (SAT/Eurocontrol), EWS 1994, 131.

[82] Im Fall EUROCONTROL handelte es sich um Aufgaben der operativen Flugverkehrskontrolle, der Forschung, Planung und Koordinierung der nationalen Flugsicherung sowie der Festlegung und Einziehung der den Luftraumbenutzern auferlegten Streckenbenutzungsgebühren.

produzierenden Unternehmen auch Dienstleistungs- und Handelsunternehmen sowie sonstige Gewerbezweige und freie Berufe[83].

Erforderlich ist, dass die staatliche Maßnahme eine gewisse Spezifität aufweist, d.h. dass sie ausschließlich bestimmte Unternehmen oder bestimmte Wirtschaftszweige begünstigt und damit einen selektiven Charakter hat[84]. Der Beihilfecharakter einer Maßnahme geht somit nicht dadurch verloren, dass hiervon nicht nur ein einzelnes Unternehmen, sondern ein gesamter Wirtschaftszweig betroffen ist. Unerheblich ist auch, ob der die Beihilfe gewährende Mitgliedstaat die Absicht hat, die Maßnahme auf alle Wirtschaftszweige zu erstrecken und ihr damit allgemeine Geltung zu verschaffen.

2.2 Begünstigung

Entsprechend der in Art. 87 Abs. 1 EG gewählten weiten Formulierung „Beihilfen gleich welcher Art" ist unter einer Beihilfe ganz allgemein die Zuwendung oder Zuweisung eines wirtschaftlichen (geldwerten) Vorteils zu verstehen[85]. Voraussetzung ist allerdings eine gewisse Erheblichkeit der Maßnahme, d.h. es muss sich um einen spürbaren Vorteil handeln, der dem Beihilfeempfänger zugute kommt[86].

Im Gegensatz zum Begriff der Subvention, der nur alle positiven Geld- und Sachleistungen umfasst, die einem Unternehmen gewährt werden[87], ist der Begriff der Beihilfe als „Oberbegriff" weiter zu fassen. Er umfasst nicht nur positive Leistungen wie Subventionen selbst, sondern auch Maßnahmen, die in verschiedener Form die Belastungen vermindern, die ein Unternehmen normalerweise zu tragen hat und die somit zwar keine Subventionen im strengeren Sinne des Wortes darstellen, diesen aber nach Art und Wirkung gleichstehen[88]. Beihilfen sind daher auch alle Maßnahmen, die die einem Unternehmen üblicherweise auferlegten Belastungen in irgendeiner Weise vermindern[89]. Im Einzelfall muss es sich also nicht um Subventionen im strengen Wortsinn handeln, vielmehr muss die Maßnahme nach Art und Wirkung einer Subvention gleichkommen. Entscheidend ist insoweit nicht die Ausgestaltung einer Maßnahme, sondern vielmehr deren tatsächliche Wirkung[90].

---

83 *Mederer* in Groeben/Thiesing/Ehlermann, Art. 92 EGV Rn. 25.

84 Vgl. EuGH, Urteil vom 17.06.1999 – Rs. C-75/97 (Belgien/Kommission), EWS 1999, 313.

85 Vgl. *Rawlinson* in Lenz, Art. 87 Abs. 2; Koenig/Kühling in NJW 2000, 1066.

86 Vgl. EuGH, Urteil vom 17.06.1999 – Rs. C-75/97 (Belgien/Kommission), EWS 1999, 314.

87 *v. Wallenberg* in Grabitz/Hilf, Art. 92 Rn. 3.

88 Vgl. EuGH, Urteil vom 23.02.1961 – Rs. 30/59 (De Gezamenlijke Steenkolenmijnen), Slg. 1961, 3; EuGH, Urteil vom 15.03.1994 – Rs. C387/92 (Banco Exterior de Espana), Slg. 1994, I-877; EuGH, Urteil vom 01.12.1998 – Rs. C-200/97 (Ecotrade/Altiforni), EWS 1998, 28.

89 Vgl. EuGH, Urteil vom 01.12.1998 – Rs. C-200/97 (Ecotrade Srl/AFS), EWS 1999, 28 ff..

90 Vgl. Dreher in Gedächtnisschrift Knobbe-Keuk, S. 585.

2.3 Beihilfegeber

Nach dem Wortlaut des Art. 87 EG muss es sich um eine „staatliche oder aus staatlichen Mitteln gewährte Beihilfe" handeln. Eine Maßnahme erfüllt daher hinsichtlich ihres Gebers die Voraussetzungen einer Beihilfe, wenn sie einem Mitgliedstaat oder seinen Organen zugerechnet werden kann (funktionelle Betrachtungsweise)[91]. Der Subventionsgeber muss nicht unbedingt die Zentralregierung sein, vielmehr kann es sich auch um eine nachgeordnete öffentliche Stelle handeln[92], wobei in einem solchen Fall die Mitgliedstaaten aufgrund ihrer in Art. 10 EG festgelegten Pflicht zur Gemeinschaftstreue für die Einhaltung der Bestimmungen des EG-Vertrages zu sorgen haben[93].

Durch die weite Fassung des Art. 87 EG ist sichergestellt, dass nicht nur direkte, sondern auch indirekte Beihilfen dem Beihilfenregime unterliegen. Somit können z.B. auch Investitionen eines autonomen Finanzinstituts staatliche Beihilfen darstellen, wenn es unter staatlicher Aufsicht steht und seine Aufgaben gesetzlich geregelt sind[94]. Unabhängig von ihrer rechtlichen Ausgestaltung als öffentlich-rechtliche oder privatrechtliche Einrichtung kommen daher beide Organisationsformen als Beihilfegeber im Sinne der Artt. 87 ff. EG in Betracht, wenn ihre Tätigkeiten dem Mitgliedstaat nur irgendwie zuzurechnen sind[95]. Ein wichtiges Indiz ist in diesem Zusammenhang, ob die Maßnahme aus öffentlichen Mitteln finanziert wird[96].

Staatliche Beihilfen kommen sowohl in Form von Fremdkapitalzufuhr als auch in Form von Eigenkapitalzufuhr in Betracht. Kapitalbeteiligungen des Staates oder öffentlich-rechtlicher Körperschaften an privatrechtlichen Unternehmen werden aber nicht zwingend von Art. 87 Abs. 1 EG umfasst. Bei einer generellen Unterstellung staatlicher Kapitalbeteiligungen an Unternehmen unter das Verbot des Art. 87 Abs. 1 EG wäre nämlich der Staat gegenüber Privatpersonen und privaten Unternehmen schlechter gestellt, da deren Beteiligung niemals eine Beihilfe im Sinne des Art. 87 Abs. 1 EG und daher auch nicht unzulässig sein kann. Es ist aber davon auszugehen, daß eine Beteiligung immer dann eine staatliche Beihilfe darstellt, wenn das Unternehmen die Finanzmittel auf dem privaten Kapitalmarkt nicht hätte aufbringen können. Unter den gleichen Voraussetzungen sind auch staatliche Beteiligungsdarlehen als staatliche Beihilfen anzusehen[97]. Das Vorliegen einer Beihilfe scheidet dann aus, wenn die staatliche Kapitalbeteiligung den Voraussetzungen entspricht, unter denen Risikokapital auch von Privatpersonen – zu marktüblichen Bedingungen – bereitgestellt wird.

---

[91] Vgl. Hakenberg/Tremmel in EWS 1997, 217.

[92] Kommission, Entscheidung vom 16.02.1983 – Nr. 83/130/EWG, ABIEG L 91/32.

[93] Koenig/Kühling in NJW 2000, 1067.

[94] EuG, Urteil vom 16.12.1996 – Rs. T-358/94 (Air France / Kommission), Slg. 1996-II, 2109.

[95] Vgl. EuGH, Urteil vom 02.02.1988 – Rs. C-67/85, 68/85 u. 20/85, Slg. 1988-I, 219.

[96] EuG, Urteil vom 16.12.1996 – Rs. T-358/94 (Air France / Kommission), Slg. 1996-II, 2109.

[97] Kommission, Entscheidung vom 28.09.1984 – Nr. 84/489/EWG, ABIEG L 273, 26.

2.4 Fehlendes Leistungsäquivalent

Entscheidendes Merkmal einer Beihilfe ist, dass die staatliche Maßnahme dem begünstigten Unternehmen einen marktunüblichen Vorteil bringt. Dies ist insbesondere dann anzunehmen, wenn für die staatliche Leistung keine Gegenleistung vereinbart ist. Die Vereinbarung einer Gegenleistung vermag zwar grundsätzlich das Vorliegen einer Beihilfe auszuschließen, aber nur dann, wenn Leistung und Gegenleistung in einem angemessenen Verhältnis zueinander stehen und es zu keiner wettbewerbsverzerrenden „Überkompensation" kommt[98]. Leistung und Gegenleistung müssen nicht zwingend rechtlich miteinander verbunden sein, vielmehr ist ein wirtschaftlicher Zusammenhang zwischen beiden ausreichend[99]. Eine Überkompensation liegt dann vor, wenn die als Gegenleistung erhaltene Vergütung niedriger ist als eine üblicherweise unter Marktbedingungen geforderte[100]. Im Fall einer solchen rein „symbolischen" Gegenleistung besteht die Beihilfe in dem überschießenden und von der Gegenleistung nicht gedeckten Teil der Zuwendung.

Während also die Fälle relativ klar beurteilt werden können, in denen es an einer Gegenleistung gänzlich fehlt, stellt sich die Bemessung ausgetauschter Leistungen als äußerst problematisch dar. Insbesondere im Zusammenhang mit Kapitalzuführungen und Darlehensgewährungen bedienen sich die Kommission[101] und der EuGH[102] zur Feststellung des gewährten Vorteils im Rahmen eines aus ex-ante Sicht[103] vorzunehmenden Drittvergleichs – des sog. Private-Investor-Tests – der Figur des unter Marktbedingungen und wettbewerbsorientiert handelnden vernünftigen privaten Kapitalgebers (Private Investor/Market Economy Investor), und zwar unabhängig davon, ob es sich bei dem Begünstigten um ein gesundes oder ein in wirtschaftlichen Schwierigkeiten befindliches Unternehmen handelt[104]. Der Test wird daher manchmal auch als „Reasonable Investor's Test" bezeichnet[105] und führt dazu, dass die Beihilfenkontrolle zu einer „Verhaltenskontrolle" wird[106]. Nur wenn der hypothetische ex-ante Vergleich zwischen der die Beihilfe gewährenden öffentlichen Hand und diesem privaten Kapitalgeber zu dem Ergebnis führt, dass beide unter den gleichen Bedingungen im gleichen Umfang und zu den gleichen Konditionen gehandelt hätten, dann ist die Annahme einer Beihilfe

---

98 Vgl. Koenig in EWS 1998, 152.

99 Koenig/Kühling in NJW 2000, 1066.

100 EuGH, Urteil vom 11.07.1996 – Rs. C-39/94, Slg. 1996, I-3547.

101 Vgl. Kommission, Entscheidung vom 31.05.1999 (AZ: 89/661/EWG), ABlEG L 394, S. 9; Kommission, Entscheidung vom 21.06.2000, AZ: K(2000) 1730, ABlEG L 272 vom 25.10.2000, S. 37.

102 Vgl. EuGH, Urteil vom 10.07.1986 – Rs. 40/85, Slg. 1986, 2345 f.; EuGH, Urteil vom 21.03.1991 – Rs. C 305/89, Slg. 1991, 1640 f.; EuGH, Urteil vom 29.06.1999 – Rs. C 256/97, ZIP 1999, 1280.

103 Dreher in Gedächtnisschrift Knobbe-Keuk, S. 594 ff..

104 Vgl. Kommission, Entscheidung vom 08.07.1999 (AZ: K (1999) 2265), ABlEG L 150, S. 24

105 Vgl. Dreher in Gedächtnisschrift Knobbe-Keuk, S. 588.

106 Immenga/Rudo, S. 69

ausgeschlossen[107]. Somit kommt der öffentlichen Hand im Rahmen des anzustellenden Vergleichs die Rolle eines „Als-Ob-Marktwirtschaftlers" zu[108].

Für diesen Private-Investor-Test gibt es eine Reihe von Prüfungskriterien, die allerdings – da sie regelmäßig von einer Krisensituation des begünstigten Unternehmens ausgehen – größtenteils im Rahmen der hier vorzunehmenden Untersuchung wenig hilfreich sind. Gleichwohl kann festgehalten werden[109]:

- Hinsichtlich der Bereitstellung angemessener Eigenmittel ist zu prüfen, ob die zu erwartende Verzinsung dieser Mittel einem Vergleich mit der Rendite vergleichbarer Unternehmen standhält.

- Hinsichtlich der Bereitstellung von Bürgschaften, Garantien oder ähnlichen Instrumenten[110] ist zu prüfen, ob sie Konditionen gewährt wurden, die den auf dem freien Markt geltenden entsprechen.

- Hinsichtlich der Einräumung von Darlehen ist zu prüfen, ob das Insolvenzrisiko des Darlehensnehmers (neben der Vereinbarung entsprechender Darlehenssicherheiten) durch die Vereinbarung eines angemessenen Zinssatzes angemessen berücksichtigt worden ist.

Eine marktgerechte Verzinsung des eingesetzten Kapitals muss also insbesondere die mit der Anlage verbundenen ökonomischen Risiken angemessen wiedergeben[111]. Bei einer Beteiligung an einem erwerbswirtschaftlichen Unternehmen ergibt sich die Renditeerwartung eines privaten Investors (die damit den Eigenkapitalkosten des Unternehmens entspricht) unter Zugrundelegung des üblicherweise verwendeten Kapitalmarktmodells[112] aus der Summe der Rendite einer risikolosen Kapitalanlage (dem risikofreien Ertrag) zuzüglich einer investitionsbezogen Risikoprämie. Im Rahmen des „Drittvergleichs" ist daher zu unterscheiden, ob mit der Maßnahme längerfristige Ziele („long term investment") oder nur kurzfristige, eher spekulative Interessen („short term investment") verfolgt werden[113], denn nur im Fall einer auf länge-

[107] Vgl. Mitteilung der Kommission vom 13.11.1993 (ABlEG. Nr. C 307/1993, S. 6): „Die Beachtung des Prinzips der Neutralität erfordert es, den Unterschied in den Bedingungen, zu denen die Mittel dem ... Unternehmen vom Staat bereitgestellt wurden, und den Bedingungen, zu denen ein privater Kapitalgeber, der unter normalen marktwirtschaftlichen Bedingungen handelt, bereits wäre, Mittel einem privaten Unternehmen zu überlassen, als Beihilfe zu bewerten."; EuG, Urteil vom 21.01.1999 – T-2/96 u. T-97/96 (Freistaat Bayern/Kommission), ZIP 1999, 153 ff.; Koenig/Kühling in NJW 2000, 1067.

[108] Vgl. Dreher in Gedächtnisschrift Knobbe-Keuk, S. 591.

[109] Vgl. Mitteilung der Kommission, ABlEG Nr. C 307 vom 13.11.1993, S. 12 f..

[110] Vgl. hierzu Habersack in ZHR 159 (1995), 663 ff.; Kölbl-Vogt: Auswirkungen des EG-Beihilfenverbots auf Landesbürgschaften (Dissertation Marburg, 1999).

[111] Diese bestehen üblicherweise aus dem Marktrisiko, dem Kreditrisiko, dem Liquiditätsrisiko und dem Betriebsrisiko (vgl. Schröder in Finanz Betrieb 1999, 383).

[112] Capital Asset Pricing Model (CAPM).

[113] Koenig in ZIP 2000, 57.

re Sicht getätigten Maßnahme ist nicht zwingend eine Betrachtung unter Rentabilitätsgesichtspunkten geboten. Je kürzer die beabsichtigte Dauer der Maßnahme jedoch ist, desto größer wird die Gefahr einer beihilferechtlichen Relevanz. Festzuhalten bleibt jedoch, dass es allgemeine Richtlinien der Berechnung zumindest bislang nicht gibt und daher insbesondere die jeweiligen Einzelfallumstände mit zu berücksichtigen sind[114].

Bezogen auf die Tätigkeit von Kreditinstituten führt der Private-Investor-Test nach der Praxis der Kommission dazu, dass eine Kapitalbeteiligung der öffentlichen Hand im Zweifel dann als Beihilfe zu betrachten ist, wenn innerhalb eines vernünftigen Zeitraums kein „normales" Ertragsniveau des investierten Kapitals (durch Dividenden oder Kapitalgewinne) mehr gewährleistet ist, oder wenn die vom Kapitalgeber eingegangenen Risiken zu hoch oder für einen zu langen Zeitraum eingegangen worden sind[115]. Indizien für einen solchen Zustand sieht die Kommission auch in einer „Beeinträchtigung der Marktdisziplin", d.h. einem unangemessenen Auftreten des Kreditinstituts am Markt, z.B. durch eine unzureichende Kontrolle von Schuldnern, Missmanagement und Ausübung von Margendruck.

2.5 Verfälschung des Wettbewerbs

Unzulässig sind im Gemeinsamen Markt solche Maßnahmen, die den Wettbewerb tatsächlich oder potentiell verfälschen. Eine solche Wettbewerbsverfälschung ist bereits dann gegeben, wenn die Maßnahme den Ablauf des Wettbewerbs – in der Regel zugunsten des Adressaten der Maßnahme – verändert[116].

Bei der hier vorzunehmenden Bewertung hat die Kommission mögliche zukünftige Veränderungen sowie die zu erwartende Entwicklung des Wettbewerbs sowie die Auswirkungen der Beihilfe auf diesen Wettbewerb zu berücksichtigen[117]. Auszugehen ist dabei von der Wettbewerbslage, die vor der Durchführung der Maßnahme auf dem Gemeinsamen Markt herrschte[118]. Eine nur potenzielle Wettbewerbsverfälschung, z.B. durch eine Erschwerung des Markteintritts für neue Unternehmen, ist bereits ausreichend[119].

---

[114] So hat z.B. die Kommission in der „WestLB-Entscheidung" die „Besonderheiten der Transaktion" als Korrektiv in die Berechnung eingeführt (vgl. Entscheidung vom 08.07.1999, AZ: K (1999) 2265, ABlEG L 150 vom 23.06.2000, S. 32).

[115] Vgl. Kommsission, Entscheidung vom 10.11.1999, AZ: 2000/600/EG, ABlEG L 256 vom 10.10.2000, S. 32.

[116] v. *Wallenberg* in Grabitz/Hilf, Art. 92 EGV Rn. 24.

[117] Vgl. EuG, Urteil vom 15.12.1999 – Rs. T-132/96 u. T-134/96 (Deutschland u. VW/Kommission), ZIP 2000, 100.

[118] *Mederer* in Groeben/Thiesing/Ehlermann, Art. 92 EGV Rn. 24.

[119] Vgl. Rawlinson in Lenz, Art. 87 Rn. 11; Koenig/Kühling in NJW 2000, 1069.

2.6 Beeinträchtigung des innergemeinschaftlichen Handels

Eine Beihilfemaßnahme ist insoweit unzulässig, als sie den Handel zwischen den Mitgliedstaaten beeinträchtigt, d.h. wenn sie über das Gebiet des beihilfegewährenden Mitgliedstaats hinaus die Situation konkurrierender Unternehmen aus anderen Mitgliedstaaten beeinflusst[120]. Wird durch eine staatliche Beihilfe die Stellung eines Unternehmens gegenüber anderen Wettbewerbern im innergemeinschaftlichen Handel gestärkt, so ist von einer Beeinflussung des innergemeinschaftlichen Handels durch die Maßnahme auszugehen[121]. Durch die Gewährung der Beihilfe kann das inländische Angebot an Dienstleistungen beibehalten oder erhöht werden, so dass sich die Chancen der Unternehmen aus anderen Mitgliedstaaten verringern, die ihre Dienstleistungen ebenfalls anbieten wollen. Aufgrund der zunehmenden „Dichte" des Gemeinsamen Marktes – insbesondere im Bereich der Finanzdienstleistungen – wird man eine Beeinträchtigung des innergemeinschaftlichen Handels nur noch in Ausnahmefällen verneinen können, in denen es sich um rein lokal wirkende Beihilfen handelt[122].

Die zu überprüfende Maßnahme muss sich somit als Vorteil darstellen, der seinem Wesen nach vor allem solchen Unternehmen zugute kommt, die sich am innergemeinschaftlichen Handel beteiligen[123]. Gleichwohl kann es sich bei den begünstigten Unternehmen auch um nur lokal tätige Unternehmen handeln[124].

2.7 Beispiele

Von der Kommission und in der langen und umfangreichen Rechtsprechung des Europäischen Gerichtshofs und des Gerichts erster Instanz beim Europäischen Gerichtshof wurden bisher z.B. als Beihilfen angesehen:

- Zinszuschüsse- und Vergütungen sowie zinsverbilligte Darlehen[125]

- Übernahme von Forderungen[126]

---

[120] Geiger, Art. 92 Rn. 15.

[121] EuGH, Urteil vom 17.06.1999 – Rs. C-75/97 (Belgien/Kommission), EWS 1999, 314.

[122] Vgl. Mitteilung der Kommission in Sachen Credit Lyonnais (ABlEG C-121 vom 17.05.1995, S. 11; Kahl in NVwZ 1996, 1085; Koenig/Kühling in NJW 2000, 1070.

[123] EuGH, Urteil vom 17.06.1999 – Rs. C-75/97 (Belgien/Kommission), EWS 1999, 314.

[124] EuGH, a.a.O..

[125] EuGH, Urteil vom 08.03.1988 – Rs. 62/87 u. 72/87 (Executif regional wallon/Kommission), Slg. 1988, 1573; EuGH, Urteil vom 07.06.1988 - Rs. 57/86 (Griechenland/Kommission), Slg. 1988, 2855; EuGH, Urteil vom 14.02.1990 – Rs. C-301/87 (Frankreich/Kommission), Slg. 1990-I, 307.

[126] Kommission, Entscheidung vom 29.03.1988 – Nr. 88/454/EWG, ABlEG 1988 L 220, 30.

- Garantien aller Art, und zwar unabhängig von ihrer Inanspruchnahme[127]

- Nichtanwendung konkursrechtlicher Vorschriften mit der Folge, dass ein Unternehmen seine Geschäftstätigkeit fortsetzen kann[128]

- staatlicher Zuschuss zu den Gesamtkosten eines Sozialplans[129]

- Abgabenbefreiung für bestimmte Unternehmen, die nicht mit der Übertragung finanzieller Mittel verbunden ist, die Begünstigten aber besser stellt als die übrigen Abgabeverpflichteten[130]

- Stundung von Abgaben durch eine für deren Einziehung zuständige öffentliche Einrichtung, selbst wenn in diesem Zusammenhang Zinsen und Verspätungszuschläge erhoben werden[131]

- Verzicht auf Forderungen der öffentlichen Hand[132]

- Entlastung von Unternehmen durch eine erhöhte Ermäßigung von Sozialversicherungsbeiträgen mit dem Ziel der Schaffung neuer Arbeitsplätze[133]

- Steuerbefreiungen bzw. -Erleichterungen[134]

Der Charakter einer Maßnahme als Beihilfe geht insoweit nicht dadurch verloren, dass durch sie Belastungen des begünstigten Unternehmens im Vergleich

---

127 Kommission, Entscheidung v. 12.12.1990 – Nr. 91/306/EWG, ABlEG 1991 L158, S. 71.

128 EuGH, Urteil vom 01.12.1998 – Rs. C-200/97 (Ecotrade Srl/AFS), EWS 1999, 28 ff..

129 EuGH, Urteil vom 26.09.1996 – Rs. C-241/94 (Frankreich/Kommission), EWS 1996, 393 ff..

130 EuGH, Urteil vom 15.03.1994 – Rs. C-387/92 (Banco de Crédito Industrial SA/Ayuntamiento de Valencia), EWS 1994, 132 ff..

131 EuGH, Urteil vom 26.06.1999 – Rs. C-256/97, ZIP 1999, 1278; vgl. hierzu Wessely in EWiR 1999, 1115.

132 EuGH, Urteil vom 01.12.1998 – Rs. C-200/97 (Ecotrade Srl/AFS), EWS 1999, 28 ff..

133 EuGH, Urteil vom 17.06.1999 – Rs. C-75/97 (Belgien/Kommission), EWS 1999, 311 ff.; eine solche Maßnahme ist nur dann nicht als Beihilfe anzusehen, wenn sie durch das Wesen und die Struktur des allgemeinen Sozialversicherungssystems gerechtfertigt ist.

134 EuGH, Urteil vom 12.07.1973 – Rs. 70/72 (Kommission/Deutschland), Slg. 1973, 813; EuGH, Urteil vom 15.03.1994 – Rs. C-387/92 (Banco Exterior de Espana), Slg. 1994, 902; Kommission, Entscheidung vom 22.12.1999, AZ: 2000/795/EG, ABlEG L 318 vom 16.12.2000, S. 48 ff.; Kommission, Entscheidung vom 12.07.2000, AZ: K(2000) 2448, ABlEG L 279 vom 01.11.2000, S. 47; in einer kürzlich ergangenen Entscheidung hat der EuGH darüber hinaus sogar eine grundsätzlich auf alle Wirtschaftsteilnehmer unterschiedslos anwendbare Steuervergünstigungsmaßnahme als Beihilfe angesehen, wenn die Wirkungen dieser Maßnahme mittelbar nur bestimmten Unternehmen zugute kommen (EuGH, Urteil vom 19.09.2000 – C-156/98, ZIP 2000, 1738); kritisch hierzu Bartosch in ZIP 2000, 2010.

zu Unternehmen anderer Mitgliedstaaten ausgeglichen werden sollen[135]. Auch auf eine soziale Zielsetzung der untersuchten Maßnahmen kommt es nicht an, da für die Anwendbarkeit der Beihilfevorschriften nicht auf die Gründe oder Ziele der staatlichen Maßnahmen abzustellen ist, sondern allein auf deren Wirkungen[136].

2.8 Zusammenfassung

Allgemein versteht man somit unter einer Beihilfe (im Sinne des Art. 87 Abs. 1 EG) alle unmittelbar oder mittelbar aus staatlichen Mitteln finanzierten Vorteile sowie diejenigen Vorteile, die eine zusätzliche Belastung für den Staat oder die für diesen Zweck benannten oder errichteten Einrichtungen darstellen[137]. Beihilfen sind neben allen positiven Leistungen der öffentlichen Hand auch alle Maßnahmen, die die Belastungen vermindern, die ein Unternehmen normalerweise zu tragen hat. Entsprechend der weiten Auslegung des Beihilfebegriffs durch die Kommission und den Europäischen Gerichtshof kann es sich bei diesen „Erleichterungen" um „temporäre" (z.B. in Form von Stundungen) und um „absolute" Erleichterungen handeln.

Typische Merkmale einer Beihilfe sind jedenfalls die begünstigende Wirkung bei den Unternehmen und Produktionszweigen, denen sie gewährt wird, die fehlende Gegenleistung des Begünstigten und eine Freiwilligkeit der zuwendenden öffentlichen Hand[138]. Wird eine Beihilfe nicht als Geldleistung gewährt, sondern z.B. als zinsgünstiges Darlehen, Steuervergünstigung oder Kreditbürgschaft, so ist sie in ein entsprechendes Subventionsäquivalent umzurechnen, das mit den „herkömmlichen" Beihilfen in Relation gesetzt werden kann[139].

3. Anwendbarkeit auf öffentliche Unternehmen

Art. 86 Abs. 1 EG stellt klar, dass die Wettbewerbsregeln der Artt. 81 bis 89 EG auf öffentliche Unternehmen in gleichem Maße zur Anwendung kommen wie auf Privatunternehmen. Die Mitgliedstaaten werden dadurch in zweifacher Hinsicht gebunden: einerseits wird der Gefahr einer Umgehung der Wettbewerbsvorschriften durch die Wahl der Rechtsform begegnet und andererseits wird es den Mitgliedstaaten untersagt, bestimmte Unternehmen zu einem

---

[135] EuGH, Urteil vom 02.07.1974 – Rs. 173/73 (Italien/Kommission), Slg. 1974, 709.

[136] Vgl. EuGH, Urteil vom 26.09.1996 – Rs. C-241/94 (Frankreich/Kommission), EWS 1996, 394.

[137] vgl. EuGH, Urteil vom 24.01.1978 – Rs. 82/77 (Van Tiggele), Slg. 1978, 25; EuGH, Urteil vom 30.11.1993 – Rs. C 189/91 (Kirsammer-Hack), Slg. 1993-I, 6185.

[138] Vgl. EuGH, Urteil vom 27.03.1980 – Rs. 61/79 (Denkavit), Slg. 1980, 1205; EuGH, Urteil vom 27.09.1988 – Rs. 106/87-102/87 (Asteris/Griechenland u. Kommission), Slg. 1988, 5515, 5540.

[139] Vgl. Mitteilung der Kommission über „de minimis"-Beihilfen, ABlEG 96/C 68 vom 06.03.1996, S. 9 f..

wettbewerbswidrigen Verhalten zu veranlassen[140]. Hierin kommt der die Wirtschaftsverfassung der Gemeinschaft beherrschende Grundsatz der Gleichbehandlung öffentlicher und privater Unternehmen zum Ausdruck[141]. Auch im Rahmen einer unternehmerischen Betätigung sind die Mitgliedstaaten unmittelbar den Wettbewerbsvorschriften des EG-Vertrages verpflichtet[142]. Ein solches unternehmerisches Tätigwerden liegt immer dann vor, wenn der Staat Leistungen auf dem Markt anbietet, die in gleicher Weise auch von Privaten angeboten werden bzw. angeboten werden können[143].

Die Gleichstellung von öffentlichen und privaten Unternehmen im Rahmen der Wettbewerbsvorschriften des EG-Vertrages erscheint zur Erreichung der Ziele des EG-Vertrages zwingend erforderlich, da sich die Mitgliedstaaten anderenfalls durch die Schaffung öffentlicher Unternehmen ganz bewusst den Wettbewerbsvorschriften entziehen und sich so besondere Freiräume schaffen könnten[144]. Im übrigen hat man natürlich auch erkannt, dass die Nähebeziehung zwischen der öffentlichen Hand und „ihren" Unternehmen in besonderem Maße eine Gefahr vertragswidriger Maßnahmen birgt, die von außen kaum erkennbar sind[145]. Im Bereich der Finanzdienstleistungen wird diese besondere Nähebeziehung z.B. dadurch deutlich, dass die öffentliche Hand derart umfangreiche Geschäftsbeziehungen zu den öffentlich-rechtlichen Kreditinstituten unterhält[146], dass aufgrund gewisser Interessenkollisionen im Zweifel zu befürchten ist, dass Geschäftsentscheidungen immer anhand objektiver Kriterien getroffen werden.

Der Begriff des „öffentlichen Unternehmens" ist im EG-Vertrag zwar nicht näher definiert, umfasst nach der Rechtsprechung des EuGH aber grundsätzlich jede eine wirtschaftliche Tätigkeit ausübende Einheit, und zwar unabhängig von ihrer Rechtsform und der Art ihrer Finanzierung[147]. Zugrunde gelegt wird damit ein rein funktionaler Unternehmensbegriff, während formale oder organisatorische Aspekte unberücksichtigt bleiben[148]. Für eine genauere Bestimmung des Begriffs des „öffentlichen Unternehmens" kann auf die von der Kommission in der sog. Transparenzrichtlinie[149] festgelegten Kriterien zurück-

---

[140] Vgl. Schwarze in EuZW 2000, 625.

[141] Vgl. Badura in ZGR 1997, 298.

[142] Vgl. Schwarze in EuZW 2000, 617, 623.

[143] Vgl. EuGH, Urteil vom 29.06.1997 – Rs. C-233/95 (Diego Cali & Figli), Slg. 1997-I, 1549 (1587).

[144] *Hochbaum* in Groeben/Thiesing/Ehlermann, Art. 90 Rn. 1.

[145] Vgl. Kahl in NVwZ 1996, 1083.

[146] So entfielen hinsichtlich der von der öffentlichen Hand per Ende Oktober 1999 aufgenommenen Kredite im Gesamtvolumen von DM 953.962 Mrd. ungefähr 32,2% auf die Institute des Sparkassensektors und weitere 7,8% auf die Kreditinstitute mit Sonderaufgaben (vgl. „Anhaltende Zuneigung der Kommunen zu den Sparkassen" in Kreditwesen 2000, 57).

[147] Vgl. *Grill* in Lenz, Art. 86 Rn. 4; *Pernice* in Grabitz/Hilf, Art. 90 EGV Rn. 14.

[148] *Hochbaum* in Groeben/Thiesing/Ehlermann, Art. 90 Rn. 6.

[149] Richtlinie 80/723/EWG der Kommission vom 25.06.1980 über die Transparenz der finanziellen Beziehungen zwischen den Mitgliedstaaten und den öffentlichen Unternehmen, ABlEG. L 195 vom 29.07.1980, S. 35 ff.; geändert durch Richtlinie 85/413/EWG der Kommis-

gegriffen werden, auch wenn sich der Europäische Gerichtshof grundsätzlich die Möglichkeit offen lässt, in anderen als den von der Transparenzrichtlinie erfassten Bereichen auch andere Kriterien zugrunde zu legen[150]. Nach Art. 2 dieser Richtlinie ist als öffentliches Unternehmen jedes Unternehmen anzusehen, auf das die öffentliche Hand unmittelbar oder mittelbar einen beherrschenden Einfluss ausüben kann. Ein solcher beherrschender Einfluss kann vermittelt werden durch

- Eigentümerstellung

- finanzielle Beteiligung

- Satzungsregelungen oder sonstige Bestimmungen, die die Tätigkeit des Unternehmens regeln[151].

Eine privatrechtliche Organisationsstruktur des Unternehmens hindert eine beihilferechtliche Prüfung also auch dann nicht, wenn die Aktionäre des Unternehmens der öffentlichen Hand zuzurechnen sind[152]. Entscheidende Bedeutung hat die Feststellung, ob das Unternehmen gegenüber der öffentlichen Hand als wirtschaftlich autonom anzusehen ist, oder ob die öffentliche Hand die Möglichkeit hat, auf die Geschäftsführung des Unternehmens einzuwirken, ohne auf hoheitliche Maßnahmen zurückgreifen zu müssen[153]. Insoweit wird ein beherrschender Einfluss dann vermutet, wenn die öffentliche Hand entweder unmittelbar oder mittelbar

- die Mehrheit am gezeichneten Kapital des Unternehmens hält oder

- die Mehrheit der Stimmrechte im Unternehmen innehat oder

- die Möglichkeit hat, mehr als die Hälfte der Mitglieder des Verwaltungsorgans, der Leitungsorgans oder des Aufsichtsorgans des Unternehmens zu bestimmen[154].

---

sion vom 24.07.1985, ABlEG. L 229 vom 28.08.1985, S. 20 ff.; geändert durch Richtlinie 93/84/EWG der Kommission vom 30.09.1993, ABlEG. L 254 vom 12.10.1993, S. 16 ff.; geändert durch Richtlinie 2000/52/EG der Kommission vom 26.07.2000, ABlEG L 193 vom 29.07.2000, S. 75 ff..

150 *Grill* in Lenz, Art. 86 Rn. 5

151 Dies gilt natürlich nur insoweit, als es sich nicht um Regelungen mit allgemeinem Charakter handelt, die alle öffentlichen und privaten Unternehmen gleichermaßen betreffen.

152 Vgl. Kommission, Entscheidung vom 10.11.1999, AZ: 2000/600/EG, ABlEG L 256 vom 10.10.2000, S. 31 (Banco di Sicilia u. Sicilcassa).

153 *Pernice* in Grabitz/Hilf, Art. 90 EGV Rn. 19; Schwarze in EuZW 2000, 623.

154 Zu beachten ist insoweit, dass sich in Deutschland nach den einschlägigen haushaltsrechtlichen Vorschriften die öffentliche Hand an einem privatrechtlichen Unternehmen regelmäßig nur dann beteiligen kann, wenn sie in dem Unternehmen auch einen ange-

Insoweit kommt es nicht darauf an, ob die öffentliche Hand tatsächlich einen beherrschenden Einfluss ausübt, vielmehr reicht die Möglichkeit zu einer solchen Einflussnahme[155]. Allerdings begründen solche Tätigkeiten der öffentlichen Hand für sich allein noch kein öffentliches Unternehmen, die sich als rein hoheitliche Tätigkeit oder allgemeine Teilnahme am Wirtschaftsleben als Verbraucher darstellen[156]. Umstritten ist schließlich die Frage, wie mit einem Unternehmen zu verfahren ist, das sich im Streubesitz der öffentlichen Hand befindet. Insoweit wird man aber die Anwendbarkeit des Art. 86 Abs. 1 EG dann bejahen müssen, wenn die öffentlichen Anteilseigner einheitliche Interessen verfolgen und damit wie „ein" Gesellschafter handeln[157].

4. Bestehende und neue Beihilfen

Hinsichtlich der zeitlichen Durchführung der Beihilfemaßnahmen ist zu unterscheiden zwischen bestehenden Beihilfen, d.h. Maßnahmen, die bereits vor dem Inkrafttreten des Vertrages zur Gründung der Europäischen Wirtschaftsgemeinschaft (am 01.01.1958) bzw. dem Beitritt zu den Europäischen Gemeinschaften bestanden haben, und den nach diesen Zeitpunkten erlassenen „neuen" Beihilfen:

(i) Bestehende Beihilfen sind von der Kommission zu überprüfen und gegebenenfalls durch sachdienliche Maßnahmen zu korrigieren (vgl. Art. 88 Abs. 1 EG). Sie können grundsätzlich solange durchgeführt werden, bis die Kommission ihre Unvereinbarkeit mit dem Gemeinsamen Markt festgestellt hat[158].

(ii) Neue Beihilfen unterliegen dem allgemeinen Beihilfeprüfverfahren des Art. 88 Abs. 2 und 3 EG in Verbindung mit der Verfahrensverordnung in Beihilfesachen[159], das sich aus zwei Phasen zusammensetzt[160]:

(a) im Rahmen der sog. Vorprüfungsphase sind die beabsichtigten Maßnahmen vor ihrer Einführung der Kommission rechtzeitig an-

---

messenen Einfluss (insbesondere im Aufsichtsrat oder einem vergleichbaren Aufsichtsorgan) erhält (vgl. § 65 Abs. 1 Nr. 3 BHO; Art. 65 Abs. 1 Nr. 3 BayHO).

155 *Grill* in Lenz, Art. 86 Rn. 5.

156 *Hochbaum* in Groeben/Thiesing/Ehlermann, Art. 90 Rn. 13.

157 *Pernice* in Grabitz/Hilf, Art. 90 Rn. 21.

158 Vgl. EuGH, Urteil vom 15.03.1994 – Rs. C-387/92 (Banco de Crédito Industrial SA/Ayuntamiento de Valencia), EWS 1994, 132 ff..

159 Verordnung Nr. 659/1999 des Rates über besondere Vorschriften für die Anwendung von Artikel 93 des EG-Vertrages vom 22.03.1999, ABlEG. L 83/1999; vgl. hierzu Fischer in ZIP 1999, 1426.

160 Vgl. EuG, Urteil vom 11.02.1999 – Rs. T-86/96 (ADL u. HAPAG/Kommission), EWS 1999, 267.

zuzeigen, um ihr die Möglichkeit zu geben, sich eine Meinung über deren Zulässigkeit zu bilden (Art. 88 Abs. 3 EG).

(b) Hieran schließt sich die sog. Prüfungsphase an, in der die betroffenen Wirtschaftskreise. Gelegenheit zur Stellungnahme haben und in der sich die Kommission eine umfassende Kenntnis vom relevanten Sachverhalt verschaffen kann (Art. 88 Abs. 2 EG). Die Beihilfemaßnahme darf erst dann umgesetzt werden, wenn die Kommission über sie abschließend positiv befunden hat oder wenn sich die Kommission nicht innerhalb der ihr zustehenden Prüfungsfrist von zwei Monaten äußert[161].

Ist eine Beihilfe nach Inkrafttreten des EG-Vertrages unter Verstoß gegen die Bestimmungen des Art. 93 EG eingeführt worden, so handelt es sich daher für die Zwecke des Beihilfenregimes um eine neue und nicht um eine bestehende Beihilfe[162].

III. UMFANG DER BEIHILFERECHTLICHEN ANALYSE

Abgesehen von den bereits erwähnten öffentlich-rechtlich organisierten Kreditinstituten gibt es auch einige privatrechtlich organisierte Kreditinstitute, die ebenfalls im Rahmen der vorliegenden Untersuchung von Interesse sind. Hierzu zählen insbesondere Institute, die erst kürzlich durch entsprechende Umwandlungsgesetze zumindest teilweise privatisiert wurden, wie z.B. die Postbank AG oder die DSL Bank AG, daneben aber auch die privatrechtlich organisierten Förderinstitute der Länder.

Diese Unternehmen zählen zwar wegen ihrer – im folgenden aufzuzeigenden – zumindest gemischten (öffentlich/privaten) Gesellschafterstruktur nicht zu den öffentlichen Unternehmen im engeren Sinn, erlangen aber andererseits bei einer teilweisen staatlichen Beteiligung als Gesellschafter auch niemals den Status eines rein privaten Unternehmens und werden daher als sog. gemischt-wirtschaftliche Unternehmen bezeichnet[163]. Bei Ihnen hat lediglich eine formelle Privatisierung (*Organisationsprivatisierung*) stattgefunden, während der entscheidende zweite Schritt der materiellen Privatisierung, d.h. des Verkaufs der Anteile an Private (*Vermögensprivatisierung*) entweder noch nicht eingeleitet oder noch nicht abgeschlossen worden ist.

Das Bundesverfassungsgericht beurteilt Unternehmen mit einer Beteiligung der öffentlichen Hand zwar grundsätzlich anhand der durch die Kapitalbetei-

---

[161] Vgl. Lenz: EG-Vertrag, Art. 88 Rn. 17 f..

[162] Scherer/Schödermeier in ZBB 1996, 169.

[163] Vgl. Spannowsky in ZHR 160 (1996), 563.

ligungen zum Ausdruck kommende Möglichkeit der Einflussnahme[164]. Entscheidend ist, dass eine Einwirkungsmöglichkeit der öffentlichen Hand besteht, die keiner Ausübung hoheitlicher Befugnisse bedarf, sondern sich allein aus der Organisationsstruktur und der damit verbundenen Einnahme strategisch entscheidender Positionen ergibt. Da aber jede Beteiligung der öffentlichen Hand an einem Unternehmen unabhängig von dessen Rechtsform eine besondere Gefahr der Einflussnahme auf das Gleichgewicht der Marktkräfte birgt, ist hier aus europarechtlicher Sicht – unabhängig von den „Kräfteverhältnissen" – stets eine besonders kritische Betrachtungsweise geboten. Zurecht wird insbesondere auf die Gefahr hingewiesen, dass sich die öffentliche Hand auf Kosten der Allgemeinheit im Einzelfall sogar für die Durchführung von Projekten einsetzen könnte, die dem jeweiligen staatlichen Organ mittelbar zu persönlichen Vorteilen verhelfen könnten[165]. Nach zutreffender Ansicht kommen daher die Beihilfevorschriften der Artt. 87 – 89 EGV sowohl auf (rein) öffentliche wie auch auf gemischt-wirtschaftliche Unternehmen zur Anwendung[166].

Im Rahmen der folgenden Untersuchung wird zunächst darzustellen sein, worin spezifische Unterschiede zwischen den öffentlich-rechtlichen Kreditinstituten und den anderen am deutschen „Bankenmarkt" tätigen Instituten bestehen und wie sich diese historisch entwickelt haben. Anschließend ist die beihilferechtliche Relevanz der so ermittelten „Sondervorteile" zu untersuchen und festzustellen, inwieweit diese „Sondervorteile" durch Gegenleistungen irgendeiner Art kompensiert werden. Schließlich ist noch zu prüfen, ob es der „europarechtliche Kontext" gebietet, die bestehenden „Sondervorteile" vom allgemeinen Beihilfeverbot des Art. 87 Abs. 1 EG auszunehmen.

IV. DARSTELLUNG DER INSTITUTE

1. Sparkassen

Die ersten Sparkassen entstanden Ende des 18. Jahrhunderts in Norddeutschland aus privaten wohltätigen Gründungen, bald nahmen sich auch die Städte der Förderung von „Einrichtungen zur Anlegung kleinerer Ersparnisse" an[167]. Zu Beginn des 20. Jahrhunderts erfuhr das Sparkassenwesen eine beträchtliche Weiterentwicklung, da nun auch das Giro- und das Kontokorrentgeschäft betrieben werden durften[168]. Eine recht anschauliche Darstellung

---

[164] Vgl. BVerfG, Beschluss vom 16.05.1989 – 1 BvR 705/88, NJW 1990, 1783.

[165] Vgl. Nippel in ZBB 2000, 222.

[166] Vgl. Spannowsky in ZHR 160 (1996), 577.

[167] Vgl. Wolff/Bachof/Stober, § 100 Rn. 10 ff..

[168] Vgl. Immenga/Rudo, S. 15.

der jüngeren Entwicklung des Sparkassenwesens findet sich in einem Beschluss des Bundesverfassungsgerichts aus dem Jahre 1987[169]:

Die sich seit Anfang des 19. Jahrhunderts rasch ausbreitenden Sparkassen wurden im wesentlichen als unselbständige kommunale Einrichtungen gegründet. ... Die zunächst unselbständigen Anstalten der Errichtungskörperschaften mit dem Rechtscharakter eines Sondervermögens wurden erst durch die Dritte Notverordnung des Reichspräsidenten vom 6. Oktober 1931 zu Anstalten mit eigener Rechtspersönlichkeit umgestaltet. Die Verselbständigung der Sparkassen hat indessen ihren Status als kommunale Einrichtungen nicht berührt. Unverändert blieb die enge Verflechtung der Sparkassen mit ihren Gewährträgern ... .

Die Errichtung der kommunalen Sparkassen sollte einem bis weit in das 19. Jahrhundert verbreiteten Mangel an geeigneten Anlagemöglichkeiten für kleinere Ersparnisse abhelfen und solche bankgeschäftlichen Tätigkeiten ermöglichen, welche die private Bankwirtschaft seinerzeit nicht in dem für erforderlich gehaltenen Umfang wahrnahm. ... Dieser Ansatz des kommunalen Sparkassenwesens erweist, dass die Tätigkeit der Sparkassen ursprünglich der Erfüllung einer Aufgabe der öffentlichen Daseinsvorsorge diente, nämlich der Schließung von Lücken in der Versorgung der Bevölkerung mit Bankdienstleistungen.

Die Zeiten haben sich inzwischen zwar erheblich geändert, die grundsätzliche Aufgabe der Sparkassen ist jedoch gleichgeblieben: Versorgung breiter Bevölkerungsschichten mit Bankdienstleistungen[170]:

Auch nach ihrer heutigen Ausgestaltung und Aufgabenstellung weisen die öffentlich-rechtlichen Sparkassen Merkmale auf, die es rechtfertigen, an ihrer Einordnung als Einrichtungen der öffentlichen Daseinsvorsorge festzuhalten. Es handelt sich weiterhin um (rechtlich selbständige) kommunale Einrichtungen, hinter denen Gebietskörperschaften als Gewährträger stehen. ... Dementsprechend arbeiten die öffentlich-rechtlichen Sparkassen nach wie vor eher aufgaben- als gewinnorientiert; ein entscheidender Akzent ihrer Geschäftstätigkeit liegt in der Unterordnung des Gewinnstrebens unter ihre öffentliche Zielsetzung ... .

Freilich werden inzwischen praktisch alle Leistungen, die die Sparkassen ihren Kunden anbieten, auch von privatrechtlich organisierten Kreditinstituten erbracht[171]:

Privatbanken haben die Aufgaben der Sparkassen übernommen, und die Sparkassen betreiben in immer stärkerem Maße solche Bankgeschäfte, die früher ausschließlich von privaten Banken gepflegt wurden.

[169] BVerfG, Beschluss vom 14.04.1987 – 1 BvR 775/84, WM 1987, 801 f..

[170] BVerfG, Beschluss vom 14.04.1987 – 1 BvR 775/84, WM 1987, 802.

[171] BVerfG, a.a.O..

Doch auch dies hat grundsätzlich nichts an dem öffentlichen Auftrag geändert, dem die Sparkassen verpflichtet sind[172]:

> *Ungeachtet der rechtlichen Verselbständigung sind die Sparkassen aufgrund der organisatorischen Verflechtung kommunale Einrichtungen geblieben, mit deren Hilfe die Gemeinden und Kreise eine Aufgabe der Daseinsvorsorge wahrnehmen. ... An diesem öffentlichen Auftrag hat sich nach allgemeiner Auffassung auch durch die teilweise Angleichung der Tätigkeit der Sparkassen an die der Geschäftsbanken, die in ihrer Aufgabenbeschreibung der neueren Sparkassengesetze ihren Niederschlag gefunden hat (vgl. § 6 SpKG B-W; § 2 Saarl. SpKG; § 2 Sächs. SpKG), nichts geändert.*

Offen bleibt freilich, ob dies auch dann noch gelten kann, wenn auch bei den Sparkassen die privatwirtschaftliche Unternehmenstätigkeit weiter in den Vordergrund rückt und deren öffentliche Aufgabe in den Hintergrund treten lässt.

Ende 1999 gab es in Deutschland insgesamt 578 öffentliche und private Sparkassen mit Bilanzsummen zwischen rund DM 100 Mio. (Amtssparkasse Speicher) und rund DM 58 Mrd. (HASPA)[173].

1.1 Gesetzlicher Rahmen

Das Sparkassenrecht ist als Teil des Bank- und Börsenwesens grundsätzlich Gegenstand der konkurrierenden Gesetzgebung (Art. 74 Abs. 1 Nr. 11 GG). Nachdem der Bund insoweit aber nur hinsichtlich der allgemeinen Bankenaufsicht durch den Erlass des Kreditwesengesetzes (KWG) Gebrauch gemacht hat, wird der für die Sparkassen maßgebliche organisationsrechtliche Rahmen durch die Sparkassengesetze der Bundesländer, die sich in ihren Grundzügen sehr ähnlich sind, und die von den kommunalen Trägern der Sparkassen erlassenen Satzungen vorgegeben.

1.2 Aufbau und Organisation

Sparkassen werden in der Rechtsform einer Anstalt des öffentlichen Rechts betrieben, deren Ziel die Erfüllung von Aufgaben aus dem Bereich der kommunalen Daseinsvorsorge ist (vgl. § 1 HessSparkG; § 1 Abs. 1 Satz 2 SächsSparkG), und sind somit letztlich Teil der öffentlichen Verwaltung[174]. Aufgrund ihrer organisatorischen Verflechtung sind sie als kommunale Einrichtungen anzusehen, deren Betrieb vom kommunalen Selbstverwaltungsrecht

---

[172] Vgl. BVerfG, Beschluss vom 23.09.1994 – 2 BvR 1547/85, ZIP 1994, 1678.

[173] Quelle: Deutscher Sparkassen- und Giroverband, http://www.dsgv.de.

[174] Wolff in WM 1992, 1472.

umfasst wird[175]. In Anbetracht der öffentlich-rechtlichen Aufgabe, regionale und gemeinwohlorientierte Dienstleistungen anzubieten, wird die Organisationsform der Anstalt (des öffentlichen Rechts) vielfach auch als die einzige geeignete Organisationsform zum Betreiben öffentlicher Kreditinstituten angesehen[176].

Verwaltungsorgane einer Sparkasse sind in der Regel der Vorstand, der Verwaltungsrat und daneben gegebenenfalls noch ein (Zentraler) Kreditausschuss, der für Entscheidungen über besonders bedeutende Kredite zuständig ist. Der Verwaltungsrat führt die Geschäfte der Sparkasse mit Ausnahme der laufenden Geschäfte, für die Vorstand zuständig ist, und ist damit im wesentlichen Verwaltungsorgan (vgl. § 11 Abs. 1, 2 SparkG B-W). Der Vorstand leitet die Sparkasse in eigener Verantwortung und vertritt sie sowohl gerichtlich als auch außergerichtlich (§ 19 Abs. 1 SparkG B-W), ist mithin zuständig für alle Angelegenheiten, die nicht schon dem Verwaltungsrat zugewiesen sind (§ 18 Abs. 1 Satz 3 SächsSparkG).

Aufgrund der organisatorischen und personellen Eigenständigkeit der Sparkassen sind deren Personalangelegenheiten grundsätzlich der gemeindlichen Einwirkung entzogen[177]. Allerdings werden nach den entsprechenden Vorschriften der Sparkassengesetze die Mitglieder des Verwaltungsrats in der Regel vom Gewährträger bestellt (vgl. § 12 Abs. 1 SparkG R-P), wobei die meisten Sparkassengesetze einen mitbestimmten Verwaltungsrat vorsehen[178]. Die Amtszeit der Verwaltungsräte ist außerdem regelmäßig an die Dauer der Wahlperiode des Vertretungsorgans des Gewährträgers gekoppelt[179].

Auch wenn die Mitglieder des Verwaltungsrats unabhängig und nicht weisungsgebunden sind (vgl. § 10 Abs. 2 NiedersSparkG), so hat die die Sparkasse errichtende Gebietskörperschaft doch insoweit auf die Tätigkeit des Verwaltungsrats entscheidenden Einfluss, als der Vorsitzende des ehrenamtlich tätigen Verwaltungsrats stets ein Vertreter der Gebietskörperschaft (des Gewährträgers) ist (vgl. Art. 7 Abs. 1 BaySparkG; § 10 Abs. 1 SparkG NRW; § 10 Abs. 1 SächsSparkG). Der Gewährträger kann dadurch mittelbar entscheidenden Einfluss auf die Tätigkeit der Sparkasse ausüben, als der Verwaltungsrat die Richtlinien der Geschäftspolitik bestimmt und die Geschäftsführung (durch den Vorstand) überwacht (§ 8 Abs. 1 SächsSparkG, § 14 Abs. 1 SparkG NRW). Aufgrund der Tatsache, dass der Verwaltungsrat in aller Regel auch für die Bestellung und Abberufung der Mitglieder des Vorstands zuständig ist (vgl. § 14 Abs. 2 lit. b SparkG NRW, § 8 Abs. 2 Nr. 1 SächsSparkG) oder insoweit zumindest ein Vorschlagsrecht hat (vgl. § 12 Abs. 1 SparkG R-P), kommt dem Verwaltungsrat und damit indirekt auch dem Gewährträger auch insoweit

---

[175] BVerfG, Beschluss vom 23.09.1994 – 2 BvR 1547/85, WM 1994, 1971.

[176] Stern, S. 43.

[177] Vgl. Möller in WuB 1990, 1059.

[178] Vgl. Fischer/Klanten, Rn. 1.39.

[179] Vgl. Gerlach in Kreditwesen 2000, 187 f..

die Möglichkeit großer Einflussnahme zu. Was einerseits als Vorteil gepriesen wird, nämlich die enge Verbundenheit zu weiten Kreisen der Bevölkerung[180], kann daher auf der anderen Seite auch als Nachteil gesehen werden, wenn es um freie, allein an marktwirtschaftlichen Gesichtspunkten orientierte Geschäftsentscheidungen geht.

1.3 Aufgaben

Es entspricht heute einem allgemeinen Verständnis, dass Sparkassen sich besonders dadurch auszeichnen, dass sie am Gemeinwohl orientierte Zwecke wahrnehmen und ihre Geschäftstätigkeit auf den Wirtschaftsraum beschränken, in dem sie ihren Sitz haben[181]. Der bereits dargestellte „historische Auftrag" der Sparkassen hat daher in den Sparkassengesetzen den Status eines gesetzlichen Auftrags erhalten, der ganz allgemein die Sicherstellung der kreditwirtschaftlichen Versorgung in ihrem Tätigkeitsgebiet zum Inhalt hat:

Art. 2 Abs. 1 BaySparkG

„Die Sparkassen haben ... der Bevölkerung Gelegenheit zur sicheren und verzinslichen Anlegung von Ersparnissen und anderen Geldern zu geben sowie dem örtlichen Kreditbedürfnis, insbesondere der Bevölkerungsschichten, aus denen die Spareinlagen stammen, zu dienen. Sie haben durch geeignete Einrichtungen den Sparsinn der Bevölkerung zu pflegen und den bargeldlosen Zahlungsverkehr in jeder Weise zu fördern."

Nähere Konkretisierungen dieser etwas antiquiert anmutenden Postulate finden sich insbesondere in den „moderneren" Sparkassengesetzen der neuen Bundesländer, wo z.B. das Sicherstellen der Versorgung mit geld- und kreditwirtschaftlichen Leistungen, die Stärkung des Wettbewerbs im Kreditgewerbe, die Förderung des Sparens und der allgemeinen Vermögensbildung sowie Bauspargeschäfte, Investmentgeschäfte und Versicherungsgeschäfte genannt werden (vgl. § 2 SächsSparkG). Auch spezifische Aufgaben der modernen Gesellschaft werden vereinzelt adressiert, wie z.B. die Förderung des eigenverantwortlichen Verhaltens der Jugend in wirtschaftlichen Angelegenheiten, die Schuldnerberatung in Verbraucher- und Schuldnerberatungsstellen und die Kreditversorgung für wirtschaftlich schwächere Bevölkerungskreise (vgl. § 3 Abs. 2 SparkG NRW). Teilweise wird vertreten, dass die Sparkassen aufgrund ihres öffentlich-rechtlichen „Geburtsscheins" die gleichen Funktionen hätten wie eine Universalbank und daher in ihrer Region für ihre Zielgruppe sämtliche Bankdienstleistungen anbieten müssten, darunter auch „moderne" Tätigkeiten wie das „Investment Banking"[182].

---

[180] Gerlach, a.a.O., S. 188.

[181] Vgl. z.B. § 40 Abs. 1 Nr. 3 KWG.

[182] Merl in Kreditwesen 1998, 393.

Zielgruppe für Sparkassendienstleistungen sind insbesondere die breite Bevölkerung, die Wirtschaft (vor allem der Mittelstand) und die öffentliche Hand (vgl. § 2 Abs. 2 SparkG R-P). Die Sparkassen sehen sich dabei selbst als Partner der mittelständischen Wirtschaft und der Kommunen mit einer Geschäftspolitik, die vor allem auf die Erhaltung und Weiterentwicklung der Wirtschaftskraft und Lebensqualität ihres Wirkungsbereichs ausgerichtet ist[183]. Daneben haben sich die Sparkassen auch der Förderung gemeinnütziger Zwecke durch vielfältige Initiativen und Aktivitäten in den Bereichen Vereinswesen, Kultur, Soziales und Umwelt verschrieben.

1.4 Sondervorteile

Besonderes Merkmal der Sparkassen im Vergleich zu anderen Banken sind die Institute der Gewährträgerhaftung und der Anstaltslast, die die Gebietskörperschaften für die von ihnen errichteten Sparkassen nach den Sparkassengesetzen zu tragen haben und die als Ausdruck der „Gesamtverantwortung" der Körperschaft für die von ihr errichtete und unterhaltene Anstalt „Sparkasse" anzusehen sind[184]. Insbesondere diese beiden Institute waren und sind der Hauptangriffspunkt in der beihilferechtlichen Diskussion.

1.4.1 Gewährträgerhaftung

Die Entstehung des Instituts der Gewährträgerhaftung ist historisch bedingt: im Zuge der bereits erwähnten Verselbständigung der Sparkassen im Jahre 1931 musste sichergestellt werden, dass den Sparkassenkunden weiterhin ein Anspruch gegen die bis dato als Einlagenschuldner haftende Gebietskörperschaft zustand[185]. Die Gewährträgerhaftung wirkt daher als eine Art Einlagensicherung wie eine Ausfallbürgschaft des Trägers einer Sparkasse[186]. Die Körperschaft, die die Sparkasse errichtet hat, haftet den Gläubigern des Instituts für deren ausgefallene Forderungen zwar subsidiär, aber in unbeschränkter Höhe:

§ 8 SparkG B-W:

Die Körperschaft des öffentlichen Rechts, die eine Sparkasse errichtet hat, ist Gewährträger dieser Sparkasse. ... Der Gewährträger haftet für die Verbindlichkeiten der Sparkasse unbeschränkt. Die Gläubiger der Sparkasse können den Gewährträger erst in Anspruch nehmen, wenn sie aus dem Vermögen der Sparkasse nicht befriedigt worden sind.

---

183 H. Köhler in Kreditwesen 1998, 376.

184 Stern, S. 48.

185 Immenga/Rudo, S. 15 f..

186 Claussen, § 2 Rn. 10.

Die Gewährträgerhaftung begründet somit eine unmittelbare und subsidiäre Ausfallhaftung der Gebietskörperschaft für die Verbindlichkeiten der von ihr getragenen Sparkasse, die dann zum Tragen kommt, wenn der Anstaltsträger entweder die Anstaltslast nicht im erforderlichen Umfang erbringt oder die Anstalt liquidiert und die Institutsverbindlichkeiten nicht durch das Anstaltsvermögen gedeckt sind[187].

1.4.2 Anstaltslast

Mit der Gewährträgerhaftung des Institutsträgers korrespondiert auch dessen Anstaltslast. Begründet wurde die Anstaltslast ursprünglich im Jahre 1897 durch das Preußische Oberverwaltungsgericht, das eine entsprechende Eintrittspflicht der Kommunalverbände feststellte, die von ihnen gegründeten Sparkassen während ihres Bestehens durch die Zuführung der erforderlichen Mittel oder auf andere Weise funktionsfähig zu erhalten[188]. Dieser Grundsatz ist heute in vielen Sparkassengesetzen kodifiziert:

> ***§ 6 SparkG NRW:***
>
> *Der Gewährträger stellt sicher, dass die Sparkasse ihre Aufgaben erfüllen kann (Anstaltslast).*

Anders als die Gewährträgerhaftung wirkt die Anstaltslast nur im Innenverhältnis zwischen dem Institutsträger und dem Institut, so dass Dritte hieraus keine eigenen Rechte herleiten können[189]. Die Anstaltslast kommt z.B. darin zum Ausdruck, dass der Gewährträger die bei der Sparkasse beschäftigten Beamten und Angestellten bestellt und diese Beamte und Angestellte des Gewährträgers werden, auch wenn die Sparkasse selbst den für sie entstehenden Besoldungsaufwand zu tragen hat (vgl. Art. 12 Abs. 1, 3 Bay. SparkG). Abgesehen von den sich aus diesem öffentlich-rechtlichen Dienstverhältnis ergebenden Rechten und Pflichten betrifft die Anstaltslast aber eben grundsätzlich nur das interne Verhältnis zwischen der Sparkasse und dem Gewährträger. Direkte Ansprüche Dritter gegen den Gewährträger lassen sich aus der Anstaltslast hingegen nicht ableiten[190]. Die Verpflichtung des Anstaltsträgers wirkt allerdings auch insoweit nur subsidiär, als laufende Verluste des Instituts zunächst durch die bestehende Sicherheitsrücklage auszugleichen sind[191]. Erst danach besteht eine Einstandspflicht des Institutsträgers, die dann zum Tragen kommt, wenn der Wahrnehmung der übertragenen Aufgaben gefährdet ist, der Träger aber gleichwohl am Bestand der Anstalt festhält[192].

---

[187] Vgl. Stern, S. 47 f..

[188] Vgl. Fischer/Klanten, Rn. 1.28 ff.; Scherer/Schödermeier in ZBB 1996, 178.

[189] Immenga/Rudo, S. 23.

[190] Stern, S. 46.

[191] Vgl. Immenga/Rudo, S. 24.

[192] König in EuZW 1995, 597.

Die Anstaltslast entbindet die Sparkassen allerdings nicht davon, ihren Geschäftsbetrieb nach wirtschaftlichen Grundsätzen zu führen (vgl. § 2 Satz 1, 2. Halbsatz HessSparkG). Sollte dies nicht möglich sein, so sehen die Sparkassengesetze auch gewisse Rationalisierungsmaßnahmen vor, z.B. durch die Bildung von Zweckverbänden (vgl. § 31 Abs. 5 SparkG NRW; § 22 Abs. 3 ThürSparkG). In Ausnahmefällen ist sogar eine Auflösung von Sparkassen denkbar[193].

1.4.3 Sonstige Sondervorteile

Ein weiteres „Privileg", das die Sparkassen lange Zeit für sich in Anspruch nehmen konnten, bis es im Jahre 1983 vom Bundesverfassungsgericht kassiert wurde[194], bestand im Rahmen des Einsichtsrechts in das öffentliche Grundbuch. Nach der Grundbuchordnung (GBO) ist eine Einsichtnahme in das Grundbuch grundsätzlich nur dann möglich, wenn ein berechtigtes Interesse dargelegt werden kann (vgl. § 12 Abs. 1 GBO). Darüber hinaus können nach der aufgrund von § 12 Abs. 3 GBO erlassenen Allgemeinen Verfügung über die Einrichtung und Führung des Grundbuchs (GBVfg) Beauftragte inländischer öffentlicher Behörden auch ohne die Darlegung eines solchen Interesses Einsicht in das Grundbuch nehmen, da in diesem Fall das berechtigte Interesse vermutet wird (§ 43 Abs. 1 GBVfg). Insoweit waren sich Rechtsprechung und Literatur einig, dass die Sparkassen als „inländische öffentliche Behörden" im Sinne dieser Vorschrift anzusehen waren und dass bei ihnen die Gefahr einer missbräuchlichen Grundbucheinsicht aufgrund der zusätzlichen Staatsaufsicht geringer wäre als bei den Privatbanken.

Die Sparkassen hatten damit einen erheblichen Vorteil gegenüber privaten Kreditinstituten, die ihr berechtigtes Interesse an der Grundbuchsicht substantiiert vortragen und Tatsachen vorbringen müssen, die einen gewissen Wahrscheinlichkeitsgrad aufweisen, dass das geltend gemachte Interesse als berechtigt anzusehen ist[195]. Das Bundesverfassungsgericht sah hierin einen klaren Verstoß gegen den allgemeinen Gleichheitssatz und folgerte, dass bei verfassungskonformer Auslegung des § 43 Abs. 1 GBVfg Sparkassen nicht von der Darlegung des berechtigten Interesses bei der Grundbucheinsicht befreit werden können.

Schließlich wird als ein weiteres Privileg der Sparkassen vielfach die Bestimmung des § 1807 Abs. 1 Nr. 5 BGB genannt, wonach die Sparkassen (vorbehaltlich entsprechender Regelungen der Bundesländer[196]) als zur Anlage von

[193] Vgl. Immenga/Rudo, S. 24 f..

[194] Vgl. BVerfG, Urteil vom 15.06.1983 – 1 BvR 1025/79, NJW 1983, 2811 f..

[195] Vgl. Haegele/Schöner/Stöber, Rn. 526.

[196] Vgl. z.B. Art. 2 Abs. 2 BaySparkG: *„Die Sparkassen sind geeignet zur Anlegung von Mündelgeldern und von Geldern, die wie Mündelgelder anzulegen sind. Das Staatsministerium*

Mündelgeldern geeignet anzusehen sind. Hierin wird eine „besondere Bonitätsaussage" zugunsten der Sparkassen gesehen, die auf die Institute der Anstaltslast und Gewährträgerhaftung zurückzuführen ist[197]. Rein faktisch dürfte eine Bevorzugung der Sparkassen nur relativ gering sein, da nach § 1807 Abs. 1 Nr. 5 BGB auch alle sonstigen Kreditinstitute als mündelsicher anzusehen sind, die einer für die Anlage ausreichenden Sicherungseinrichtung angehören[198]. Nachdem es auch für die Sparkassen eine solche Sicherungseinrichtung gibt, es allerdings nur schwer einzusehen, warum die Mündelsicherheit insoweit nicht vereinheitlicht wird.

2. Landesbanken

Die Landesbanken, respektive die Girozentralen als ihre Vorgänger, wurden Anfang des 20. Jahrhunderts als zunächst unselbständige Abteilungen von Sparkassen zur Übernahme der Funktion einer Clearingstelle für den Zahlungsverkehr errichtet[199]. Nicht selten sind die Landesbanken dabei aus einer Fusion verschiedener kommunaler Kreditinstitute hervorgegangen[200]. Heute gibt es in der Bundesrepublik Deutschland insgesamt zwölf Landesbanken (vgl. hierzu die Übersicht „Landesbanken in Deutschland" auf Seite 67). Es ist zu erwarten, dass sich die Anzahl der Landesbanken in absehbarer Zeit durch Übernahmen und Zusammenschlüsse verringern dürfte[201]. Ähnliche Tendenzen sind auch auf Ebene der Sparkassen- und Giroverbände erkennbar[202].

---

des Inneren kann im Einvernehmen mit der zuständigen Justizverwaltungsbehörde einer Sparkasse diese Eignung entziehen."

[197] Claussen, § 2 Rn. 10.

[198] Vgl. BT-DrS. 11/6949, S. 69.

[199] Claussen, § 2 Rn. 6.

[200] So z.B. die **Bayerische Landesbank Girozentrale**, die durch einen Zusammenschluss der Bayerischen Landesbodenkreditanstalt und der Bayerischen Gemeindebank (Girozentrale) Öffentliche Bankanstalt entstanden ist oder die aus der Niedersächsischen Landesbank Girozentrale, der Braunschweigischen Staatsbank, der Hannoverschen Landeskreditanstalt und der Niedersächsischen Wohnungskreditanstalt Stadtschaft entstandene **Norddeutsche Landesbank Girozentrale**.

[201] Vgl. zu einem Zusammenschluss der Bayerischen Landesbank mit der Landesbank Baden-Württemberg (LBBW) und der Landesbank Hessen-Thüringen „Südbanken auf Fusionskurs" in Handelsblatt Nr. 128 vom 07.07.1999, S. 1; zu einem Zusammenschluss der Norddeutschen Landesbank mit der Hamburgischen Landesbank und der Landesbank Berlin „Nord/LB wünscht sich eine Nordallianz" in Handelsblatt Nr. 201 vom 20.10.1999, S. 25; zur Kooperation der Bayerischen Landesbank Girozentrale und der Landesbank Hessen-Thüringen „BayernLB und Helaba einigen sich auf Kooperation in Handelsblatt Nr. 98 vom 22.05.2000, S. 21.

[202] Vgl. zu EINER geplanten Fusion des Württembergischen Sparkassen- und Giroverbands (Stuttgart) mit dem Badischen Sparkassen- und Giroverband (Mannheim) „Südwesten schnürt Fusions-Paket" in Handelsblatt Nr. 142 vom 27.07.1999, S. 22.

ÜBERSICHT: LANDESBANKEN IN DEUTSCHLAND[203]

INSTITUT	SITZ	BILANZSUMME (MIO. DM)	MITARBEITER
Bayerische Landesbank Girozentrale	München	550.036	7.829
Bremer Landesbank Kreditanstalt Oldenburg Girozentrale	Bremen	63.682	1.133
Hamburgische Landesbank Girozentrale	Hamburg	145.375	1.976
Landesbank Berlin Girozentrale	Berlin	178.813	6.586
Landesbank Hessen-Thüringen Girozentrale	Frankfurt/Main	224.387	3.115
Landesbank Rheinland-Pfalz Girozentrale	Mainz	117.729	2.953
Landesbank Saar Girozentrale	Saarbrücken	25.132	588
Landesbank Sachsen Girozentrale	Leipzig	79.211	425
Landesbank Schleswig-Holstein Girozentrale	Kiel	225.208	2.264
Landesbank Baden-Württemberg	Stuttgart	502.727	9.005
Norddeutsche Landesbank Girozentrale	Hannover	334.932	7.308
Westdeutsche Landesbank Girozentrale	Düsseldorf	770.116	11.068

203 Zahlenangaben per 31.12.1999 aus „Die 100 größten deutschen Kreditinstitute" in Die Bank 2000, 646 f..

2.1 Gesetzlicher Rahmen

Hinsichtlich des gesetzlichen Rahmens gilt für die Landesbanken ähnliches wie für die Sparkassen: der maßgebliche organisationsrechtliche Rahmen ist entweder in den Sparkassengesetzen der Bundesländer (z.B. §§ 36 ff. SparkG NRW) oder in eigenen Errichtungs- oder Fusionsgesetzen (z.B. Gesetz über die Errichtung der Bayerischen Landesbank Girozentrale vom 27.06.1972/BayLandesbankG) vorgegeben.

2.2 Aufbau und Organisation

Die Landesbanken/Girozentralen sind, auch wenn sie vereinzelt fälschlicherweise als Körperschaften bezeichnet werden, rechtsfähige Anstalten des öffentlichen Rechts (vgl. § 2 Abs. 1 NordLB-G; § 1 Abs. 1 LandesbankG B-W), die durch ihre Tätigkeit die Bundesländer und ihre kommunalen Gebietskörperschaften bei der Erfüllung ihrer öffentlichen Aufgaben unterstützen sollen[204].

Träger der Landesbanken sind regelmäßig das jeweilige Bundesland sowie der regionale Sparkassen- und Giroverband oder Sparkassen-Zweckverbände (vgl. § 26 Abs. 2 SparkG R-P)[205]. Von ihren Trägern erhalten die Landesbanken ein Grundkapital (Dotationskapital)[206], auf das dividendenähnliche Ausschüttungen geleistet werden[207]. Darüber hinaus gibt es neuerdings vereinzelt sogar Beteiligungen von Privatunternehmen[208].

Den Sparkassen und Landesbanken ist bei ihrer Geschäftstätigkeit gemeinsam, dass sie vornehmlich aufgaben- und nur untergeordnet gewinnorientiert arbeiten (vgl. § 3 Abs. 3 SparkG NRW)[209]. Auch wenn die Landesbanken ihre Geschäfte nach kaufmännischen Grundsätzen führen sollen, so ist – wie auch bei den Sparkassen – die Gewinnerzielung nicht Hauptzweck des Geschäftsbetriebs (vgl. Art. 4 Abs. 3 BayLandesbankG).

---

[204] Vgl. *Rümker* in Schimansky/Bunte/Lwowski, § 124 Rn. 92 ff..

[205] Eine Sondersituation besteht in Nordrhein-Westfalen, wo außerdem die Landschaftsverbände Rheinland und Westfalen-Lippe, die als historische Landesteile zu sog. Höheren Gemeindeverbänden zusammengefasst wurden, als Träger beteiligt sind.

[206] So beträgt z.B. das Grundkapital der Bayerischen Landesbank Girozentrale DM 2,5 Mrd. und wird je zur Hälfte vom Freistaat Bayern und den bayerischen Sparkassen aufgebracht (Art. 5 Abs. 1 BayLandesbankG).

[207] So sieht z.B. Art. 13 BayLandesbankG vor, dass der von der Bayerischen Landesbank Girozentrale erzielte Jahresüberschuss zunächst zu mindestens 25% in eine gesetzliche Rücklage einzustellen ist und dass danach vom Restbetrag andere Rücklagegebildet werden können. Im übrigen ist der verbleibende Jahresüberschuss an die am Grundkapital Beteiligten im Verhältnis ihrer Beteiligung abzuführen.

[208] Vgl. „VW ist stiller Gesellschafter der Nord/LB" in Handelsblatt Nr. 20 vom 28./29.01.2000, S. 24.

[209] Stern, S. 43.

Die innere Organisationsstruktur der Landesbanken ist ähnlich wie bei den Sparkassen. Organe sind regelmäßig der Vorstand und der Verwaltungsrat (Aufsichtsrat), hinzu kommt bei einigen Landesbanken noch eine Gewährträgerversammlung[210]. Der Vorstand führt die laufenden Geschäfte des Instituts (vgl. Art. 7 Abs. 1 BayLandesbankG). Seine Mitglieder werden vom Verwaltungsrat bestimmt[211]. Der Verwaltungsrat bestimmt die Richtlinien der Geschäftspolitik und überwacht die Geschäftsführung (vgl. Art. 8 Abs. 1 BayLandesbankG). Er setzt sich in der Regel aus den zuständigen Landesministern (Finanzen/Inneres) sowie sonstigen Vertretern von Staatsministerien, dem Präsidenten und weiteren Mitgliedern des jeweiligen Sparkassen- und Giroverbandes und schließlich aus den Vertretern der großen kommunalen Gebietskörperschaften zusammen (vgl. Art. 8 Abs. 2 BayLandesbankG).

Wie bei den Sparkassen ergibt sich hieraus eine starke Einflussmöglichkeit der öffentlichen Hand auf die Tätigkeit der Landesbanken, einerseits aufgrund der Zusammensetzung des Verwaltungsrates und andererseits aufgrund der Tatsache, dass der Verwaltungsrat auch über die Zusammensetzung des Vorstandes entscheidet.

2.3 Aufgaben

Der Aufgabenbereich der Landesbanken/Girozentralen ist grundsätzlich dreigeteilt[212]: einerseits haben sie die Funktion von Sparkassenzentralbanken, andererseits die Funktion von Staats- und Kommunalbanken und schließlich bieten die Landesbanken als Universalbanken das Komplettangebot an Bankdienstleistungen an (*Bankgeschäfte aller Art*). In vielen Bundesländern liegt darüber hinaus noch ein Schwerpunkt der Tätigkeit auf dem Bausparkassengeschäft.

Im Rahmen der Funktion als Staats- und Kommunalbank sind die Landesbanken Hausbanken „ihres" Gewährträgers und wirken bei der Deckung von dessen Finanzbedarf (z.B. durch die Emission von Staats- und Kommunalanleihen) mit[213].

Als Sparkassenzentralbanken wickeln die Landesbanken für die lokalen Sparkassen insbesondere den Zahlungsverkehr, das Auslandsgeschäft und den Wertpapierhandel ab und übernehmen darüber hinaus das Kreditkonsortialgeschäft im Rahmen von META-Krediten, die die Sparkassen aufgrund von Satzungsbeschränkungen nicht alleine abwickeln können[214]. In einem sog.

---

210 Vgl. Fischer/Klanten, Rn. 1.54.

211 Vgl. zur Amtsträgereigenschaft der Vorstandsmitglieder: BGH, Urteil vom 10.03.1983 – 4 StR 375/82, WM 1983, 466 ff..

212 Vgl. BGH, Urteil vom 10.03.1983 – 4 StR 375/82, WM 1983, 467 f..

213 Vgl. Stern, S. 23; Fischer/Klanten, Rn. 1.52.

214 Claussen, § 2 Rn. 6; *Rümker* in Schimansky/Bunte/Lwowski, § 124 Rn. 91.

Liquiditätsverbund decken einerseits die Landesbanken den Liquiditätsbedarf der Sparkassen, die dafür auch andererseits ihre verfügbaren Mittel bei „ihrer" Landesbank anlegen[215]. Insoweit nehmen die Landesbanken damit Aufgaben wahr, die sich von denen der öffentlichen Sparkassen in ihrer Zielsetzung und in ihren Auswirkungen grundsätzlich nicht unterscheiden, da es gerade den kleinen Sparkassen nur im Verbund mit den Landesbanken möglich ist, Bankdienstleistungen umfassend anzubieten und auch die dafür erforderliche Infrastruktur (z.B. für das Wertpapier- oder das Auslandsgeschäft) darzustellen[216].

Der sog. Geschäftsbankbereich der Landesbanken ist regelmäßig auf institutionelle Kunden beschränkt. Zwischen allen drei Funktionsbereichen besteht eine enge Verflechtung und Wechselbeziehung[217].

Hinsichtlich ihrer Geschäftstätigkeit unterliegen die Landesbanken weit weniger Einschränkungen als die Sparkassen, insbesondere gilt für sie das Regionalprinzip nicht. Sie dürfen daher auch Niederlassungen in anderen Bundesländern und im Ausland unterhalten.

2.4 Sonderstatus

Auch bei den Landesbanken/Girozentralen gibt es die Institute der Anstaltslast und der Gewährträgerhaftung.

Die Gewährträgerhaftung ist insoweit regelmäßig ausdrücklich geregelt, wobei der Grad der Gewährträgerhaftung im Einzelfall nicht immer zwingend mit der übernommenen Kapitalbeteiligung übereinstimmt[218]:

§ 4 Abs. 1 Errichtungsgesetz für die Landesbank Sachsen Girozentrale:

Die Gewährträger haften den Gläubigern der Bank als Gesamtschuldner unbeschränkt. Im Innenverhältnis haften sie entsprechend ihrer Beteiligung am Stammkapital. Die Gewährträger können erst in Anspruch genommen werden, wenn und soweit die Befriedigung aus dem Vermögen der Bank nicht zu erlangen ist.

Die Anstaltslast der Träger für „ihre" Landesbanken ist zwar nur in Einzelfällen gesetzlich geregelt, jedoch auch im übrigen allgemein anerkannt[219]:

---

215 Vgl. Stern, S. 29.

216 Stern, a.a.O..

217 BGH, Urteil vom 10.03.1983 – 4 StR 375/82, WM 1983, 468.

218 Vgl. Fischer/Klanten, Rn. 1.48.

219 *Rümker* in Schimansky/Bunte/Lwowski, § 124 Rn. 21; Claussen, § 2 Rn. 6; Fischer/Klanten, Rn. 1.49.

§ 4 Abs. 2 Gesetz über die Landesbank Baden-Württemberg:

Die Gewährträger der Landesbank tragen die Anstaltslast. Die Anstaltslast enthält die öffentlich-rechtliche Verpflichtung gegenüber der Landesbank, ihre wirtschaftliche Basis jederzeit zu sichern und sie für die gesamte Dauer ihres Bestehens funktionsfähig zu erhalten.

Nachdem Anstaltslast und Gewährträgerhaftung bei Landesbanken inhaltlich mit der der Sparkassen übereinstimmt[220], kann hinsichtlich der Einzelheiten zu den beiden Rechtsinstituten auf die zu den Sparkassen gemachten Ausführungen verwiesen werden.

3. Deutsche Postbank AG

Die Postbank in ihrer heutigen Form ist im Jahre 1995 im Zuge der Neuordnung des deutschen Postwesens durch eine Umwandlung[221] des verselbständigten Teilsondervermögens „Deutsche Bundespost POSTBANK" in die Deutsche Postbank AG entstanden[222]. Mit einer Bilanzsumme von rund DM 117 Mrd. nahm sie Ende 1999 in der Rangliste der 100 größten deutschen Kreditinstitute den 24. Platz ein[223].

3.1 Gesetzlicher Rahmen

Die Deutsche Postbank hat die Rechtsform einer Aktiengesellschaft, so dass für sie grundsätzlich die allgemeinen aktienrechtlichen Bestimmungen gelten. Einzelheiten ihrer Errichtung sind im Gesetz zur Neuordnung des Postwesens und der Telekommunikation (Postneuordnungsgesetz/PTNeuOG) vom 14.09.1994[224] geregelt.

---

220 Vgl. Kruse in NVwZ 2000, 722

221 Vgl. hierzu Busch in AG 1997, 359.

222 Die sog. Postreform vollzog sich in zwei großen Stufen: in der 1. Stufe wurde die Deutsche Bundespost in drei selbständige öffentliche Unternehmen (Deutsche Bundespost Postdienst, Deutsche Bundespost Postbank und Deutsche Bundespost Telekom) „zerlegt", in der 2. Stufe erfolgt dann eine Organisationsprivatisierung, an die sich schließlich eine Vermögensprivatisierung anschloss.

223 Vgl. „Die 100 größten deutschen Kreditinstitute" in Die Bank 2000, 646 f..

224 BGBl. 1994, 2325 ff..

3.2 Aufbau und Organisation

Die Aktien der Deutsche Postbank AG wurden im Jahre 1994 zunächst von der Bundesrepublik Deutschland übernommen[225], ihre Verwaltung sowie die Wahrnehmung der Aktionärsrechte im Namen und für Rechnung der Bundesrepublik Deutschland erfolgte durch die eigens hierfür errichtete Bundesanstalt für Post und Telekommunikation Deutsche Bundespost, deren Gremien (Vorstand und Verwaltungsrat) stark von der öffentlichen Hand dominiert wurden[226] und die der Aufsicht des Bundesministeriums für Post und Telekommunikation unterlagen[227]. Darüber hinaus hielt auch die ebenfalls im Zuge der Umstrukturierung des Postwesens und der Telekommunikation geschaffene Deutsche Post AG einen gewissen Anteil an der Deutsche Postbank AG, was im Zusammenhang mit der Nutzung der Einrichtungen der Deutsche Post AG zur Abwicklung von Geschäften der Deutsche Postbank AG zu sehen ist[228].

Im Postumwandlungsgesetz war festgeschrieben, dass der Bund bis mindestens zum 31.12.1998 an der Postbank AG einen Anteil von mindestens 25% zuzüglich einer Aktie behalten würde[229]. Alleinaktionär der Postbank war danach zunächst die Deutsche Post AG geworden, deren Anteile sich wiederum in der Hand des Bundes (50% plus eine Aktie) und der Kreditanstalt für Wiederaufbau (50% minus eine Aktie) befanden.

Für alle drei neugeschaffenen Unternehmen der ehemaligen Bundespost ist eine völlige Privatisierung durch Platzierung der Anteile auf den nationalen und internationalen Kapitalmärkten vorgesehen[230]. Die Festlegung eines konkreten Zeitpunktes hierfür findet sich aber nur für die Deutsche Telekom AG[231], deren Aktien dann auch im Jahre 1996 tatsächlich im In- und Ausland an den

---

225 Vgl. §§ 1 –3 des Gesetzes zur Umwandlung der Unternehmen der Deutschen Bundespost in die Rechtsform der Aktiengesellschaft (Postumwandlungsgesetz – PostUmwG) als Art. 3 des PTNeuOG; im Zuge der Neuordnung des Postwesens sind daneben die Teilsondervermögen Deutsche Bundespost POSTDIENST auf die Deutsche Post AG und Deutsche Bundespost TELEKOM auf die Deutsche Telekom AG übergegangen.

226 Vgl. §§ 4, 5, 9 des Gesetzes über die Errichtung einer Bundesanstalt für Post und Telekommunikation Deutsche Bundespost (Bundesanstalt Post-Gesetz - BAPostG) als Art. 1 des PTNeuOG.

227 § 4 Abs. 1 der Satzung der Bundesanstalt für Post und Telekommunikation Deutsche Bundespost, Anlage zu § 8 des BAPostG als Art. 1 des PTNeuOG vom 14.09.1994 (BGBl. 1994, 2325, 2331).

228 Vgl. Fischer/Klanten, Rn. 1.14.

229 Vgl. § 3 Abs. 2 PostUmwG.

230 Vgl. § 3 Abs. 1 Nr. 2 BAPostG; § 33 Abs. 1 der Satzung der Bundesanstalt für Post und Telekommunikation Deutsche Bundespost, Anlage zu § 8 des BAPostG als Art. 1 des PTNeuOG vom 14.09.1994 (BGBl. 1994, 2325, 2336).

231 § 3 Abs. 1 Nr. 2 BAPostG nannte als spätesten Zeitpunkt für den Börsengang den 31.12.1999.

Aktienmärkten eingeführt worden sind[232]. Hinsichtlich der Deutsche Postbank AG fehlt eine solche ausdrückliche Bestimmung im Postneuordnungsgesetz, so dass es insoweit beim allgemeinen Platzierungspostulat verbleibt. Die Deutsche Post AG hat hingegen im Herbst 2000 einen Börsengang durchgeführt[233]. Die Postbank ist daher, nachdem bei ihr eine vollständige Vermögensprivatisierung noch nicht stattgefunden hat, trotz ihrer grundsätzlich privatrechtlichen Organisationsform für die Zwecke dieser Beihilfeuntersuchung weiter als öffentliches Unternehmen anzusehen.

3.3 Aufgaben

Die Deutsche Postbank AG hat Vollbankstatus und kann daher grundsätzlich alle Arten von Bankgeschäften betreiben (vgl. § 2 der Satzung der Deutsche Postbank AG). Eine gezielte Wahrnehmung bestimmter Aufgaben ist nicht vorgesehen.

Schwerpunkt der Tätigkeit des Instituts ist freilich das Privatkundengeschäft, wo sich das Institut mit rund 14.000 Filialen (der Deutsche Post AG) und mehr als 10 Millionen Kunden insbesondere in den Bereichen Zahlungsverkehr und Spargeschäft eines der bedeutendsten Kreditinstitute in Deutschland. Neben dem Direktbankgeschäft liegen weitere Schwerpunkte in den Bereichen Investmentfonds, Bausparen und Versicherungen. Die Postbank zählt damit zu den sog. Allfinanzinstituten.

3.4 Sonderstatus

Die Deutsche Postbank AG konnte gewisse Steuervergünstigungen in Anspruch nehmen, die anderen Kreditinstituten nicht zustanden. So war sie grundsätzlich von der Körperschaftsteuer, der Gewerbesteuer und der Vermögensteuer[234] befreit. Diese Steuerbefreiungen sind jedoch alle Ende des Jahres 1999 ausgelaufen.

---

[232] Das dies allerdings nicht gleichbedeutend ist mit einer völligen Privatisierung des Unternehmens im Sinne einer Aufgabe der Einflussnahme durch die öffentliche Hand, zeigt sich an der Aktionärsstruktur der Deutsche Telekom AG per Ende Februar 2000: Hauptaktionäre waren die Bundesanstalt für Post und Deutsche Telekommunikation Deutsche Bundespost mit 49,4 % und die Kreditanstalt für Wiederaufbau 13,5%. Die KfW hat inzwischen aber ihren Anteil durch Platzierung einer weiteren Tranche an den internationalen Kapitalmärkten weiter zurückgeführt (Quelle: comdirect bank, http://www.comdirect.de).

[233] Doch auch dieser Börsengang hat keineswegs zu einer tatsächlichen Privatisierung des Unternehmens geführt, denn während sich nur rund ein Drittel der Aktien in Streubesitz befinden, werden die restlichen Anteile je zur Hälfte vom Bund und von der KfW gehalten (Quelle: Onvista AG, http://www.onvista.de).

[234] Nachdem das Bundesverfassungsgericht (BVerfG, Beschluss vom 22.06.1995 – 2 BvL 37/91, BStBl. II 1995, 656 ff.) die Verfassungswidrigkeit des § 10 VermG festgestellt und der Gesetzgeber die bis zum 31.12.1996 eingeräumte Frist zu einer gesetzlichen Neuregelung nicht genutzt hat, kann die Vermögensteuer seit dem 01.01.1997 nicht mehr erhoben werden.

4. Kreditinstitute mit Sonderaufgaben

Bei den sog. Kreditinstituten mit Sonderaufgaben ist zu unterscheiden zwischen drei Gruppen: den öffentlich-rechtlich organisierten, den privatrechtlich organisierten, an denen die öffentliche Hand zumindest teilweise als Gesellschafter beteiligt ist, und den privatrechtlich organisierten Instituten mit rein privater Gesellschafterstruktur[235]. Nachdem die letztgenannten grundsätzlich keine Verbindung zur öffentlichen Hand aufweisen, können sie bei der vorliegenden beihilferechtlichen Begutachtung außer Betracht bleiben. Bei den erstgenannten Instituten werden die Eigenmittel hingegen entweder unmittelbar von der öffentlichen Hand gehalten bzw. aufgebracht, oder es handelt sich zumindest um Fälle einer mittelbaren Beherrschung durch die öffentliche Hand[236].

4.1 Kreditanstalt für Wiederaufbau

Die Kreditanstalt für Wiederaufbau (KfW)[237] mit Sitz in Frankfurt/Main wurde im Jahre 1948 mit dem Ziel gegründet, den raschen Wiederaufbau nach dem zweiten Weltkrieg im Rahmen des Marshall-Plans zu fördern. Aufgabe war dabei die Sicherstellung einer wirtschaftlich sinnvollen Verwendung der von den USA durch das „*European Recovery Program*" (ERP) bereitgestellten Mittel in Westdeutschland.

Durch einen revolvierenden Einsatz der amerikanischen Wirtschaftshilfe verselbständigte sich das von der KfW verwaltete ERP-Sondervermögen immer mehr und konnte deshalb auch nach Abschluss der Mittelrückzahlung an die USA im Jahre 1966 aufrechterhalten werden. Zunächst übernahm die KfW neben der Aufgabe der Investitions- und Exportfinanzierung auch die Durchführung der Finanziellen Zusammenarbeit mit Entwicklungsländern im Auftrag der Bundesrepublik Deutschland. Die Bank entwickelte sich so zunehmend von einer Aufbaubank zu einer Förderbank. Seit dem Fall des Eisernen Vorhangs ist als weiterer Schwerpunkt der Geschäftstätigkeit die Förderung des Aufbaus in den neuen Bundesländern sowie den Ländern Mittel- und Osteuropas hinzugekommen. Darüber hinaus hat die KfW die gesetzlich vorgesehenen Anleger-Entschädigungseinrichtungen für die öffentlich-rechtlichen und die privatrechtlichen Kreditinstitute zu führen[238]. Schließlich ist die KfW in

[235] Die bekanntesten privaten Kreditinstitute mit Sonderaufgaben sind die bereits erwähnten IKB Deutsche Industriebank AG (Düsseldorf/Berlin) und AKA Ausfuhrkreditgesellschaft mbH (Frankfurt/Main).

[236] Vgl. insoweit Schwarze in EuZW 2000, 623.

[237] Einzelheiten zur Geschichte und Entwicklung des Instituts unter http://www.kfw.de.

[238] Vgl. § 6 Einlagensicherungs- und Anlegerentschädigungsgesetz (EAG).

jüngster Zeit außerdem bei der Privatisierung von Bundesunternehmen maßgeblich beteiligt gewesen[239].

Aufgrund ihrer Tätigkeit wird die Bank heute gerne als „Förderbank des Bundesfinanzministeriums" bezeichnet[240]. Die starke personelle Verflechtung der KfW mit dem Bund wird nicht zuletzt dadurch deutlich, dass der amtierende Bundesfinanzminister stets Vorsitzender des Verwaltungsrates der Bank ist[241].

Die KfW ist als Körperschaft des öffentlichen Rechts organisiert, die der direkten Aufsicht der Bundesregierung untersteht[242]. Tatsächlich ist sie aber eigentlich eine Anstalt des öffentlichen Rechts, da sie keine mitgliedschaftlichen Organe besitzt[243]. Das Grundkapital der KfW wird zu 80% von der Bundesrepublik Deutschland und zu 20% von den Bundesländern gehalten. Mit einer Bilanzsumme von rund DM 384 Mrd. nahm die KfW Ende 1999 in der Rangliste der deutschen Kreditinstitute den 9. Platz ein[244].

Anders als die übrigen öffentlich-rechtlich organisierten Kreditinstitute hat die KfW keinen Vollbankstatus, sondern ist auf die Erfüllung ihrer Sonderaufgaben beschränkt[245]. Diese umfassen vier zentrale Geschäftsbereiche: Investitionsfinanzierung, Export- und Projektfinanzierung, Förderung der Entwicklungsländer und Beratungsmaßnahmen in Mittel- und Osteuropa (vgl. Übersicht „Geschäftsbereiche der KfW" auf Seite 76).

Die Vergabe der zinsgünstigen und oftmals mit tilgungsfreien Anlaufjahren ausgestatteten Förderdarlehen erfolgt regelmäßig nicht unmittelbar durch die KfW, sondern unter Einschaltung dritter Kreditinstitute[246]. Die Bank arbeitet insoweit mit allen großen Geschäftsbanken zusammen, im Sparkassen- und Genossenschaftssektor mit den jeweiligen Zentralinstituten[247]. Die für die Darlehensvergabe erforderlichen Mittel werden aus dem ERP-Sondervermögen und im übrigen vornehmlich durch die Ausgabe von Schuldverschreibungen in DM und Auslandwährungen, ggf. unter Einschaltung der 1988 gegründeten US-amerikanischen Tochtergesellschaft KfW International Finance Inc. dargestellt (vgl. § 4 KfW-Gesetz).

---

239 So ist das Institut heute noch zu 13,5% an der Deutsche Telekom AG beteiligt.

240 Vgl. „Vier Förderbanken des Bundes" in Kreditwesen 1999,1417.

241 Vgl. „Vier Förderbanken des Bundes" in Kreditwesen 1999, 1419.

242 Vgl. §§ 1 Abs. 1, 12 Abs. 1 KfW-Gesetz.

243 Vgl. *Rümker* in Schimansky/Bunte/Lwowski, § 124 Rn. 124.

244 Vgl. „Die 100 größten deutschen Kreditinstitute" in Die Bank 2000, 646 f..

245 Vgl. § 2 KfW-Gesetz.

246 Vgl. § 3 Abs. 1 des Gesetzes über die Kreditanstalt für Wiederaufbau (KfW-Gesetz) vom 23.06.1969, BGBl. I 1969, 574.

247 Vgl. Vogt: „Mittelstandsförderung – das Zusammenwirken der KfW mit den Geschäftsbanken" in Kreditwesen 1999, 498.

ÜBERSICHT: GESCHÄFTSBEREICHE DER KFW

Geschäftsbereich	*Tätigkeiten*
Investitionsfinanzierung	Förderung der deutschen Wirtschaft, insbesondere von kleinen und mittleren sowie von jungen Technologieunternehmen. Daneben Förderung von Anschaffungen sowie von Modernisierungs- und Energiesparmaßnahmen im Wohnungsbau
Export- und Projektfinanzierung	Vergabe langfristiger Kredite für Investitionsgüterexporte deutscher Unternehmen sowie für Projekte im In- und Ausland, an denen ein nachhaltiges nationales Interesse besteht, ggf. durch Bundesdeckungen (HERMES/Treuarbeit) abgesichert
Förderung der Entwicklungsländer	Finanzierung von Investitionen und projektgebundenen Beratungsleistungen in Entwicklungsländern, wobei hierdurch ungefähr ein Drittel der gesamten Entwicklungshilfe der Bundesrepublik Deutschland abgedeckt wird
Beratungsmaßnahmen in Mittel- und Osteuropa	Unterstützung der Bundesregierung bei der Koordinierung wirtschaftlicher Beratungsmaßnahmen sowie Förderung kleiner und mittlerer Unternehmen. Daneben auch Vergabe von Refinanzierungskrediten an die örtlichen Förderbanken

Hervorzuheben ist noch, dass eine Ausschüttung von Gewinnen an die Anteilseigner nicht vorgesehen ist, vielmehr wird der jährliche Reingewinn den Rücklagen zugeführt (vgl. § 10 KfW-Gesetz).

Von der KfW begebene Schuldverschreibungen sind für die Zwecke des Kreditwesengesetzes (KWG) Forderungen an den Bund gleichgestellt. Daher besteht insoweit für Gläubiger, die Kreditinstitute sind, keine Notwendigkeit zur Unterlegung mit Eigenkapital[248], was die Schuldverschreibungen der KfW z.B. zu einem vorteilhaften Anlageinstrument für Banken und Investmentfonds macht. Seit einer Änderung des KfW-Gesetzes durch das dritte Finanzmarkt-

[248] Vgl. § 13 Abs. 1 Nr. 1. a Grundsatz I der Grundsätze über das Eigenkapital und die Liquidität der Kreditinstitute.

förderungsgesetz im Jahre 1998[249] haftet der Bund außerdem (über seine Anstaltslast hinaus) für alle von der KfW aufgenommenen Darlehen und von ihr begebenen Schuldverschreibungen, was man vielleicht als „partielle Gewährträgerhaftung" bezeichnen kann. Das gleiche gilt hinsichtlich von als Festgeschäfte ausgestalteten Termingeschäften, von Rechten aus Optionen, von anderen Krediten an die KfW und hinsichtlich von Krediten, die von der KfW begeben und ausdrücklich gewährleistet werden.

Schließlich kommen der KfW gewisse Steuervergünstigungen zugute: sie ist grundsätzlich von der Körperschaftsteuer (§ 5 Abs. 1 Nr. 2 KStG), der Gewerbesteuer (§ 3 Nr. 2 GewStG) und der Vermögensteuer (§ 3 Abs. 1 Nr. 2 VStG)[250] befreit.

4.2 Deutsche Ausgleichsbank

Die Deutsche Ausgleichsbank mit Sitz in Bonn wurde 1950 unter dem Namen „Bank für Vertriebene und Geschädigte (Lastenausgleichsbank) Aktiengesellschaft" zur wirtschaftlichen Eingliederung und Förderung der durch den zweiten Weltkrieg und seine Folgen betroffenen Personen gegründet. Im Jahre 1954 wurde dieses Institut per Gesetz[251] aufgelöst und auf die als Anstalt des öffentlichen Rechts neubegründete „Lastenausgleichsbank (Bank für Vertriebene und Geschädigte)" übertragen. Im Jahre 1986 wurde das Institut schließlich in „Deutsche Ausgleichsbank" (DtA) umbenannt[252]. Mit einer Bilanzsumme von DM 87,5 Mrd. war das Institut Ende 1998 in der bundesweiten Bankenrangliste auf Platz 27 zu finden[253].

Die Deutsche Ausgleichsbank ist eine bundesunmittelbare Anstalt des öffentlichen Rechts und untersteht der direkten Aufsicht der Bundesregierung (§ 13 Abs. 1 AusglBankG). Am Grundkapital der Bank sind das ERP-Sondervermögen zu 53,3%, die Bundesrepublik Deutschland mit 40,6% sowie das Sondervermögen Ausgleichsfonds mit 6,1% beteiligt[254]. Das Grundkapital der Bank muß stets zu mindestens 51% von der Bundesrepublik Deutschland (einschließlich ihrer Sondervermögen) gehalten werden[255].

---

249 Vgl. Art. 23 des Gesetzes zur weiteren Fortentwicklung des Finanzplatzes Deutschland vom 24.03.1998 (Drittes Finanzmarktförderungsgesetz), BGBl. I 1998, 574.

250 Vgl. hierzu Fn. 234.

251 Gesetz über die Lastenausgleichsbank (Bank für Vertriebene und Geschädigte) vom 28.10.1954, BGBl. I 1954, 293 ff..

252 Vgl. Gesetz zur Änderung des Gesetzes über die Lastenausgleichsbank vom 20.02.1986, BGBl. I 1986, 297 ff..

253 Vgl. „Die 100 größten deutschen Kreditinstitute" in Die Bank 1999, 566.

254 Vgl. „Vier Förderbanken des Bundes" in Kreditwesen 1999, 1419.

255 Vgl. § 2 Abs. 2 des Gesetzes über die Deutsche Ausgleichsbank (Ausgleichsbankgesetz – AusglBankG), BGBl. I 1986, 1545 ff..

Aufgabe der Deutschen Ausgleichsbank war zunächst insbesondere die Finanzierung von Maßnahmen in den Bereichen Wirtschaftsförderung, Soziales, Umweltschutz und Eingliederung von durch den zweiten Weltkrieg betroffenen Personen sowie von heimatlosen Ausländern und ausländischen Flüchtlingen (vgl. § 4 Abs. 1 AusglBankG). In diesem Rahmen kann die Bank alle erforderlichen Bankgeschäfte betreiben und ist damit praktisch eine Universalbank (vgl. § 4 Abs. 4 AusglBankG). In den vergangenen 50 Jahren hat sich die DtA immer mehr zu einem Finanzdienstleister für den Mittelstand und zur „Gründerbank des Bundes" entwickelt. Heute wird die DtA gerne als „Förderbank des Bundeswirtschaftsministeriums" bezeichnet[256]. Ihre Fördermittel, die teilweise ebenfalls aus ERP-Sondervermögen stammen, vergibt die Deutsche Ausgleichsbank allerdings in der Regel nicht unmittelbar, sondern unter Zwischenschaltung anderer Kreditinstitute (vgl. § 4 Abs. 3 AusglBankG). Im Bereich der Existenzgründungsförderung wird die Deutsche Ausgleichsbank vor allem über die von ihr im Jahre 1989 gegründete „tbg Technologie-Beteiligungs-Gesellschaft" unter Verwendung von öffentlichen Förderprogrammen tätig. Ein neues Geschäftsfeld ist schließlich noch der Bereich „Geschäftsabwicklung für humanitäre Einrichtungen", in dem die Bank für mehrere soziale und karitative Stiftungen beratend und unterstützend tätig ist.

Die Deutsche Ausgleichsbank ist ebenfalls von der Körperschaftsteuer (§ 5 Abs. 1 Nr. 2 KStG), der Gewerbesteuer (§ 3 Nr. 2 GewStG) und der Vermögensteuer (§ 3 Abs. 1 Nr. 2 VStG)[257] befreit. Seit einer Änderung des Ausgleichsbankgesetzes durch das dritte Finanzmarktförderungsgesetz im Jahre 1998[258] haftet der Bund auch hier über seine Anstaltslast hinaus für alle von der Bank aufgenommenen Darlehen und von ihr begebenen Schuldverschreibungen. Das gleiche gilt ebenfalls hinsichtlich von als Festgeschäften ausgestalteten Termingeschäften, von Rechten aus Optionen, von anderen Krediten an die Bank und hinsichtlich von Krediten, die von der Bank begeben und ausdrücklich gewährleistet werden.

4.3 Landwirtschaftliche Rentenbank

Die „Wurzeln" der Landwirtschaftlichen Rentenbank mit Sitz in Frankfurt/Main (seit 1999: Rentenbank)[259] reichen bis in die zwanziger Jahre des 20. Jahrhunderts zurück und weisen eine enge Verbindung zu der im Oktober 1923 mit dem Ziel der Währungssanierung gegründeten Deutschen Rentenbank und der aus dieser im August 1925 als zentrales Refinanzierungsinstitut für den landwirtschaftlichen Bereich hervorgegangenen Rentenbank-Kreditanstalt (RKA) auf.

---

[256] Vgl. „Vier Förderbanken des Bundes" in Kreditwesen 1999, 1417.

[257] Vgl. hierzu 234.

[258] Vgl. Art. 22 des Gesetzes zur weiteren Fortentwicklung des Finanzplatzes Deutschland vom 24.03.1998 (Drittes Finanzmarktförderungsgesetz), BGBl. I 1998, 574.

[259] Einzelheiten zur Geschichte und Entwicklung des Instituts unter http://www.rentenbank.de.

In dieser Tradition wurde die Landwirtschaftliche Rentenbank im Jahre 1949 als Anstalt des öffentlichen Rechts errichtet[260], um die bis dahin von der Rentenbank-Kreditanstalt (RKA) wahrgenommenen Aufgaben zu übernehmen[261]. Gemessen an ihrer Bilanzsumme nahm die Landwirtschaftliche Rentenbank Ende 1998 in der Rangliste der deutschen Kreditinstitute den 31. Platz ein[262]

Das Grundkapital der Landwirtschaftlichen Rentenbank beträgt heute DM 200.000.000,00[263]. Unklar bleibt allerdings, wer eigentlich der Eigner des Instituts ist, da das LRBG hierzu keinerlei Aussagen enthält. Auch die in § 16 LRBG enthaltene Regelung zur Verteilung des Vermögens bei Auflösung der Bank hilft hier nicht weiter:

> *Es darf nur für eine das Allgemeininteresse wahrende Förderung der landwirtschaftlichen Erzeugung oder der landwirtschaftlichen Forschung verwendet werden.*

Einziger Anhaltspunkt ist daher zunächst die „Urfassung" des Gesetzes über die Landwirtschaftliche Rentenbank aus dem Jahre 1949. Hier ist bestimmt, dass das Grundkapital der Landwirtschaftlichen Rentenbank aus den nach dem Gesetz über die Rentenbankgrundschuld[264] geschuldeten Rentenbankgrundschulden sowie den aus diesen Grundschulden im Rahmen des LRBG vereinnahmten Leistungen besteht. Man kommt daher nicht umhin, ins Jahr 1923 zurückzublicken, als die Deutsche Rentenbank als juristische Person des Privatrechts errichtet wurde. Die Kapitalaufbringung erfolgte damals zu gleichen Teilen durch die Landwirtschaft einerseits[265] und durch Industrie, Gewerbe und Handel (einschließlich Banken) andererseits[266]. Anteilseigner waren daher zunächst die Eigentümer der belasteten Grundstücke im Verhältnis ihrer Belastungen, eine Ausstellung von Anteilsscheinen erfolgte jedoch nicht.

---

260 Vgl. Gesetz über die Landwirtschaftliche Rentenbank vom 11.05.1949, WiGBl. 1949, 77 ff..

261 Die Rentenbank-Kreditanstalt (RKA) wurde, nachdem eine Wiederaufnahme ihrer Geschäftstätigkeit nach dem zweiten Weltkrieg gescheitert war, nach Abwicklung ihrer bis zum Jahre 1949 getätigten Geschäfte im Jahre 1978 endgültig liquidiert.

262 Vgl. „Die 100 größten deutschen Kreditinstitute" in die Bank 1999, 566.

263 Vgl. § 2 Abs. 1 des Gesetzes über die Landwirtschaftliche Rentenbank in der Fassung vom 15.07.1963, BGBl. I 1963, 466 (LRBG).

264 Gesetz über die Rentenbankgrundschuld vom 11.05.1949, WiGBl. 1949, 79 f..

265 Durch die Belastung von Grundstücken, die dauernd land- oder forstwirtschaftlichen sowie gärtnerischen Zwecken dienen, mit einer (auf Goldmark lautenden) Grundschuld, die mit 6% p.a. zu verzinsen ist.

266 Durch die Belastung der industriellen und gewerblichen Betriebe sowie der Handelsbetriebe (einschließlich der Banken) in ihrer Gesamtheit zugunsten der Deutschen Rentenbank in der selben Höhe wie die Landwirtschaft. Die Sicherung dieser Belastung erfolgte, soweit möglich, durch Grundschulden (entsprechend den für die Landwirtschaft getroffenen Regelungen) auf den Betriebsgrundstücken, im übrigen durch vorrangig zu bedienende Schuldverschreibungen.

Im Jahre 1949 wurde nun in einem ersten Schritt das bisherige Vermögen der Deutschen Rentenbank (einschließlich bestehender Grundschulden und Zinszahlungsverpflichtungen der Grundschuldverpflichteten) enthaftet (§ 1 des Gesetzes über die Rentenbankgrundschuld). Hierdurch dürfte die Gesellschafterstellung der Eigentümer der belasteten Grundstücke und der Unternehmer der belasteten Betriebe an der Deutschen Rentenbank erloschen sein. In einem zweiten Schritt wurde dann die Aufrechterhaltung der auf den Grundstücken ruhenden Belastungen als Reallast (Rentenbankgrundschuld) zugunsten der Landwirtschaftlichen Rentenbank bestimmt (§ 2 des Gesetzes über die Rentenbankgrundschuld), die nicht in das Grundbuch eingetragen wird. Auf die Rentenbankgrundschuld sind vom Eigentümer (ggf. gemeinsam mit dem Pächter) für einen Zeitraum von zehn Jahren jährlich wiederkehrende Leistungen in Höhe von 0,15% des Einheitswertes an das zuständige Finanzamt zu entrichten. Durch die zwischen 1949 und 1958 von allen landwirtschaftlichen Betrieben ab einem Einheitswert von DM 6.000,00 entrichteten Grundschuldzinsen konnte letztlich ein Grundkapital aufgebracht werden, das heute DM 264 Mio. beträgt[267]. Nachdem es sich bei den Grundschuldzinsen um Leistungen an die öffentliche Hand (quasi als „Sonderabgabe") handelte, ist davon auszugehen, dass das Eigenkapital der Landwirtschaftlichen Rentenbank heute beim Bund liegt[268] und das Institut damit als öffentlich-rechtliches Kreditinstitut anzusehen ist.

Die Landwirtschaftliche Rentenbank hatte ursprünglich die Funktion eines zentralen Refinanzierungsinstituts zur Förderung der Landwirtschaft. Das Kreditgeschäft der Bank wurde dabei überwiegend aus ERP-Programmen und anderen öffentlichen Quellen gespeist. Heute ist die Bank ein Förderinstitut mit Beschränkung auf das Refinanzierungsgeschäft, das seine Fördermittel nicht aus staatlich verbilligten Krediten, sondern über hauseigene Kreditprogramme darstellt, deren Konditionen durch die im kommerziellen Geschäft erzielten Erträge begünstigt werden. Der Schwerpunkt der Geschäftstätigkeit liegt dabei weiterhin bei der Refinanzierung agrarbezogener Vorhaben aller Art, ist aber zunehmend auch auf nichtlandwirtschaftliche Vorhaben erstreckt worden. Die Refinanzierung des Instituts erfolgt sowohl über den deutschen, als auch über die internationalen Kapitalmärkte. Mit einer Bilanzsumme von rund DM 91 Mrd. nahm die Landwirtschaftliche Rentenbank zum 31.12.1998 im Vergleich aller deutschen Kreditinstitute den 28. Platz ein[269].

Auch die Rentenbank ist von der Körperschaftsteuer (§ 5 Abs. 1 Nr. 2 KStG), der Gewerbesteuer (§ 3 Nr. 2 GewStG) und der Vermögensteuer (§ 3 Abs. 1 Nr. 2 VStG)[270] befreit.

---

[267] Zimpelmann in Kreditwesen 1999, 507.

[268] Vgl. „Vier Förderbanken des Bundes" in Kreditwesen 1999, 1424.

[269] Vgl. „Die 100 größten deutschen Kreditinstitute" in Die Bank 2000, 646 f..

[270] Vgl. hierzu Fn. 234.

4.4 Deutsche Siedlungs- und Landesrentenbank

Die Anfänge der Deutschen Siedlungs- und Landesrentenbank (DSL-Bank)[271] gehen bis in die Mitte des 19. Jahrhunderts zurück, als zur Finanzierung der von den Bauern an die Gutsherrn zu erbringenden Reallasten in Preußen sog. Rentenbanken geschaffen wurden[272]. Die heutige DSL Bank entstand, nachdem diese Provinzialrentenbanken zur Preußischen Landesrentenbank vereinigt worden waren, im Jahre 1966 durch einen Zusammenschluss der aus der Preußischen Landesrentenbank im Jahre 1939 hervorgegangenen Deutschen Landesrentenbank und der im Jahre 1930 gegründeten Deutschen Siedlungsbank.

Bis Ende 1999 wurde die DSL Bank als bundesunmittelbare Anstalt des öffentlichen Rechts geführt, die der gemeinsamen Aufsicht des Bundesministers der Finanzen und des Bundesministers für Ernährung, Landwirtschaft und Forsten unterstand. Anstaltslast und Gewährträgerhaftung für das Institut lagen bei der Bundesrepublik Deutschland[273]. Bereits im Jahre 1989 erfolgte eine Teilprivatisierung des Instituts durch die Zulassung von Privatpersonen als stille Gesellschafter (§ 4 Abs. 1 DSLBG)[274]. Am Grundkapital der Bank waren seitdem die Bundesrepublik Deutschland zu 51,51% und die Bundesländer Bayern und Berlin mit zusammen ungefähr 0,5% beteiligt, die restlichen knapp 48% des Grundkapitals wurden in Form einer atypisch stillen Einlage von der börsennotierten DSL Holding AG (Bonn) gehalten[275]. Ende 1998 gehörte die DSL Bank, gemessen an ihrer Bilanzsumme, immerhin zu den 20 größten deutschen Kreditinstituten[276].

Zum 01.01.2000 erfolgte eine Vollprivatisierung der DSL Bank durch Umwandlung in eine Aktiengesellschaft. Ursprüngliche Anteilseigner der neuen DSL Bank AG waren dabei die Bundesrepublik Deutschland (ca. 99,07%) sowie die Bundesländer Berlin (ca. 0,62%) und Bayern (ca. 0,31%)[277]. Bereits am 30.06.1999 hat die Bundesrepublik Deutschland ihre Anteile mit Wirkung zum 01.01.2000 an die Deutsche Postbank AG weiterveräußert[278]. Mit der Übernahme der Anteile an der DSL Bank AG durch die Postbank AG ist somit zumindest formell eine Vollprivatisierung dieses Instituts erfolgt. Da allerdings – wie bereits dargestellt – die Postbank ihrerseits lediglich formell privatisiert worden ist, hat auch bei der DSL Bank bislang eine Vermögensprivatisierung

271 Einzelheiten zur Geschichte und Entwicklung des Instituts unter http://www.dsl-bank.de.

272 Vgl. Blaß in Kreditwesen 2000, 79.

273 Blaß, a.a.O., S. 81.

274 Vgl. Busch in AG 1997, 359.

275 Fischer/Klanten, Rn. 1.61.

276 Vgl. „Die 100 größten deutschen Kreditinstitute" in Die Bank 2000, 646 f..

277 Vgl. § 2 des Gesetzes über die Umwandlung der Deutschen Siedlungs- und Landesrentenbank in eine Aktiengesellschaft (DSL Bank-Umwandlungsgesetz – DSLBUmwG) vom 16.12.1999, BGBL. I 1999, 2441.

278 Blaß in Kreditwesen 2000, 79 f..

noch nicht stattgefunden, so dass man das Institut für die Zwecke dieser Untersuchung weiter als öffentlich-rechtliches Kreditinstitut ansehen muss. Es liegt hier ein Fall der mittelbaren Beherrschung durch die öffentliche Hand vor, der die DSL Bank AG aufgrund der komplexen Struktur ihrer Anteilseigner zu einem öffentlichen Unternehmen 4. Grades macht.

Die DSL Bank AG hat Universalbankstatus, ihr Geschäftszweck ist das Betreiben von Bankgeschäften aller Art[279]. In diesem Rahmen hat die DSL Bank AG in Weiterführung des öffentlichen Auftrags ihrer Rechtsvorgängerin insbesondere Vorhaben der Landwirtschaft und des Umweltschutzes sowie zur Eingliederung von aus der Landwirtschaft stammenden Vertriebenen, Flüchtlingen und Spätaussiedlern zu fördern (§ 13 DSLBUmwG). Als wichtigste Geschäftsfelder sieht die Bank heute die Bereiche private Wohnungsbauförderung, gewerbliche Finanzierungen, Fördergeschäft, Refinanzierung von Banken und Bausparkassen, Kredite an öffentliche Haushalte, nationale und internationale Refinanzierung sowie das Derivategeschäft an. Das Institut ist an insgesamt 19 Standorten im In- und Ausland präsent und hat 100%-ige Tochtergesellschaften in München, Amsterdam und Luxemburg.

Trotz des Wegfalls von Anstaltslast und Gewährträgerhaftung haftet die Bundesrepublik Deutschland weiter subsidiär (zum Vermögen der Bank) für die bis zur Eintragung des Instituts in das Handelsregister begründeten Verbindlichkeiten (§ 11 DSLBUmwG). Steuervorteile bestehen für die DSL Bank AG nicht mehr.

4.5 Institute der Bundesländer

Neben den vier auf Bundesebene tätigen Instituten gibt es eine ganze Reihe von zentralen Kreditinstituten der Bundesländer zur Erfüllung von Sonderaufgaben (siehe Übersicht „Institute der Bundesländer" auf Seite 83). Das größte dieser Institute, die Sächsische Aufbaubank, rangierte Ende 1999 in der Rangliste der größten deutschen Kreditinstitute mit einer Bilanzsumme von rund DM 34 Mrd. immerhin auf dem 53. Platz[280].

Die Länderinstitute mit Sonderaufgaben werden in verschiedenen Organisationsformen geführt, häufig dabei als Kapitalgesellschaften oder als rechtlich unselbständige, aber eigenständig organisierte Geschäftsbereiche von Landesbanken[281].

---

[279] § 2 Abs. 1 Satzung der DSL Bank AG.

[280] Vgl. „Die 100 größten deutschen Kreditinstitute" in Die Bank 2000, 646 f..

[281] So z.B. das Landesförderinstitut Mecklenburg-Vorpommern (Schwerin) als rechtlich unselbständiger, aber eigenständig organisierter Geschäftsbereich der Norddeutschen Landesbank Girozentrale zur Durchführung der Wohnungs- und Städtebauförderung des Landes Mecklenburg-Vorpommern.

ÜBERSICHT: INSTITUTE DER BUNDESLÄNDER

Bundesland	**Institut**
Baden-Württemberg	Landeskreditbank Baden-Württemberg-Förderbank
Bayern	Bayerische Landesanstalt für Aufbaufinanzierung (LfA)
	Bayerische Landesbodenkreditanstalt
Berlin	Investitionsbank Berlin (früher: Wohnungsbau-Kreditanstalt Berlin)
Brandenburg	Investitionsbank des Landes Brandenburg
Bremen	Hanseatische Gesellschaft für öffentliche Finanzierungen mbH
Hamburg	Hamburgische Wohnungsbaukreditanstalt
Hessen	Hessische Landesentwicklungs- und Treuhandgesellschaft mbH
Mecklenburg-Vorpommern	Landesförderinstitut Mecklenburg-Vorpommern
Niedersachsen	Niedersächsische Gesellschaft für öffentliche Finanzierung mbH
	Niedersächsische Landestreuhandstelle für den Wohnungs- und Städtebau
	Niedersächsische Landestreuhandstelle für Wirtschaftsförderung
	Landestreuhandstelle für Agrarförderung Norddeutsche Landesbank
Nordrhein-Westfalen	Wohnungsbauförderungsanstalt Nordrhein-Westfalen (früher: Wohnungsbauförderungsanstalt des Landes Nordrhein-Westfalen)
Rheinland-Pfalz	Investitions- und Strukturbank Rheinland-Pfalz
Saarland	Saarländische Investitionskreditbank Aktiengesellschaft
Sachsen	Sächsische Aufbaubank GmbH
Sachsen-Anhalt	Landesförderinstitut Sachsen-Anhalt

Schleswig-Holstein	Investitionsbank Schleswig-Holstein (früher: Wirtschaftsaufbaukasse Schleswig-Holstein AG und Wohnungsbaukreditanstalt des Landes Schleswig-Holstein)
Thüringen	Thüringer Aufbaubank

Allen Instituten gemeinsam ist die bereits erwähnte Befreiung von der Körperschaftsteuer (§ 5 Abs. 1 Nr. 2 KStG), der Gewerbesteuer (§ 3 Nr. 2 GewStG) und der Vermögensteuer (§ 3 Abs. 1 Nr. 2 VStG)[282]. Der Gesetzgeber begründete dies damit, dass die genannten Institute bestimmte Förderaufgaben verfolgen und daher grundsätzlich mit anderen Kreditinstituten nicht im Wettbewerb stehen[283].

V. BEIHILFERECHTLICHE PRÜFUNG DER SONDERVORTEILE

Es steht außer Zweifel, dass die Beihilfevorschriften des EG-Vertrages grundsätzlich auch auf Kreditinstitute zur Anwendung kommen, wobei jedoch die Besonderheiten des Bankensektors und die hohe Sensibilität der Finanzmärkte besonders zu berücksichtigen sind[284]. Im folgenden ist daher zu prüfen, inwieweit die zugunsten der genannten Kreditinstitute bestehenden Sondervorteile beihilferechtliche Relevanz haben. Insoweit kommt es zunächst grundsätzlich nicht auf die Organisationsform der Institute an.

1. Anstaltslast und Gewährträgerhaftung

Anstaltslast und Gewährträgerhaftung des Institutsträgers machen den grundlegenden Unterschied zu den als Kapitalgesellschaften organisierten Großbanken deutlich, bei denen die Gesellschafter grundsätzlich nicht zu Nachschussleistungen verpflichtet werden können (vgl. § 180 Abs. 1 AktG, § 53 Abs. 3 GmbHG). Insoweit besteht daher eine erhebliche Wahrscheinlich-

---

282 Vgl. hierzu Fn. 234.

283 Vgl. BT-DrS. 12/4487, 60.

284 Vgl. Mitteilung der Kommission in Sachen Credit Lyonnais, ABIEG C 121 vom 17.05.1995, S. 6.

keit, dass beide Institute bereits unabhängig von ihrer tatsächlichen Durchführung im Einzelfall als Beihilfen der öffentlichen Hand anzusehen sind[285].

1.1 Allgemeingültigkeit

Auch wenn die Anstaltslast nicht immer ausdrücklich in den jeweiligen Errichtungsgesetzen festgelegt ist, so wird sie nach überwiegender Auffassung als zwingend zum Wesen einer öffentlich-rechtlichen Anstalt zugehörig angesehen[286]. Selbst ohne ausdrückliche Regelungen in den Sparkassengesetzen stellt die Anstaltslast einen allgemeinen Grundsatz des Verwaltungsrechts dar, der auf alle Kreditinstitute in öffentlich-rechtlicher Rechtsform zur Anwendung kommt[287]. Die Anstaltslast ist insoweit weniger einen als Haftungstatbestand anzusehen, sondern begründet vielmehr eine „Funktionssicherungspflicht" der Errichtungskörperschaft[288].

Im Unterschied zur Anstaltslast stellt jedoch die Gewährträgerhaftung keinen allgemein anerkannten Grundsatz des Verwaltungsrechts dar[289]. Im Hinblick darauf, dass die Gewährträgerhaftung nur zu dem Zweck geschaffen wurde, bei den Sparkassen im Zuge ihrer Verselbständigung die Haftung der Kommunen für eine eigene Schuld durch eine Haftung für eine fremde Schuld zu ersetzen (Erhalt der Haftungsmasse), vermag diese Ansicht durchaus zu überzeugen. Andererseits spricht vieles dafür, dass Anstaltslast und Gewährträgerhaftung wegen des Grundsatzes der Gesetz- und Rechtmäßigkeit der Verwaltung (vgl. Art. 20 Abs. 3 GG) zwingend dann zum Tragen kommen müssen, wenn sich die öffentliche Hand der Organisationsform der Anstalt zur Wahrnehmung öffentlicher Aufgaben bedient: „Öffentlich-Rechtlichkeit und Zahlungsunfähigkeit schließen einander begrifflich aus"[290].

Große praktische Relevanz hat die Frage, ob eine Gewährträgerhaftung auch ohne ausdrückliche Anordnung anzunehmen ist, freilich nicht. Oftmals ist – wie bereits dargestellt – inzwischen eine zumindest partielle Gewährträgerhaftung ausdrücklich vorgesehen, und im übrigen kann regelmäßig da-

---

[285] Vgl. zur Beurteilung tatsächlicher Kapitalzuführungen durch die Institutsträger Immenga/Rudo, S. 108 ff..

[286] Vgl. Nachweise bei Thode/Peres in BB 1997, 1750; Stern, S. 45; Busch in AG 1997, 358.

[287] Entgegen verschiedener in der Literatur geäußerter Meinungen gibt es insoweit allerdings noch keine gesicherte Rechtsprechung der obersten Bundesgerichte. Zwar hat der Bundesgerichtshof (BGH, Urteil vom 16.02.1984 – III ZR 196/82, WM 1984, 691, 693) Anstaltslast und Gewährträgerhaftung auch ohne eine ausdrückliche gesetzliche Regelung bejaht, aber eben nur für den Fall einer öffentlich-rechtlichen Sparkasse. Das Bundesverwaltungsgericht (BVerwG, Urteil vom 15.01.1987 – 3 C 3/81, NJW 1987, 3017 ff.) hat sich zwar bereits mit der Frage befaßt, ob der als Anstalt des öffentlichen Rechts organisierte Westdeutsche Rundfunk (WDR) konkursfähig ist, in seiner Urteilsbegründung ist es aber in keiner Weise auf Fragen der Anstaltslast und Gewährträgerhaftung eingegangen.

[288] Vgl. Stern, S. 46.

[289] Vgl. Koenig in WM 1995, 828; Immenga/Rudo, S. 27.

[290] Thode/Peres in BB 1997, 1750.

von ausgegangen werden, dass die Zahlungsfähigkeit der öffentlich-rechtlichen Kreditinstitute auch ohne die Normierung einer Gewährträgerhaftung sichergestellt ist[291]. Die Gewährträgerhaftung bedeutet daher lediglich eine nach außen dokumentierte „Verstärkung der Anstaltslast" und eine rein formelle Besserstellung der Institutsgläubiger[292].

1.2 Rechtliche Einordnung

Vielfach wird vorgebracht, dass Anstaltslast und Gewährträgerhaftung nicht mit einer Garantie oder Bürgschaft vergleichbar seien, sondern lediglich eine Eigenhaftung kraft Organisationsform (vergleichbar der unbeschränkten Haftung der Gesellschafter einer Personenhandelsgesellschaft) darstellten, da sie nicht zu einer bereits bestehenden Haftung hinzutreten würden, sondern eine solche erst begründeten und dass sie damit auch nicht Gegenstand einer Beihilfenkontrolle sein können[293].

Dieser Einwand ist nicht ohne weiteres von der Hand zu weisen, denn schließlich gibt es ja auch bei den privatrechtlich organisierten Kreditinstituten in Deutschland durchaus solche, die grundsätzlich eine Vollhaftung ihrer Gesellschafter vorsehen (Privatbankiers). Freilich kann man deswegen nicht bereits die Diskussion der beihilferechtlichen Relevanz von Anstaltslast und Gewährträgerhaftung abbrechen, denn schließlich ist die Beihilfenkontrolle – wie bereits dargestellt – eine Verhaltenskontrolle. Anderenfalls wäre jegliche Betätigung der öffentlichen Hand durch die Organisationsform der Anstalt grundsätzlich der europäischen Beihilfenaufsicht entzogen. Die Frage muß daher sein, ob auch der sog. Private Investor sich einer Rechtsform bedienen würde, die für ihn zwingend haftungsrechtliche Folgen wie die Anstaltslast oder Gewährträgerhaftung nach sich zieht. Ein Blick in die Wirklichkeit der deutschen Bankenwelt genügt, um dies zu verneinen: die bedeutenden privatrechtlich organisierten Kreditinstitute, die einen Vollbankstatus haben und die ganze Breite von Bankdienstleistungen anbieten, sind regelmäßig in der Rechtsform einer Aktiengesellschaft errichtet und sehen daher eine beschränkte Haftung ihrer Gesellschafter vor. Die Privatbankiers mit unbegrenzter Haftung hingegen sind schon von ihrem Geschäftsumfang her mit den hier betrachteten öffentlich-rechtlichen Kreditinstituten gar nicht zu vergleichen. Somit ist es zwar zutreffend, dass Anstaltslast und Gewährträgerhaftung eine Eigenhaftung kraft Organisationsform darstellen, die Anwendbarkeit des Art. 87 EG wird hierdurch jedoch keineswegs ausgeschlossen.

Vereinzelt wird außerdem vorgebracht, dass Anstaltslast und Gewährträgerhaftung als Ausdruck der Finanzierungsverantwortung in ihrer wirtschaftlichen Bedeutung nicht anders zu beurteilen wären als z.B. Patronatserklärungen der

[291] Vgl. Busch in AG 1997, 358.

[292] Vgl. Immenga/Rudo, S. 28 f..

[293] Vgl. Busch in AG 1997, 358; Fischer/Klanten, Rn. 1.31; Immenga/Rudo, S. 51.

privaten Banken für ihre Tochtergesellschaften[294]. Hiergegen spricht aber schon der Umstand, dass die Patronatserklärung im Gegensatz zur Gewährträgerhaftung keine unmittelbare Leistungsverpflichtung gegenüber den Institutsgläubigern begründet[295]. Im übrigen besteht ein systematischer Unterschied insoweit, als Anstaltslast und Gewährträgerhaftung – wie bereits dargestellt – „Primärverpflichtungen" sind, während die Patronatserklärung eine bereits bestehende gesellschaftsrechtliche „Primärverpflichtung" verstärkt.

Schließlich wird vielfach der Einwand geäußert, dass die öffentliche Hand im Zweifel auch bei finanziellen Schwierigkeiten der privaten Großbanken entsprechende Stützungsmaßnahmen ergreifen würde[296]. Vor dem Hintergrund der Entwicklungen in der „Holzmann-Krise" erscheint das zwar eine durchaus naheliegende Überlegung zu sein, sie ist allerdings auch eine reine Spekulation, da es keine rechtlichen Anknüpfungspunkte für eine Verpflichtung der öffentlichen Hand zum Tätigwerden gibt. Der Schutz der öffentlichen Kreditinstitute besteht hingegen auf einer rechtlichen und nicht auf einer rein tatsächlichen Basis, er ist „allumfassend" und „automatisch"[297]. Darüber hinaus sind eben gerade auch staatliche Hilfsmaßnahmen für in Schwierigkeiten geratene Privatunternehmen nicht von den Bestimmungen des EU-Beihilferegimes ausgenommen.

1.3 Verhältnis zur Einlagensicherung

Nachdem die Wahrscheinlichkeit der Inanspruchnahme einer Garantie für die beihilferechtliche Beurteilung grundsätzlich unbeachtlich ist[298], steht die Tatsache, dass es in der 200jährigen Geschichte der öffentlich-rechtlichen Kreditinstitute in Deutschland noch zu keinem Konkursfall gekommen ist[299], der Beihilfeeigenschaft von Anstaltslast und Gewährträgerhaftung grundsätzlich nicht entgegen. Im übrigen hat es gerade auch in jüngster Zeit durchaus einige Beispiele gegeben, in denen erhebliche finanzielle Schieflagen bei solchen Instituten aufgetreten sind[300].

Zu bedenken ist allerdings, dass Anstaltslast und Gewährträgerhaftung nur insoweit relevant werden können, als die von ihnen begünstigten Institute nicht bereits angemessen finanziell ausgestattet sind. In diesem Zusammenhang ist auch zu berücksichtigen, ob z.B. der durch Anstaltslast und Gewähr-

---

294 Vgl. Rümker in Kreditwesen 1996, 26.

295 Endell in Kreditwesen 1997, 14 f..

296 Immenga/Rudo (S. 40, 68) sprechen insoweit unter Bezugnahme auf die Stützung des „Credit Lyonnais" durch den französischen Staat von dem Grundsatz des „too big to fail", der auch für die deutschen Großbanken gelte.

297 Kruse in NVwZ 2000, 722.

298 Vgl. Entscheidung der Kommission, ABIEG L 138/79, S. 30.

299 Vgl. Immenga/Rudo, S. 48.

300 Vgl. zum Fall der Sparkasse Mannheim „Wenn Bankvorstände zu Spielern werden" in Handelsblatt Nr. 20 vom 28./29.01.2000, S. 12.

trägerhaftung vermittelte Schutzumfang nicht bereits anderweitig, z.B. durch entsprechende Sicherungseinrichtungen, gewährleistet ist. Zentrale Bedeutung für die Beurteilung der praktischen Relevanz der Anstaltslast und insbesondere der Gewährträgerhaftung hat daher die Frage des Verhältnisses dieser Haftungsinstitute zu einer daneben bestehenden Einlagensicherung. Denn wenn die Einlagen der Kunden, die zweifelsohne den Großteil der Verbindlichkeiten eines Kreditinstituts ausmachen, bereits aufgrund bestehender Einlagensicherungssysteme ausreichend geschützt sind, dann verbleibt insbesondere für die gesetzliche Gewährträgerhaftung nur noch ein sehr eingeschränkter Anwendungsbereich. Es wird daher zu untersuchen sein, ob es im Hinblick auf die bestehende Einlagensicherung tatsächlich noch wesentliche Vorteile der öffentlich-rechtlichen Kreditinstitute gegenüber den privaten Kreditinstituten gibt.

1.3.1 Entwicklung der Einlagensicherung in Deutschland

Einlagensicherungssysteme sind im deutschen Bankgewerbe bereits lange bekannt[301]. Während im Genossenschaftssektor Anfang des 20. Jahrhunderts erste Garantiegemeinschaften und Stützungsfonds zur Sicherung der Gläubiger von Kreditgenossenschaften errichtet wurden, gab es im Bereich der öffentlich-rechtlichen Kreditinstitute aufgrund der gesetzlichen Gewährträgerhaftung zunächst kein Bedürfnis für Sicherungseinrichtungen. Im privaten Bankgewerbe wurde 1966 beim Bundesverband deutscher Banken ein Gemeinschaftsfonds („Feuerwehrfonds") errichtet, der sich aber aufgrund seines geringen Schutzumfangs[302] bald als unzulänglich erweisen sollte. Kurz darauf wurden auch im Bereich der öffentlich-rechtlichen Kreditinstitute für die Sparkassen bei den regionalen Sparkassen- und Giroverbänden sogenannte Sparkassenstützungsfonds und für die Landesbanken/Girozentralen beim deutschen Sparkassen- und Giroverband eine Sicherungsreserve geschaffen[303].

Infolge der sog. „Herstatt-Krise" wurde, nachdem die Einführung einer gesetzlich vorgeschriebenen Einlagensicherung wieder verworfen worden war, im Jahre 1976 auf eine Eigeninitiative der privaten Banken hin der Einlagensicherungsfonds der privaten Banken geschaffen[304], bei dem es sich um ein unselbständiges Sondervermögen des Bundesverbandes deutscher Banken handelt[305]. Parallel dazu wurden auch die Sicherungssysteme der Volks- und

[301] Vgl. *Fischer* in Schimansky/Bunte/Lwowski, § 133 Rn. 24 ff.; *Weber* in Hellner/Steuer, Abschnitt 1/609 ff.; Steuer in WM 1998, 2449 ff..

[302] Geschützt waren nur Kundenguthaben von zunächst maximal DM 10.000,00 und später von maximal DM 20.000,00.

[303] *Fischer* in Schimansky/Bunte/Lwowski, § 133 Rn. 27.

[304] Vgl. Ziffer 20 der AGB-Banken: „Die Bank ist dem Einlagensicherungsfonds des Bundesverbandes deutscher Banken e.V. angeschlossen."

[305] *Bunte* in Schimansky/Bunte/Lwowski, § 25 Rn. 7.

Raiffeisenbanken sowie der Sparkassen und Landesbanken/Girozentralen[306] wesentlich ausgebaut. Aufgrund verschiedener Änderungen der aufsichtsrechtlichen Rahmenbedingungen waren bald praktisch alle Kreditinstitute in Deutschland einer der Sicherungseinrichtungen angeschlossen[307]. Das ausgefeilte Konzept des An- und Einlegerschutzes hat sich dann auch in der Praxis mehrfach bewährt[308].

1.3.2 Heutiger Stand der Einlagensicherung

Infolge der Europäischen Richtlinie über Einlagensicherungssysteme[309] ist für die Einlagensicherung in Deutschland inzwischen durch das Einlagensicherungs- und Anlegerentschädigungsgesetz[310] auch eine allgemeine gesetzliche Grundlage geschaffen worden[311]. Danach gibt es heute in Deutschland verschiedene Sicherungseinrichtungen für die verschiedenen Institutsgruppen, die allesamt bei der Kreditanstalt für Wiederaufbau (KfW) als nicht rechtsfähige Sondervermögen des Bundes organisiert sind (vgl. § 6 Abs. 1 EAG). Die Mitglieder einer institutssichernden Einrichtung (Sicherungseinrichtung der regionalen Sparkassen- und Giroverbände bzw. Sicherungseinrichtung des Bundesverbandes der deutschen Volksbanken und Raiffeisenbanken) sind freilich von ihrer Pflichtmitgliedschaft in einer gesetzlichen Entschädigungseinrichtung befreit (§ 12 Abs. 1 EAG). Somit haben die gesetzlichen Sicherungseinrichtungen praktische Bedeutung nur hinsichtlich der privaten Banken und der Institute des Bundesverbandes öffentlicher Banken.

1.3.2.1 Private Banken

Bei den privaten Banken hat die gesetzliche Neureglung zu einer „Zweiteilung" der Einlagensicherung geführt[312]:

- Zunächst besteht eine „Basisdeckung" entsprechend dem in der Richtlinie vorgegebenen Standard, die von allen Instituten zu gewährleisten

[306] Vgl. Ziffer 28 der AGB-Sparkassen: „Die Sparkasse ist dem Einlagensicherungssystem der Sparkassenorganisation angeschlossen. Außerdem haftet für alle Verbindlichkeiten der Sparkasse ihr Gewährträger unbeschränkt."

[307] Vgl. Fischer/Klanten, Rn. 1.86.

[308] So z.B. beim Zusammenbruch des Bankhauses Schröder, Münchmeyer, Hengst & Co. im Jahre 1983 oder beim Zusammenbruch der Fischer-Bank im Jahre 1995.

[309] Richtlinie Nr. 94/19/EWG der Kommission vom 30.05.1994, ABIEG. L 135, S. 5.

[310] Einlagensicherungs- und Anlegerentschädigungsgesetz als Art. 1 des Gesetzes zur Umsetzung der EG-Einlagensicherungsrichtlinie und der EG-Anlegerentschädigungsrichtlinie vom 16.07.1998 (BGBl. I 1998, 1842).

[311] Die Bundesrepublik hatte die Richtlinie allerdings nicht fristgemäß bis zum 30.06.1995 umgesetzt, sondern hiergegen eine Nichtigkeitsklage beim EuGH angestrengt. Nach Klageabweisung (EuGH, Urteil vom 13.05.1997 – Rs. C-233/94, WM 1997, 1838) erfolgte die verspätete Umsetzung.

[312] Vgl. Dreher in ZIP 1998, 1780 f.; Kümpel, Rn. 2.546 f.; Steuer in WM 1998, 2449, 2454 f..

ist. Zwischen den angeschlossenen Instituten und der Entschädigungseinrichtung besteht ein öffentlich-rechtliches Rechtsverhältnis, da diese einen öffentlichen Auftrag ausführt und aufgrund einer Rechtsverordnung des Bundesministers der Finanzen als Beliehene handelt[313].

- Darüber hinaus bleibt der bereits bisher vom Einlagensicherungsfonds des Bundesverbands deutscher Banken e.V. gewährleistete Einlagenschutz als „Anschlussdeckung" weiter fortbestehen. Der Einlagensicherungsfonds unterliegt aber nicht den gesetzlichen Bestimmungen des EAG. Ein formaler Rechtsanspruch des Einlegers gegen den Einlagensicherungsfonds besteht nicht[314].

Im Entschädigungsfall erfolgt eine Entschädigung der Einleger zunächst in voller Höhe durch den Einlagensicherungsfonds, der sich den von der Entschädigungseinrichtung deutscher Banken GmbH zu tragenden Anteil erstatten lässt.

1.3.2.2 Institute des Bundesverbandes öffentlicher Banken

Auch bei den Instituten des Bundesverbandes öffentlicher Banken gibt es eine „zweigeteilte" Einlagensicherung:

- Zunächst besteht eine „Basisdeckung" durch eine Tochtergesellschaft des Bundesverbandes öffentlicher Banken e.V. (VöB).

- Darüber hinaus besteht eine „Anschlussdeckung" durch den seit 1974 bestehenden Einlagensicherungsfonds des Bundesverbandes öffentlicher Banken e.V. (VöB). Die Kundeneinlagen sind hierdurch unbegrenzt gesichert, wenngleich auch hier kein direkter Anspruch des Einlegers auf Zahlungen des Einlagensicherungsfonds besteht[315].

1.3.2.3 Sparkassen/Landesbanken

Im Bereich der Sparkassenorganisation gibt es heute einerseits die Sparkassenstützungsfonds als rechtlich unselbständige Teile des Vermögens der regionalen Sparkassen- und Giroverbände und andererseits die Sicherungsreserve für die Landesbanken/Girozentralen (einschließlich der Landesbank Berlin) beim Deutschen Sparkassen- und Giroverband[316].

---

313 Fischer/Klanten, Rn. 1.103.

314 Steuer in WM 1998, 2449.

315 Steuer, a.a.O., 2449, 2455.

316 Vgl. *Fischer* in Schimansky/Bunte/Lwowski, § 133 Rn. 42, 46.

Die Sparkassen-Stützungsfonds begründen freilich – wie die bereits dargestellte „Anschlussdeckung" – keine direkten Ansprüche der Einleger, sondern dienen vielmehr unmittelbar nur der Sicherung ihrer Mitgliedssparkassen[317].

Hinzu kommen ein übergreifender Finanzausgleich zwischen den regionalen Sparkassenunterstützungsfonds und ein Haftungsverbund zwischen den Sparkassenunterstützungsfonds und der Sicherungsreserve der Landesbanken/Girozentralen[318].

1.3.2.4 Genossenschaftsbanken

Für die Einleger von Kreditgenossenschaften besteht Einlegerschutz durch den beim Bundesverband der Deutschen Volksbanken und Raiffeisenbanken (BVR) errichteten Garantiefonds, dem neben den Volks- und Raiffeisenbanken u.a. die Zentralinstitute der Kreditgenossenschaften (einschließlich der DG-Bank AG) angeschlossen sind[319].

Daneben besteht zwischen allen an diesem Garantiefonds beteiligten Instituten ein zusätzlicher Haftungsverbund[320].

1.3.3 Mittelaufbringung für die Sicherungseinrichtungen

Grundsätzlich sind die Mittel für die Durchführung der Entschädigungsleistungen durch jährliche Beitragszahlungen der angeschlossenen Institute zu decken. Für den Bereich der privaten Banken wurde dabei hinsichtlich der Erstmittelausstattung ihrer Sicherungseinrichtung insoweit eine Ausnahme gemacht, als diese allein durch eine Mittelübertragung aus dem Vermögen des Einlagensicherungsfonds dargestellt wurde (vgl. § 19 Abs. 1 Satz 4 EAG).

Ein grundlegender Unterschied zwischen den privaten Banken und den Sparkassen besteht hinsichtlich der Grundlagen für die Berechnung der Beiträge zu den Sicherungssystemen: während bei ersteren grundsätzlich von der Passivposition „Verbindlichkeiten gegenüber Kunden" auszugehen ist, knüpft bei den Sparkassen die Beitragshöhe grundsätzlich an die Aktivposition „Forderungen an Kunden an"[321].

---

[317] Vgl. Immenga/Rudo, S. 39.

[318] Steuer in WM 1998, 2449, 2455.

[319] Vgl. Fischer/Klanten, Rn. 1.124.

[320] Steuer in WM 1998, 2449, 2449.

[321] Vgl. *Fischer* in Schimansky/Bunte/Lwowski, § 133 Rn. 45.

1.3.4 Struktur der Sicherungssysteme

Im Hinblick auf die Ausgestaltung der Sicherungseinrichtungen ist zwischen zwei Grundstrukturen zu unterscheiden, nämlich dem System der Einlagensicherung einerseits und dem System der Institutssicherung andererseits[322].

Bei der Einlagensicherung, die von den privaten Banken verwendet wird, gibt es einen unmittelbaren Schutz der Kunden, denen ein direkter Anspruch gegen den Einlagensicherungsfonds des Bundesverbandes deutscher Banken bis zu einer bestimmten Höhe ihrer Forderung gegen das insolvente Kreditinstitut zusteht. Die Institutssicherung hingegen, die von den Sparkassen und den Genossenschaftsbanken praktiziert wird, bewirkt nur einen mittelbaren Schutz der Anleger, hier steht die Fortführung des angeschlagenen Kreditinstituts im Vordergrund, freilich mit dem Ziel, dessen Zahlungsfähigkeit gegenüber seinen Kunden zu erhalten. Beiden Arten von Sicherungssystemen ist jedoch gemeinsam, dass in bestimmten Fällen auch das Hinwirken auf Hilfsmaßnahmen durch Dritte (z.B. durch Zahlungen, Gewährleistungen oder Fusionen) eine zulässige Maßnahme darstellt.

1.3.5 Zwischenergebnis

Festzuhalten bleibt damit zunächst, dass in Deutschland trotz der unterschiedlichen Ausgestaltung der Sicherungssysteme für die Kunden aller Institutsgruppen ein von seinem wirtschaftlichen Umfang her im wesentlichen vergleichbarer Einlagenschutz besteht.

Auch wenn daher die praktische Relevanz von Anstaltslast und Gewährträgerhaftung als relativ gering anzusehen ist, spricht dies allenfalls dafür, dass die beiden Institute vielleicht sogar verzichtbar sind, da der tatsächliche Vorteil dieser Finanzierungsgarantien bestehen bleibt. Trotz der Tatsache, dass wegen der inzwischen eher mäßigen finanziellen Lage der öffentlichen Hand in Deutschland die Werthaltigkeit von Anstaltslast und Gewährträgerhaftung durchaus kritisch zu sehen ist[323], allein der Umstand, dass die beiden Institute nur bestimmten Arten von Unternehmen zukommen, begründet bereits den Tatbestand eines „Sondervorteils". Als von ihrem Umfang her mit einer Garantie vergleichbare Haftungszusagen, die eine Zahlungsunfähigkeit der von ihnen begünstigten Unternehmen praktisch ausschließt, stellen Anstaltslast und Gewährträgerhaftung eine von der öffentlichen Hand gewährte „Zuwendung eines wirtschaftlichen Vorteils" für die öffentlich-rechtlichen Kreditinstitu-

---

322 Vgl. Kümpel, Rn. 2.539 ff.; *Fischer* in Schimansky/Bunte/Lwowski, § 133 Rn. 32.

323 Vgl. Schroeder in ZHR 161 (1997), 827.

te dar, die grundsätzlich als „Begünstigung" im Sinne des Beihilfebegriffs anzusehen ist[324].

1.4 Tatsächlicher Vorteil durch Credit-Rating

Die Schwierigkeit der beihilferechtlichen Bewertung von Anstaltslast und Gewährträgerhaftung liegt vornehmlich darin, dass der tatsächlich durch sie vermittelte Vorteil in der Praxis nur sehr schwer zu ermitteln ist. Hierin kommt das allen Beihilfeprüfungen immanente Problem zum Ausdruck, dass die Vorteilsberechnung einerseits aufgrund der erforderlichen finanzwirtschaftlichen und finanzmathematischen Untersuchungen äußerst komplex ist und erhebliche Spielräume für unterschiedliche Wertungen eröffnet, und dass hier andererseits unternehmerische Entscheidungen bewertet werden müssen, die sich eigentlich grundsätzlich einer (gerichtlichen) Prüfung entziehen[325]. Die allgemeine Feststellung, dass Anstaltslast und Gewährträgerhaftung für die jeweilige Anstalt die „wohltuende Wirkung" zeigen, „für die Dauer ihrer Tätigkeit die Förderung und Unterstützung ihres Trägers beanspruchen zu können"[326], sagt hierüber noch nichts aus. Bezweifelt werden darf insoweit, dass z.B. die Sparkassen aufgrund von Anstaltslast und Gewährträgerhaftung einen werbewirksamen Vorteil bei der Akquisition von Neukunden hätten, die besonderen Wert auf eine sichere Geldanlage legen würden[327], da dieser Aspekt in der heutigen Bankwerbung praktisch eine nur untergeordnete Rolle spielt. Im übrigen dürfte die Bonität der bekannten privaten Geschäftsbanken in weiten Bevölkerungskreisen nicht in Frage gestellt sein.

Wie bereits dargestellt, erfolgt die Feststellung von Beihilfen grundsätzlich anhand des sog. Private Investor Test. Nach der Praxis der Kommission sind insoweit Beihilfen für Kreditinstitute, die den Charakter von Kapitalzuführungen haben, regelmäßig anhand ihrer Auswirkungen auf die Geschäftstätigkeit im Lichte der Solvabilitätskriterien zu beurteilen[328]. Der Wert der Beihilfe bemisst sich somit danach, inwieweit durch die Beihilfemaßnahme der Bestand der risikogewichteten Aktiva (z.B. durch die Ausreichung von Darlehen) erhöht werden kann, ohne dass dies für das Institut mit entsprechenden Kosten verbunden ist.

Erhebliche Bedenken bestehen allerdings dagegen, das bereits dargestellte Kapitalmarktmodell deckungsgleich auf öffentliche Unternehmen zu übertragen. Begründet wird dies vor allem damit, dass Anstaltslast und Gewähr-

[324] Vgl. Mitteilung der Kommission über die Anwendung der Artikel 87 und 88 EG-Vertrag auf staatliche Beihilfen in Form von Haftungsverpflichtungen und Bürgschaften (2000/C 71/07), ABlEG C 71/14 vom 11.03.2000, S. 15.

[325] Vgl. Dreher in Gedächtnisschrift Knobbe-Keuk, S. 589, 592.

[326] Kruse in NVwZ 2000, 722.

[327] So Niemeyer/Hirsbrunner in EuZW 2000, 367.

[328] Vgl. Kommission, Entscheidung vom 10.11.1999 (AZ: 2000/600/EG), ABlEG L 256 vom 10.10.2000, S. 39 (Banco di Sicilia u. Italcassa).

trägerhaftung eben gerade nicht die Qualität von Eigenkapital haben: weder wird dem begünstigten Kreditinstitut tatsächlich Eigenkapital zur Verfügung gestellt, noch wird beim Gewährträger in entsprechender Höhe Kapital gebunden. Hinzu kommt die den öffentlichen Unternehmen auferlegte Zweckbindung, die die alternativen Verwendungsmöglichkeiten für das im Unternehmen gebundene Kapital einschränken[329]. Schließlich ist die Berechnung des Wertes der staatlichen Einstandspflichten für diese Institute ist praktisch kaum durchführbar, da sie eine nahezu absolute Bonität vermitteln, die es auf dem privaten Markt gar nicht gibt[330]. Folglich wird man sich nur anhand von Maßstäben weiterhelfen können, die allenfalls mittelbar die vermittelten Vorteile zum Ausdruck bringen.

Insoweit wird vereinzelt der Vorwurf geäußert, dass die öffentlich-rechtlichen Kreditinstitute aufgrund der ihnen durch Anstaltslast und Gewährträgerhaftung vermittelten Vorteile in der Lage seien, ihren Kunden oftmals günstigere Konditionen anzubieten als ihre privaten Konkurrenten und somit anderen Instituten die wirtschaftliche Betätigung nicht unerheblich erschwerten. Nachzuweisen wäre insoweit jedoch der direkte Zusammenhang zwischen den den öffentlich-rechtlichen Kreditinstituten gewährten Sondervorteilen und den am Markt angebotenen günstigen Konditionen. Dies wäre nur durch eine genaue Aufschlüsselung der Konditionenkalkulationen möglich.

Außerdem wird von Seiten der privaten Banken in Deutschland seit längerem kritisiert, dass Anstaltslast und Gewährträgerhaftung dazu führten, dass die Landesbanken eine höhere Kreditwürdigkeit genießen, was sich dann in niedrigeren Refinanzierungskosten auswirken würde[331]. Nachdem sich die Kreditwürdigkeit am Kapitalmarkt insbesondere im Rating eines Instituts wiederspiegelt, ist daher zu untersuchen, inwieweit Anstaltslast und Gewährträgerhaftung diese Ratings beeinflussen und den Landesbanken tatsächlich einen Finanzierungsvorteil gegenüber anderen Kreditinstituten verschaffen.

1.4.1 Bedeutung und Grundlagen eines Rating

Der infolge der Liberalisierung und Deregulierung der nationalen und internationalen Kapitalmärkte[332] ständig steigende Bedarf nach Informationen über

---

[329] Zimmermann/Jöhnk in Kreditwesen 1999, 1052 ff.; die Verfasser schlagen deshalb für den Fall WestLB vor, als Eigenkapitalkosten für das in die WestLB in Form einer Sacheinlage eingebrachte kommunale Wohnbauvermögen der Wohnungsbauförderungsanstalt (WfA) die bislang von der WfA an ihren Eigentümer, das Bundesland Nordrhein-Westfalen ausgeschütteten Gewinne anzusetzen.

[330] Vgl. Koenig in EWS 1998, 152.

[331] Vgl. Schroeder in ZHR 161 (1997), 826.

[332] Z.B. durch die Aufhebung der staatlichen Genehmigungspflicht für Anleihen (früher §§ 795, 808a BGB) und die Einführung des EURO.

das Bonitätsrisiko hat gerade in jüngster Zeit dazu geführt, dass Ratings an immer größerer Bedeutung gewinnen[333].

Ratings stellen eine Bewertung der Bonität von Schuldnern, Wertpapieren und sonstigen Schuldtiteln zur Beurteilung der Wahrscheinlichkeit des Zahlungsverzugs bzw. Zahlungsausfalls dar[334]. Bei Kreditinstituten ist hier insbesondere die Wahrscheinlichkeit zu beurteilen, dass das Institut zur Erfüllung seiner Verpflichtungen auf die Unterstützung Dritter (Anteilseigner, Konzernverbund, staatliche Stellen) angewiesen sein wird. Wesentliche Vorteile eines Ratings sind deshalb für den Schuldner bzw. den Emittenten von Wertpapieren insbesondere die verbesserte Akzeptanz am Kapitalmarkt und die damit einhergehenden günstigere Finanzierungsmöglichkeiten. Dadurch, dass die Ratings einerseits die erwartete Eintrittswahrscheinlichkeit eines Zahlungsausfalls wiedergeben, andererseits aber auch die mögliche Schwere eines Zahlungsverzuges, sind sie von entscheidender Bedeutung für die Konditionen, zu denen eine Aufnahme von Fremdkapital am Kapitalmarkt möglich ist[335].

Marktführer unter den internationalen Ratingagenturen sind Moody's Investor Services (New York) und Standard & Poor's (New York)[336], die im Gegensatz zu einigen anderen Agenturen fast ausschließlich Fremdkapital-Ratings vergeben[337].

Die Vergabe eines Ratings, die nur auf konkreten Wunsch eines Schuldners bzw. eines Emittenten von Wertpapieren erfolgt und Gegenstand laufender Aktualisierungen durch die Rating-Agenturen ist, basiert in der Regel auf einer quantitativen und qualitativen Analyse dieses Schuldners bzw. Emittenten. Bei der qualitativen Analyse werden allgemein insbesondere die Wettbewerbsfähigkeit innerhalb der Branche, die Leistungsfähigkeit des Managements, die Wachstumsaussichten innerhalb der Branche, die Anfälligkeit für aufsichtsrechtliche Maßnahmen und im Bereich Banken zudem das Standing des Instituts untersucht. Bei Kreditinstituten sind darüber hinaus bankspezifische Faktoren von besonderer Bedeutung, wie z.B. die Diversifizierung der Geschäftstätigkeit, die gesamtwirtschaftliche Umgebung oder die Qualität der staatlichen Aufsicht und Überwachung.

---

[333] Vgl. Heinke/Steiner in Finanz Betrieb 2000, 1.

[334] Vgl. hierzu die Veröffentlichungen von Moody's Investors Service unter http://www.moodys.com und von Standard & Poor's Ratings Services unter http://www.standardandpoors.com.

[335] Vgl. Heinke/Steiner in Finanz Betrieb 2000, 138.

[336] Heinke/Steiner in Finanz Betrieb 2000, 8.

[337] Zu beachten ist dabei, dass sich die Ratings im wesentlichen dadurch unterscheiden, dass bei Standard & Poor's regelmäßig nur die Ausfallwahrscheinlichkeit quantifizieren, während Moody's auch eine Aussage über den bei einem Ausfall zu erwartenden Vermögensschaden zu treffen versucht.

1.4.2 Vorteil oder „Marktreflex"

Gegen eine Heranziehung der Ratings im Zusammenhang mit einer Beihilfenprüfung wird vereinzelt eingewandt, dass diese lediglich als eine Art „Reflexwirkung des Marktes" und nicht primär als Ausdruck einer gemeinschaftsrechtswidrigen Betätigung anzusehen wären[338]. Nachdem aber dem europarechtlichen Verständnis nicht ein finaler, sondern ein wirkungsbezogener Beihilfebegriff zugrunde zu legen ist[339], ist auch ein verbessertes Standing bzw. Rating grundsätzlich im Zusammenhang mit einer gewährten „Vergünstigung" als Beihilfe im Sinne des Art. 87 EG anzusehen[340]. Gerade in dem Rating wird nämlich der „innere Wert" der Vergünstigung erst deutlich sichtbar.

1.4.3 Tatsächliche Auswirkungen

Man wird daher wohl kaum bestreiten können, dass Anstaltslast und Gewährträgerhaftung grundsätzlich zu einem Bonitätsvorteil führen können, der sich insbesondere auf den internationalen Kapitalmärkten zeigt[341], da eine Insolvenz der öffentlich-rechtlichen Kreditinstitute durch diese beiden Rechtsinstitute praktisch ausgeschlossen wird[342].

Es darf hier jedoch nicht übersehen werden, dass die Mehrzahl der öffentlich-rechtlichen Kreditinstitute in Deutschland diesen Vorteil nur eingeschränkt nutzen kann: die Sparkassen nehmen die internationalen Kapitalmärkte regelmäßig kaum bis gar nicht in Anspruch, haben deshalb auch kein Rating und können sich daher insoweit eventuelle Bonitätsvorteile auch nicht zunutze machen. Vereinzelt wird jedoch gefordert, dass das den Landesbanken zugute kommende Credit-Rating im Wege eines sog. „spill-over" auch den mit ihnen im Verbund arbeitenden Sparkassen zuzurechnen sei[343]. Abgesehen davon, dass indirekt vermittelte Vorteile nur ganz ausnahmsweise als Beihilfe einzustufen sind[344], greift dieser Ansatz schon deswegen zu weit, da der durch das günstigere Credit-Rating vermittelte Vorteil primär den Landesbanken zugute kommt und daher beihilferechtlich schon auf dieser Ebene zu erfassen ist. Im übrigen ist zu bedenken, dass sich die meisten Sparkassen überwiegend aus Einlagen ihrer Kunden refinanzieren und daher nicht zwingend auf eine Mittelbereitstellung durch die Landesbanken angewiesen sind.

---

338 Vgl. Stern, S. 92.

339 Vgl. Habersack in ZHR 159 (1995), 672 f..

340 Vgl. Kahl in NVwZ 1996, 1084.

341 Vgl. Koenig/Sander in EuZW 1997, 363; Schmid/Vollmöller in NJW 1998, 717.

342 Vgl. BGH, Urteil vom 16.02.1984 – III ZR 196/82, WM 1984, 693; zur Konkursfähigkeit einer gemeinnützigen Anstalt des öffentlichen Rechts vgl. BVerwG, Urteil vom 15.01.1987 – 3 C 3/81, NJW 1987, 3019.

343 Vgl. Kruse in NVwZ 2000, 725; Niemeyer/Hirsbrunner in EuZW 2000, 367.

344 Vgl. EuGH, Urteil vom 19.09.2000 – C-156/98, ZIP 2000, 1738; kritisch hierzu Bartosch in ZIP 2000, 2010.

Die Landesbanken befanden sich, soweit sie überhaupt ein Rating beantragt haben, bei der von Standard & Poor's zum 01.03.2000 geführten Ratingskalierung in der Regel in einem Bereich von „AAA"[345] bis „AA"[346]. Auch andere öffentlich-rechtliche Kreditinstitute wie die Deutsche Ausgleichsbank, die Kreditanstalt für Wiederaufbau und die Landwirtschaftliche Rentenbank konnten ein „AAA"-Rating erzielen, während dies keiner der vier deutschen Großbanken gelang: die Deutsche Bank AG, die Dresdner Bank AG und die Commerzbank AG kamen jeweils auf ein „AA" und die Bayerische Hypo- und Vereinsbank AG erreichte sogar nur ein „A"[347]. Um zu verdeutlichen, dass die Vergabe eines „AAA" tatsächlich eine außergewöhnlich gute Bonität des Schuldners zum Ausdruck bringt, sei hier noch erwähnt, dass ein solches Rating regelmäßig nur an Staaten[348] bzw. Bundesländer[349] sowie an extrem finanzkräftige Unternehmen – insbesondere der Versicherungswirtschaft[350] – vergeben wird.

Allerdings hat vor allem die Entscheidung der Kommission in Sachen WestLB bereits zu einer kritischeren Betrachtung der Landesbanken bei den Rating-Agenturen geführt[351]. So finden sich hinsichtlich der Zukunftsaussichten immer häufiger Vermerke, die auf einen negative Entwicklung schließen lassen und die Sorge der Rating-Agenturen um nachteilige Veränderungen zum Ausdruck bringen[352]. Hieraus kann man deutlich ablesen, dass die öffentlich-rechtliche Organisationsstruktur in ihrer bisherigen Form tatsächlich ein starker Gradmesser für das Rating der Landesbanken gewesen sein muss. Ähnliches wird unter Heranziehung sog. „Stand Alone Ratings" erkennbar, bei denen ein hypothetischer Vergleich mit einer Situation ohne den Gewährträger angestellt wird, was aber freilich ein rein hypothetischer Ansatz bleibt[353].

Letztlich kann man damit feststellen, dass Anstaltslast und Gewährträgerhaftung eine höhere Kreditwürdigkeit der öffentlich-rechtlichen Kreditinstitute zur Folge haben, die sich in einem guten Rating und als Folge davon in niedrigeren Refinanzierungskosten auswirkt[354]. Somit werden hier durchaus auch tat-

---

345 Höchstes vergebenes Rating, die Fähigkeit des Schuldners, seine finanziellen Verpflichtungen zu erfüllen, ist außergewöhnlich gut.

346 Nur geringfügige Abstufung zu AAA, die Fähigkeit des Schuldners, seine finanziellen Verpflichtungen zu erfüllen, ist sehr gut.

347 Deutliche Abstufung zu AAA, die Fähigkeit des Schuldners, seine finanziellen Verpflichtungen zu erfüllen, ist jedoch nach wie vor gut.

348 Z.B. Bundesrepublik Deutschland, Republik Österreich, Schweizer Konfederation.

349 Z.B. Freistaat Bayern, Baden-Württemberg.

350 Z.B. Münchener Rückversicherung AG, Nestlé S.A., Novartis AG.

351 Vgl. „Bayern LB zeigt weiter Interesse an der Landesbank Hessen-Thüringen" in Handelsblatt Nr. 23 vom 02.02.2000, S. 24.

352 Z.B. Bayerische Landesbank AAA/negative, Landesbank Sachsen AA/negative, Westdeutsche Landesbank AA+/negative.

353 Vgl. dazu Immenga/Rudo, S. 97 f..

354 Vgl. Schroeder in ZHR 161 (1997), 826.

sächliche Auswirkungen der Gewährträgerschaft erkennbar. Hinzu kommt ein – praktisch allerdings überhaupt nicht messbarer – psychologischer Aspekt: die Marktteilnehmer gehen regelmäßig davon aus, dass für die Verbindlichkeiten der öffentlich-rechtlichen Kreditinstitute letztlich der Staat mit seinen umfangreichen finanziellen Ressourcen „geradesteht" und bringen diesen Instituten daher ein besonderes Vertrauen entgegen. Insoweit darf allerdings bezweifelt werden, ob die öffentliche Hand in Deutschland heute tatsächlich noch eine größere Kreditwürdigkeit genießt als z.B. Großbanken wie die Deutsche Bank AG, so dass dieser Aspekt wohl eher zu vernachlässigen sein dürfte.

1.4.4 Ermittlung des Beihilfewertes

Zur Ermittlung des „Beihilfewertes" von Anstaltslast und Gewährträgerhaftung ist das Subventionsäquivalent entsprechend den allgemeinen beihilferechtlichen Bestimmungen zu ermitteln. Aufgrund ihrer Ähnlichkeit mit einer Kreditbürgschaft erscheint die von der Kommission hierfür verwendete Berechnungsmethode am geeignetsten[355]:

- Das Subventionsäquivalent ergibt sich durch eine Multiplizierung des durch die Anstaltslast/Gewährträgerhaftung abgedeckten Betrages mit einem die Ausfallwahrscheinlichkeit ausdrückenden Risikofaktor. Die Anrechnung einer bereits entrichteten Prämie entfällt insoweit, da Anstaltslast und Gewährträgerhaftung nicht vergütet werden.

- Der anzuwendende Risikofaktor entspricht einem aufgrund allgemeiner Erfahrungen unter vergleichbaren Bedingungen für Ausfälle zugrunde zu legenden Wert.

- Nachdem es sich um eine dauerhafte Beihilfe handelt[356], hat eine Berechnung des Gegenwartswerts zu erfolgen. Dies erfolgt durch eine Abzinsung des Subventionsäquivalents anhand des Referenzzinssatzes, der grundsätzlich durch den Inter-Bank-Swap-Satz für Laufzeiten von fünf Jahren zuzüglich eines Aufschlags von 75 Basispunkten ermittelt wird[357].

---

355 Vgl. Mitteilung der Kommission über „de minimis"-Beihilfen, ABlEG 96/C 68 vom 06.03.1996, S. 10.

356 Vgl. Koenig/Sander in EuZW 1997, 364.

357 Vgl. Mitteilung der Kommission über die Methode zur Festsetzung der Referenz- und Abzinsungssätze, ABlEG 97/C 273 vom 09.09.1997, S. 3.

Die Kommission selbst hat diese Erstreckung auf Beihilfen in Form staatlicher Haftungsverpflichtungen erst kürzlich nochmals bestätigt und zur Berechnung der Beihilfenhöhe folgendes ausgeführt[358]:

> *Das Barzuschußäquivalent einer Kreditgarantie in einem bestimmten Jahr läßt sich auf verschiedene Weise berechnen:*
>
> - *genauso wie das Zuschußäquivalent eines zinsvergünstigten Darlehens; der Zinszuschuß macht dabei die Differenz zwischen dem Marktzins und dem Zins aus, der dank der staatlichen Garantie angewandt wird, nach Abzug etwaiger Prämienzahlungen;*
>
> - *als Differenz zwischen a) dem ausstehenden garantierten Betrag, multipliziert mit dem Risikofaktor (Ausfallwahrscheinlichkeit), und b) allen gezahlten Garantieprämien, d.h. (garantierter Betrag x Risiko) – Prämie;*
>
> - *mit Hilfe anderer sachlich gerechtfertigter und allgemein akzeptierter Verfahren.*

Insoweit gibt es Schätzungen, dass z.B. den Landesbanken aufgrund des guten Ratings die Kapitalaufnahme zu Zinssätzen möglich ist, die 25 bis 50 Basispunkte unter den Sätzen liegen, die von den großen Privatbanken zu entrichten sind, und dass z.B. die WestLB auf diese Weise dadurch jährlich rund DM 300 Mio. an Refinanzierungskosten einsparen kann[359].

2. Steuervergünstigungen

Die steuerbegünstigten Kreditinstitute lassen sich in drei große Gruppen einteilen: öffentlich-rechtliche Kreditanstalten des Bundes (Deutsche Bundesbank, Kreditanstalt für Wiederaufbau, Deutsche Ausgleichsbank und Landwirtschaftliche Rentenbank), öffentlich-rechtliche Förderinstitute der Länder (z.B. Bayerische Landesanstalt für Aufbaufinanzierung, Investitionsbank Schleswig-Holstein – Zentralbereich der Landesbank Schleswig-Holstein Girozentrale) und privatrechtlich organisierte Förderinstitute der Länder (z.B. Sächsische Aufbaubank GmbH, Saarländische Investitionskreditbank AG).

Die allen diesen Instituten gewährten Steuervergünstigungen gehen im wesentlichen auf die von einer Bankenenquete der Bundesregierung im Rah-

[358] Vgl. Mitteilung der Kommission über die Anwendung der Artikel 87 und 88 EG-Vertrag auf staatliche Beihilfen in Form von Haftungsverpflichtungen und Bürgschaften, ABlEG C 71 vom 11.03.2000, S. 15.

[359] Vgl. Koenig in EWS 1998, 149.

men des Haushaltsstrukturgesetzes vom 18.12.1975 dargestellten Erwägungen zurück und basieren auf der Annahme, dass die begünstigten Kreditinstitute

1. einen bestimmten öffentlichen Auftrag erfüllen und

2. allenfalls in geringem Maße im Wettbewerbsbereich tätig sind, so dass keine Konkurrenz zu anderen Kreditinstituten besteht[360].

Dies bedeutet allerdings auch, dass die Steuervergünstigungen nur insoweit gerechtfertigt sind, als sie zur Verwirklichung eines öffentlichen Auftrags erforderlich sind[361]. Auch aus beihilferechtlicher Sicht muss sichergestellt sein, dass die Steuervergünstigungen sich allein auf eine gemeinwohlorientierte Tätigkeiten beziehen und ein Einfluss auf wettbewerbsorientierte Tätigkeiten ausgeschlossen ist[362]. Entfällt der öffentliche Auftrag, so sind die Steuervergünstigungen nicht nur aus beihilferechtlicher Sicht bedenklich, vielmehr sind sie dann auch nicht mehr vom historischen Willen des Gesetzgebers gedeckt, so dass dann nichts mehr gegen eine Abschaffung der Sondervorschriften spricht. Eine für den Wegfall der öffentlichen Aufgabe bzw. ein Tätigwerden im Wettbewerb zu anderen Kreditinstituten eintretende partielle Steuerpflicht ist hingegen nicht vorgesehen[363].

Wie bereits dargestellt[364] sind für die Zwecke des europäischen Beihilferechts Steuervergünstigungen grundsätzlich als „Sondervorteil" anzusehen, der die Voraussetzungen einer Beihilfe erfüllen kann. Die Spür- bzw. Messbarkeit dieses Vorteils dürfte insoweit außer Frage stehen, denn schon bei einem zu versteuernden Einkommen von DM 1 Mio. ergibt sich allein hinsichtlich der Körperschaftsteuer, selbst bei Unterstellung eines zukünftigen Körperschaftsteuer-Satzes von lediglich 25%[365], ein jährlicher Steuervorteil von DM 250.000,00.

3. Zwischenergebnis

Beihilferechtlich relevante Sondervorteile der untersuchten Kreditinstitute bestehen damit insoweit, als

---

360 Vgl. dazu im einzelnen *Frotscher* in Frotscher/Maas, § 5 KStG Rn. 5; Dötsch/Eversberg/Jost/Witt, § 5 Rn. 3 ff.; *Bott* in Arthur Andersen, § 5 Rn. 34 ff.; *Güroff* in Glanegger/Güroff, § 3 Rn. 8 f.; Lenski/Steinberg, § 3 Rn. 11; Gürsching/Stenger, Vermögensteuergesetz, § 3 VStG Rn. 108 ff..

361 Vgl. Bankenenquete, BT-DrS. V/3500, 104.

362 Vgl. Kommission, Entscheidung vom 08.07.1999, AZ: K (1999), 2265, ABlEG L 150 vom 23.06.2000, S. 35

363 Vgl. *Bott* in Arthur Andersen, § 5 KStG Rn. 37.

364 Vgl. Fn. 130.

365 Vgl. § 23 Abs. 1 KStG in der Form des Gesetzes zur Senkung der Steuersätze und zur Reform der Unternehmensbesteuerung (Steuersenkungsgesetz/StSenkG).

- Sparkassen und Landesbanken die Institute der Anstaltslast und Gewährträgerhaftung zur Verfügung stehen (der Vorteil der Mündelsicherheit ist – wie bereits dargestellt – insoweit zu vernachlässigen);

- der Kreditanstalt für Wiederaufbau und der Deutschen Ausgleichsbank die Anstaltslast und die „partielle Gewährträgerhaftung", eine teilweise Besserstellung für die Zwecke des KWG sowie die genannten Steuervergünstigungen eingeräumt sind;

- der Landwirtschaftlichen Rentenbank die genannten Steuervergünstigungen zukommen; und

- den Förderinstituten der Bundesländer zumindest die Anstaltslast zur Verfügung steht und diese darüber hinaus in den Genuß der genannten Steuervergünstigungen kommen.

Da diese Sondervorteile nur zugunsten bestimmter Marktteilnehmer gelten, sind sie auch grundsätzlich geeignet, den begünstigten Kreditinstituten einen wettbewerbsverfälschenden Vorteil verschaffen, da sie auf gesetzlichen Sonderregelungen beruhen, die nicht zugunsten aller Marktteilnehmer gelten. Hauptproblem ist insoweit jedoch die schwere Messbarkeit der durch Anstaltslast und Gewährträgerhaftung tatsächlich vermittelten Vorteile. Hinsichtlich der Landesbanken und der öffentlich-rechtlichen Kreditinstitute mit Sonderaufgaben kann, insbesondere im Hinblick auf die sich durch ein verbessertes Rating ergebenden Refinanzierungsvorteile, ein tatsächlicher Wert zumindest festgestellt werden. Hinsichtlich der Sparkassen dagegen – große Sparkassen einmal ausgenommen – versagt dieses Bewertungskriterium jedoch grundsätzlich.

Bei den Sparkassen könnte die Feststellung des die „Verfälschung des Wettbewerbs" ausmachenden tatsächlichen Vorteils daher allenfalls in engem Zusammenhang mit einem anderen Tatbestandsmerkmal des Art. 87 Abs. 1 EG ermittelt werden, nämlich der Frage nach einer „Beeinträchtigung des innergemeinschaftlichen Handels". Beide Kriterien sind zwar grundsätzlich völlig unabhängig voneinander zu betrachten, führen hier aber letztlich zu der gleichen Fragestellung: gibt es andere Marktteilnehmer, die als Vergleichsmaßstab herangezogen werden können? Diese Fragestellung ist einerseits in Verbindung zum Vorliegen einer tatsächlichen Begünstigung zu sehen, da eine solche mangels eines Auftretens der Sparkassen an den Kapitalmärkten allenfalls in einer „Subventionierung von Konditionen" gesehen werden und eine solche wiederum nur im Vergleich zu den Konditionen von anderen auf dem gleichen Markt tätigen Instituten ermittelt werden kann. Andererseits ist die Frage insoweit von grundsätzlicher Bedeutung, als sie Auskunft darüber gibt, ob anderen Instituten überhaupt die Möglichkeit eines Marktzutritts erschwert wird, denn sollte dies nicht der Fall sein, dann fehlte es auch an einer

„Beeinträchtigung des innergemeinschaftlichen Handels" im Sinne von Art. 87 EG.

Insoweit ist zunächst festzustellen, dass nach Ansicht der Kommission die Tatsache, dass ein Vorteil nur an lokal tätige Kreditinstitute gewährt wird, grundsätzlich einer Einstufung der Maßnahme als „Beihilfe" nicht entgegensteht, da auch hierdurch der Eintritt von anderen Teilnehmern in diesen abgrenzbaren Markt erschwert und damit die Gefahr einer Wettbewerbsverfälschung heraufbeschworen wird[366]. Dies kann es jedoch nicht ausschließen, dass aufgrund besonderer Umstände in Einzelfällen gleichwohl eine Beeinträchtigung des innergemeinschaftlichen Handels ausgeschlossen ist. Für die Wettbewerbssituation der Sparkassen ist insoweit festzustellen, zumindest in der breiten Fläche ein nennenswerter „Konkurrenzkampf" zwischen den öffentlich-rechtlichen und den privatrechtlich organisierten Kreditinstituten nicht festzustellen ist, da letztere hier gar keine Aktivitäten entfalten. Freilich ist durch diese Feststellung allein eine „Beeinträchtigung des innergemeinschaftlichen Handels" noch nicht auszuschließen, da die fehlende Tätigkeit der privatrechtlich-organisierten Kreditinstitute auch gerade durch die ungünstigeren Wettbewerbsvoraussetzungen bedingt sein könnte. Endgültige Gewissheit hinsichtlich der Feststellung, ob sich die privaten Kreditinstitute lediglich aus allgemeinen geschäftspolitischen Gründen oder aufgrund von ungünstigeren Wettbewerbsvoraussetzungen von gewissen Märkten fernhalten, bedürften wohl einer entsprechenden Marktuntersuchung. Es ist jedoch ein offenes Geheimnis, dass die großen privaten Banken das breite Massengeschäft (insbesondere im Zahlungsverkehr und Wertpapierhandel mit kleinen Privatkunden) ganz bewusst meiden, da sie ihre bevorzugten Tätigkeiten eher „lukrativen" Bereichen wie der Vermögensverwaltung sehen.

Diese These kann zwar bislang nicht durch eine entsprechende bundesweite Untersuchung belegt werden, aufschlussreich ist insoweit jedoch ein Blick über die deutschen Grenzen hinaus nach Großbritannien, wo der Wettbewerb im Bankwesen kürzlich Gegenstand einer von der britischen Regierung in Auftrag gegebenen Untersuchung des unabhängigen Gutachters Don Cruickshank war. Der Anfang des Jahres 2000 veröffentlichte Abschlussbericht dieser Untersuchung[367] kommt zu dem Ergebnis, dass in Großbritannien der Markt an Finanzdienstleistungen im wesentlichen nur von vier großen Kreditinstituten[368] beherrscht wird, während es kleinere flächendeckende Institute bzw. Institutsgruppen gerade nicht gibt. Dieses Ergebnis kann zwar nicht deckungsgleich auf die deutschen Verhältnisse übertragen werden, ist aber zumindest ein Indiz dafür, wie sich die privaten Kreditinstitute auf einem Markt verhalten würden, auf dem es keine Sparkassen gäbe. Aus diesen Gründen dürfte der den Sparkassen durch Anstaltslast und Gewährträgerhaftung vermittelte Vor-

366 Vgl. Kommission, Entscheidung vom 10.11.1999 (AZ: K(1999), 3865), ABlEG L 256 vom 10.10.2000, S. 35 (Banco di Sicilia u. Sicilcassa).

367 "Competition in UK Banking – A Report to the Chancellor of the Exchequer", ISBN 0 11 560075 2 (im folgenden: Cruickshank-Report).

368 Lloyds TSB, NatWest (kürzlich fusioniert mit der Royal Bank of Scotland), Barclays und HSBC.

teil nicht zu einer „Beeinträchtigung des innergemeinschaftlichen Handels" führen, eine gewisse Relevanz könnte insoweit allenfalls hinsichtlich einer möglichen grenzüberschreitenden Tätigkeit von kleineren Instituten aus dem ausländischen Grenzbereich gegeben sein[369].

Bei der Postbank und der DSL Bank sind grundsätzlich keine beihilferechtlich relevanten Sondervorteile erkennbar, wobei die noch bestehende Ausfallhaftung des Bundes für die Altverbindlichkeiten wegen ihres Auslaufens zu vernachlässigen ist. Gleichwohl ist auch die Tätigkeit dieser Unternehmen am Gemeinsamen Markt aufgrund ihrer „besonderen" Gesellschafterstruktur durchaus kritisch zu beobachten und – wie noch zu zeigen sein wird – ebenfalls gewissen Einschränkungen zu unterwerfen.

VI. VORTEILSKOMPENSATION

Aus der bereits dargestellten Rechtsprechung und Literatur zum Beihilfenbegriff folgt, dass eine Kompensation der durch die öffentliche Hand gewährten Sondervorteile nur dadurch bewirkt werden kann, dass von den begünstigten Kreditinstituten auch eine angemessene Gegenleistung (z.B. in Form einer Vergütung) vereinbart und tatsächlich entrichtet wird.

An einer solchen expliziten Gegenleistung „in Geld" fehlt es aber sowohl hinsichtlich der Finanzierungsgarantien Anstaltslast und Gewährträgerhaftung als auch hinsichtlich der erwähnten Steuervorteile, so dass schon aus diesem Grund vieles für das Vorliegen einer Beihilfe im Sinne des Art. 87 Abs. 1 EG spricht. Allerdings wird man in diesem Zusammenhang auch zu untersuchen haben, ob die „Sondervorteile" nicht durch die Übernahme besonderer Verpflichtungen (z.B. Pflicht zur Führung von Girokonten für jedermann) „vergütet" werden.

Insoweit wird zwar teilweise die Argumentation vertreten, dass auch ein als Nachteilsausgleich für die Erfüllung öffentlicher Aufgaben gewährter Vorteil grundsätzlich als Beihilfe anzusehen sei[370], diese Auffassung ist jedoch zu pauschal und würde wiederum zu einer grundsätzlichen Benachteiligung der öffentlichen Unternehmen im Markt führen[371]. Man wird daher zu folgendem Ergebnis kommen müssen: die Erfüllung öffentlicher Aufgaben kann zulässigerweise durch die öffentliche Hand vergütet werden, aber nur wenn der gewährte Ausgleich auch als angemessen anzusehen ist. Diese Lösung findet auch in den Aussagen der Kommission eine Stütze[372]:

---

[369] Vgl. Niemeyer/Hirsbrunner in EuZW 2000, 365; Kruse in NVwZ 2000, 726.

[370] Vgl. König in EuZW 1995, 599.

[371] Scherer/Schödermeier (in ZBB 1996, 169) sprechen insoweit davon, dass die öffentlichen Unternehmen dann als „lame ducks" in den Wettbewerb geschickt würden.

[372] Vgl. Mitteilung der Kommission an die Mitgliedstaaten, ABlEG C 307 vom 13.11.1993, S. 11 f..

Von öffentlichen Unternehmen wird manchmal die Erfüllung von nicht kommerziellen Aufgaben ... erwartet. ... Diese nicht kommerziellen Ziele/Aufgaben (d.h. soziale öffentliche Güter) sind mit kosten verbunden, die letztlich vom Staat ... aufgebracht werden müssen. Diese Unterstützung der Versorgung mit öffentlichen Leistungen kann unter gewissen Umständen den Wettbewerb verzerren. Öffentliche Unternehmen sind durch die ihnen auferlegte Verpflichtung zur Bereitstellung von öffentlichen Leistungen jedoch von den Wettbewerbsregeln nicht ausgenommen, es sei denn, dass eine der Ausnahmen des Vertrages anwendbar sei.

1. Erfüllung eines öffentlichen Auftrags

Die öffentlich-rechtlichen Kreditinstitute verweisen zur Abwehr der Beihilfevorwürfe oftmals darauf, dass sie als „Gegenleistung" einen öffentlichen Auftrag zu erfüllen hätten. Diesem öffentlichen Auftrag kommt dabei aufgrund der Systematik der Beihilfevorschriften gleich in zweierlei Hinsicht Bedeutung zu: zum einen kann er als Leistungsäquivalent das Vorliegen einer Beihilfe ausschließen, daneben kann er aber auch die Anwendbarkeit der Ausnahmevorschrift des Art. 86 Abs. 2 EG auslösen und so den Private-Investor-Test einschränken[373]. Dies setzt freilich voraus, dass die übernommenen besonderen Verpflichtungen auch im Einklang mit der europäischen Wirtschafts- und Wettbewerbsordnung stehen, denn was nicht mit den Bestimmungen des EG-Vertrages konform ist, kann auch nicht als öffentlicher Auftrag anerkannt werden.

1.1 Feststellung eines öffentlichen Auftrages

Ganz allgemein kann man die Voraussetzungen für das Vorliegen eines öffentlichen Auftrages wie folgt umschreiben: es muss ein anerkennenswertes öffentliches Bedürfnis vorliegen, das nicht anderweitig in angemessener Weise zu erfüllen ist. Die öffentliche Hand muss überall dort mit Duldung des Gemeinschaftsrechts eingreifen können, wo sich freier Markt und Wettbewerb sich als unfähig erweisen, die für eine Dienstleistung in Anbetracht ihrer allgemeinen wirtschaftlichen Bedeutung erforderliche Versorgungsqualität zu gewährleisten, und es daher eines „gemeinwirtschaftlichen Sonderrechtsbereichs" bedarf[374]. Kann hingegen die erforderliche Grundversorgung durch die im Wettbewerb stehenden Unternehmen sichergestellt werden, so handelt es sich um einen reinen „Wettbewerbsbereich", der entsprechend den Zielsetzungen des EG-Vertrages grundsätzlich von staatlicher Einflussnahme freizuhalten ist.

---

[373] Vgl. Bartosch in EuZW 1999, 178.

[374] Vgl. Britz in DVBl 2000, 1641 f..

Ein öffentlicher Auftrag kann grundsätzlich anhand gewisser Indikatoren festgestellt werden und muss bei der Ermittlung der Rentabilität der öffentlich-rechtlichen Kreditinstitute als ein über das jeweilige Institut hinausreichender „Externer Effekt" in die Ermittlung des „Output" mit einbezogen werden (siehe hierzu die folgende Übersicht „Output-Indikatoren")[375].

ÜBERSICHT: OUTPUT-INDIKATOREN

INDIKATOR	OUTPUT
Umfang der Spareinlagen	Förderung des Sparens und der Vermögensbildung
Umfang der Kredite für regionale Firmen	Förderung der örtlichen Wirtschaftskraft
Umfang der Kredite an regionale Gebietskörperschaften	Kreditversorgung der öffentlichen Hand
Umfang der Risikogeschäfte	Ermöglichung einer sicheren Geldanlage
Anzahl der Zweigstellen	breite bankwirtschaftliche Versorgung

Für die untersuchten Kreditinstitute liegt ein solcher öffentlicher Auftrag größtenteils durchaus vor, da hier eine „Betrauung" mit Sonderrechten gegeben ist, die nicht auf der Grundlage von objektiven Kriterien vergeben werden[376]:

- für die Sparkassen insoweit, als sie die Versorgung der Bevölkerung (als Teil der öffentlichen Daseinsvorsorge) insbesondere dort sicherstellen, wo sie die privaten Banken aus Rentabilitätsgründen nicht mehr erbringen (können); dieser Auftrag äußert sich insbesondere in den bereits dargestellten besonderen öffentlich-rechtlichen Bindungen;

- für die Landesbanken insoweit, als sie die Sparkassen als Sparkassenzentralbank bei der Erfüllung ihres öffentlichen Auftrages unterstützen;

[375] Vgl. Westermann in Sparkasse 2000, 202.
[376] Vgl. Bartosch in EuZW 1999, 179.

- für die Kreditanstalt für Wiederaufbau, die Deutsche Ausgleichsbank, die Landwirtschaftliche Rentenbank und die Förderinstitute der Bundesländer in ihren „Förderbereichen", allerdings nur insoweit, als durch die Fördertätigkeit nicht gegen die europäischen Wettbewerbsregeln verstoßen wird.

Bei den letztgenannten Instituten liegt ein nicht unerhebliches „Missbrauchspotential" insbesondere im Bereich der Wirtschaftsförderung und darüber hinaus – bei der Landwirtschaftlichen Rentenbank – im Bereich der Förderung der Landwirtschaft. Gerade auch der letztgenannte Bereich gehört nämlich zu einem der Schwerpunkte der Gemeinschaftstätigkeit (vgl. Art. 3 Abs. 1 lit. e EG) und sollte daher grundsätzlich von nationalen Einwirkungen auf das Marktgeschehen freigehalten werden. Dennoch kann man den Instituten sicher nicht pauschal ihren öffentlichen Auftrag absprechen, vielmehr wird man im Rahmen einer Einzelfallprüfung festzustellen haben, ob die angebotenen Dienstleistungen im Einklang mit den Bestimmungen des EG-Vertrages stehen. Für die Postbank liegt indessen kein öffentlicher Auftrag mehr vor, sie unterliegt im Hinblick auf ihre Geschäftstätigkeit keinen gesetzlichen Vorgaben mehr und betätigt sich somit als „gewöhnliche" Geschäftsbank.

1.2 Fortdauern dieses öffentlichen Auftrages

In der juristischen Literatur wird vielfach bezweifelt, dass Sparkassen und Landesbanken wegen der gewandelten Situation im Bankgewerbe überhaupt noch Leistungen der Daseinsvorsorge erbrächten: insbesondere wegen der ständig wachsenden Bedeutung von Telefon- und Internet-Banking sei die Bundesrepublik Deutschland im europäischen Vergleich doch ohnehin bereits „overbanked" und diese Institute damit verzichtbar[377]. Dem ist jedoch bereits entgegenzuhalten, dass diese Arten der Erbringung von Bankdienstleistungen zwar grundsätzlich gleichgesetzt werden können mit „herkömmlichem" Bankdienstleistungen, diese aber aus verschiedenen Gründen (z.B. wegen unzureichender Sicherheitsstandards) nicht gleichwertig zu ersetzen vermögen[378]. Im übrigen kann es nicht allen Bevölkerungsteilen zugemutet werden, für die Erledigung von Bankgeschäften allein auf das noch recht neue und einen gewissen technischen Mindeststandard erfordernde Kommunikationsmedium „Internet" angewiesen zu sein.

Darüber hinaus kann es für die Feststellung eines öffentlichen Auftrags auch nicht allein darauf ankommen, ob eine gegenwärtige, tatsächliche Versorgungslücke vorliegt, die von den Sparkassen und Landesbanken zu schließen ist. Vielmehr reicht bereits ein „potentielles Marktversagen" aus, da es in der Praxis kaum darstellbar ist, dass die öffentliche Hand ihrer Verpflichtung zur Daseinsvorsorge durch ständigen Markteintritt und –Austritt in Abhängigkeit

377 Vgl. Koenig in EWS 1998, 150; gegen ein Fortbestehen eines öffentlichen Auftrags ebenfalls Nippel in ZBB 2000, 223.

378 So aber Kruse in NVwZ 2000, 724.

von der jeweiligen Nachfragesituation und dem Verhalten der privaten Versorger nachkommt[379]. Effektive Daseinsvorsorge verlangt vielmehr vom Staat, dass die Versorgung der Bevölkerung jederzeit sichergestellt ist und dass der Bürger hierauf auch vertrauen kann. Ein Wegfall der Versorgungsfunktion kann daher nur in Betracht kommen, wenn sichere Anhaltspunkte für eine nicht nur kurzfristige negative Zukunftsprognose, d.h. im Hinblick auf das Feststellen von Versorgungsmängeln, vorliegen. Hiervon ist aber gegenwärtig in Anbetracht des Konzentrations- und Rationalisierungsprozesses im deutschen Bankgewerbe und des damit verbundenen Rückgangs der Flächendeckung nicht auszugehen.

Freilich kann insoweit nur spekuliert werden, ob und wie eine angemessene Versorgung mit Bankdienstleistungen in Deutschland ohne die öffentlich-rechtlichen Kreditinstitute vorstellbar ist. Genauere Erkenntnisse können insoweit aber erneut anhand eines Vergleichs mit Großbritannien und dem dort Anfang des Jahres 2000 veröffentlichten Abschlussbericht der Untersuchung des Gutachters Don Cruickshank[380] gewonnen werden. Dieser Abschlußbericht kommt zu dem etwas überraschenden Ergebnis, dass in Großbritannien viele, vor allem sozial schwache Bürger gar keine Bankdienstleistungen in Anspruch nehmen (können)[381] und z.B. für die Kreditaufnahme allein auf „nicht-offizielle Quellen" angewiesen sind[382] - im Zeitalter des bargeldlosen Zahlungsverkehrs ein eher grotesk anmutender Zustand. Cruickshank führt dies z.B. darauf zurück, dass sich die Führung von Girokonten wegen des großen Aufwands als ein für die Banken grundsätzlich defizitäres Geschäft darstellt, das einzig dadurch ausgeglichen werden kann, dass die Kunden auf den Konten niedrig verzinsliche Guthaben in nicht unerheblicher Höhe unterhalten[383]. Mit anderen Worten: die sozial Schwächeren sind nicht die von den Banken gesuchte Kundengruppe und werden daher oftmals ganz von Bankdienstleistungen ausgeschlossen. Eine Besserung dieser Situation ist auch nur insoweit zu erwarten, als die Kosten für die Kontoführung sich aufgrund neuer Technologien in absehbarer Zeit nicht unerheblich reduzieren dürften.

Darüber hinaus hebt der Cruickshank-Report in einem Vergleich der Bankdienstleistungen in einigen der großen westlichen Industrienationen (Großbritannien, USA, Kanada, Frankreich, Deutschland und Australien) die relativ geringe Konzentration[384] im deutschen Bankgewerbe und insbesondere die Bedeutung der Sparkassen und Volksbanken positiv heraus[385]. Im Hinblick auf

---

379 Vgl. Immenga/Rudo, S. 17 f..

380 "Competition in UK Banking – A Report to the Chancellor of the Exchequer", ISBN 0 11 560075 2 (im folgenden: Cruickshank-Report).

381 Cruickshank geht insoweit davon aus, dass zwischen 2,5 und 3,5 Millionen Briten über kein Bankkonto verfügen und dass ungefähr ein Viertel aller Kontoeröffnungsanträge von den Banken abgelehnt werden.

382 Cruickshank-Report, S. 183.

383 Cruickshank-Report, S. 174.

384 Während in Deutschland die vier größten Kreditinstitute einen Marktanteil von ungefähr 15% haben, sind es in Großbritannien fast 80%.

385 Cruickshank-Report, S. 297 ff., S. 309.

die Gebühren für die angebotenen Bankdienstleistungen sieht der Gutachter in dem zersplitterten deutschen (und auch dem US-amerikanischen Bankensystem) durchaus einen gewissen Vorteil für den Kunden.

Dies stützt die These, dass insbesondere das flächendeckende Angebot an Finanzdienstleistungen, das die Sparkassen in Deutschland erbringen, durchaus noch Teil eines öffentlichen Auftrages ist. Bei vielen Geschäften der Landesbanken aus dem reinen „Geschäftsbankenbereich", wie z.B. bei Finanzgeschäften im Derivatebereich[386] oder der Emission von Fremdwährungsanleihen, sieht dies jedoch gänzlich anders aus, hier bestehen erhebliche Zweifel daran, dass es sich noch um die Erfüllung regionaler finanzinfrastrukturieller Bedürfnisse handelt[387].

2. Sonstige öffentlich-rechtliche Bindungen

Es ist allgemein anerkannt, dass Sparkassen als Einrichtungen der staatlichen Daseinsvorsorge auch besonderen öffentlich-rechtlichen Bindungen unterliegen, die sie im Einzelfall – im Vergleich zu den übrigen am Markt tätigen Kreditinstituten – in ihrer Geschäftstätigkeit in gewisser Weise einschränken.

2.1 Kontrahierungszwang

Eine dieser besonderen Bindungen ist der Kontrahierungszwang[388]. Die Sparkassen sind insoweit regelmäßig dazu verpflichtet,

- Spareinlagen und andere Einlagen von jedermann entgegenzunehmen

- Girokonten auf Guthabenbasis für natürliche Personen aus dem Geschäftsbezirk zu führen

wenn nicht im Einzelfall ein wichtiger Grund entgegensteht (vgl. § 5 BaySparkO). Soweit ein Kontrahierungszwang besteht, ist auch eine grundlose Kündigung des betreffenden Vertragsverhältnisses unzulässig[389]. Bei anderen Vertragsbeziehungen (z.B. Depotverträgen) besteht eine solche Verpflichtung grundsätzlich nicht, so dass hier auch eine Kündigung nicht zwingend das Vorliegen eines wichtigen Grundes voraussetzt.

---

[386] Vgl. insoweit zum Abschluß von Swapgeschäften Koenig in WM 1995, 317 sowie die Erwiderung von Schneider/Busch in WM 1995, 326.

[387] Vgl. Koenig in EWS 1998, 150.

[388] Vgl. BGH, Urteil vom 11.12.1990 – XI ZR 54/90, WM 1991, 317.

[389] Vgl. Fischer in WuB 1991, 1138.

Verglichen mit den anderen Kreditinstituten stellt dies eine nicht unerhebliche Beeinträchtigung der freien Geschäftstätigkeit dar, da letztere nur in Ausnahmefällen einem Kontrahierungszwang unterliegen[390].

2.2 Regionalprinzip

Eine weitere Beschränkung der Geschäftstätigkeit der Sparkassen stellt das sog. Regionalprinzip[391] dar. Danach ist der Geschäftsbezirk einer Sparkasse auf das Gebiet des Gewährträgers beschränkt und die Errichtung von Zweigstellen außerhalb des eigenen Gewährträgergebiets grundsätzlich verboten[392]:

§ 2 Abs. BaySparkO

Geschäftsbezirk der Sparkasse ist das Gebiet ihres Gewährträgers, bei Zweckverbandssparkassen der räumliche Wirkungsbereich des Zweckverbandes. In besonderen Fällen kann die Satzung eine abweichende Regelung treffen. ...

Die Sparkasse soll sich nur in ihrem Geschäftsbezirk betätigen.

Die Sparkasse kann in ihrem Geschäftsbezirk Zweigstellen betreiben. Im Gebiet des Gewährträgers einer anderen Sparkasse darf sie eine Zweigstelle nur mit Einwilligung der Aufsichtsbehörde errichten ... .

Die Sparkasse hat ihre Werbung, soweit möglich, auf ihren Geschäftsbezirk zu beschränken; Werbung ist im übrigen außerhalb des Geschäftsbezirks nur als Gemeinschaftswerbung zulässig. ...

Im Regionalprinzip kommt der Grundsatz zum Ausdruck, dass die Kompetenzen einer juristischen Person des öffentlichen Rechts nicht weiter reichen können als die des hinter ihr stehenden Gemeinwesens[393]. Das Regionalprinzip besteht praktisch aus zwei Komponenten: einem „Ausbreitungsverbot", das

---

390 Insbesondere für die privatrechtlichen Kreditinstitute fehlt es bislang – wohl ganz bewusst – an einer vergleichbaren gesetzlichen Verpflichtung. Einzige Verhaltensrichtlinie für das Verhalten der Kreditinstitute ist daher insoweit die im Jahre 1995 von den Spitzenverbänden der Kreditwirtschaft verabschiedete und an alle Kreditinstitute mit einem breiten Privatkundengeschäft gerichtete Empfehlung „Girokonto für jedermann" (vgl. hierzu Steuer in WM 1998, 439 f.).

391 Zur Frage der kartellrechtlichen Zulässigkeit dieses Prinzips: Niemeyer/Hirsbrunner in EuZW 2000, 366.

392 Vgl. insoweit zur Frage der Genehmigungsbedürftigkeit der Errichtung eines Geldausgabeautomaten auf gewährträgerfremdem Gebiet OVG Koblenz, Beschluss vom 08.11.1991 – 7B 11766/91.OVG, WM 1993, 58 ff..

393 Vgl. Stern, S. 30.

eine Betätigung außerhalb des Hoheitsgebietes des Gewährträgers verbietet, und einem „Eindringungsverbot", das ein Tätigwerden von Instituten eines anderen Gewährträgers im eigenen Hoheitsgebiet abwehrt. Das Regionalprinzip wird von den Sparkassen nicht zuletzt im Hinblick auf neue Vorhaben im Bereich Internet Banking als erhebliches Hindernis empfunden.

2.3 Verbot der Gewinnmaximierung

Nach herrschendem Verständnis gilt hinsichtlich der wirtschaftlichen Betätigung der öffentlichen Hand, dass eine rein erwerbswirtschaftliche (fiskalische) Betätigung mit dem alleinigen Zweck der Gewinnerzielung, die nicht der Verfolgung besonderer Zwecke des Gemeinwohls dient, grundsätzlich unzulässig ist[394]. Hierdurch kommt allerdings nur ein Verbot der Gewinnmaximierung zum Ausdruck[395], während die Gewinnerzielung als solche nicht generell ausgeschlossen ist[396]:

> *... öffentlich-rechtliche Kreditinstitute werden nicht dazu gegründet, hohe Gewinne zu erwirtschaften und ... auszuschütten; ... dabei ist allerdings der Verzicht auf Gewinnmaximierung nicht gleichbedeutend mit dem Verzicht auf Gewinnerzielung schlechthin.*

Mit der Relativierung des Gewinnstrebens der Sparkassen und Landesbanken korrespondiert eine gesetzliche Zweckbindung der erzielten Jahresüberschüsse[397].

2.4 Weitere Geschäftsbeschränkungen

Neben den bereits angesprochenen Beschränkungen können die öffentlich-rechtlichen Kreditinstitute als Teil der öffentlichen Verwaltung im Einzelfall weiteren staatlichen Beschränkungen unterliegen, die sie in ihrer Handlungsfreiheit beeinträchtigen und gegenüber privatrechtlich organisierten Kreditinstituten benachteiligen. So ist z.B. in Hessen fast der gesamte öffentlich-rechtliche Bankensektor mit in den Anwendungsbereich des im Jahre 1993 in Kraft getretenen Gleichberechtigungsgesetzes (HessGlG)[398] einbezogen worden[399],

---

[394] Vgl. hierzu schon Emmerich in AG 1985, 294 ff.

[395] Vgl. Immenga/Rudo, S. 22.

[396] Wettbewerbsenquete, BT-DrS. V/3500, S. 52.

[397] Stern, S. 25.

[398] Hessisches Gesetz über die Gleichberechtigung von Frauen und Männern und zum Abbau von Diskriminierungen von Frauen in der öffentlichen Verwaltung vom 21.12.1993, GVBl. I, 729; zur Eurpoparechtskonformität dieses Gesetzes vgl. EuGH, Urteil vom 28.03.2000, C 158/97, EuZW 2000, 474.

[399] Gemäß § 2 Abs. 1 Satz 1 HGlG gilt das Gesetz für alle übrigen der alleinigen Aufsicht des Landes unterstehenden juristischen Personen des öffentlichen Rechts mit zwanzig oder mehr Beschäftigten. Nach § 1 Abs. 2 Satz 1 HGlG sollen auch die juristischen Personen des

was in der Praxis insbesondere zur Folge hat, dass bei Personalentscheidungen die vorgegebenen Frauenförderquoten zu beachten sind – eine Beschränkung der unternehmerischen Betätigung, der die privaten Banken grundsätzlich nicht unterworfen sind.

Darüber hinaus unterliegen die Sparkassen – aufgrund ihrer Aufgabe, „der Bevölkerung Gelegenheit zur sicheren Geldanlage zu geben" – weiteren Einschränkungen im Hinblick auf das Eingehen und Halten von Unternehmensbeteiligungen sowie die Vornahme riskanter Devisen- und Wertpapiergeschäften[400]: das Betreiben von Spekulationsgeschäften ist grundsätzlich nicht zulässig (vgl. § 4 Abs. 2 BaySparkO), derivative Geschäfte dürfen nur zur Absicherung gegen Währungs-, Zins- und sonstige Marktpreisrisiken sowie zur Bestandspflege abgeschlossen werden (vgl. § 18 Abs. 1 BaySparkO).

2.5 Eigenkapitalbildung

Eine gewisse Benachteiligung erfahren die Sparkassen auch im Hinblick auf die Vorschriften des Kreditwesengesetzes (KWG) über das haftende Eigenkapital. Für dessen Zwecke, insbesondere für die Festlegung der Großkreditgrenzen (§ 13 KWG) und die Beurteilung der Angemessenheit der Eigenmittelausstattung (§ 2 Grundsatz I über das Eigenkapital und die Liquidität der Institute), ist der Betrag des haftenden Eigenkapitals eines Kreditinstituts entscheidend. Dieses wird zu einem wesentlichen Teil durch das sog. Kernkapital gebildet, das bei öffentlich-rechtlichen Sparkassen gemäß § 10 Abs. 2a Nr. 4 KWG lediglich aus den Rücklagen dieses Instituts besteht, während es sich bei den Landesbanken aus dem in der Regel vom Gewährträger aufgebrachten Dotationskapital sowie den Rücklagen zusammensetzt (§ 10 Abs. 2a Nr. 5 KWG). Anstaltslast und Gewährträgerhaftung finden hierbei keinerlei Berücksichtigung.

Im Vergleich dazu setzt sich das Kernkapital bei in der Rechtsform einer Körperschaft des privaten Rechts betriebenen Kreditinstituten aus den Rücklagen und dem eingezahlten Grund- oder Stammkapital (mit Ausnahme von Vorzugsaktien) zusammen (§ 10 Abs. 2a Nr. 2 KWG).

Sparkassen und Landesbanken haben daher nur die Möglichkeit, ihre Eigenmittel durch die in § 10 KWG für alle Kreditinstitute vorgesehenen Maßnahmen zu verstärken[401]. Insoweit sind zunächst Vermögenseinlagen stiller Gesellschafter zu nennen, die auf das Kernkapital Anrechnung finden (§ 10 Abs. 2a

öffentlichen Rechts mit weniger als zwanzig Beschäftigten bei ihrer Personalwirtschaft die Grundsätze des Gesetzes eigenverantwortlich anwenden.

[400] Stern, S. 26 f..

[401] Vgl. Reischauer/Kleinhans, § 10 Anm. 31.

Nr. 8 KWG)[402]. Darüber hinaus besteht die Möglichkeit, das Ergänzungskapital durch die Ausgabe von Genussrechtskapital (§ 10 Abs. 2b Nr. 4, Abs. 5 KWG) oder durch Kapital, das durch die Eingehung längerfristiger nachrangiger Verbindlichkeiten begründet wird (§ 10 Abs. 2 b Nr. 4, Abs. 5a KWG)[403], zu erweitern.

Der Umstand, dass Gewährträgerhaftung und Anstaltslast der kommunalen Träger für die Zwecke des Kreditwesengesetzes nicht zu berücksichtigen sind, wird von den betroffenen Instituten zwar als äußerst unbefriedigend empfunden, steht aber im Einklang mit den Vorgaben der EG-Eigenmittelrichtlinie und ist auch vom Bundesverfassungsgericht nicht als Verstoß gegen das deutsche Verfassungsrecht beanstandet worden[404]:

> *Die Regelung über das Eigenkapital hindert als solche die ... Sparkassen an der Erfüllung der Ihnen obliegenden Aufgabe nicht; insbesondere die Finanzierung von Maßnahmen zur Verbesserung der Infrastruktur wie auch die Kreditversorgung der mittelständischen Wirtschaft kann nach Maßgabe eigenverantwortlich entwickelter Konzeptionen vorgenommen werden. ...*
>
> *Denn unabhängig von den verschiedenen in § 10 Abs. 4 und 5 KWG 1985, jetzt § 10 Abs. 4, 4a, 5 und 5a KWG 1993, eröffneten Möglichkeiten, gegebenenfalls unter Beteiligung Dritter Eigenkapital (sowohl Kern- als auch Ergänzungskapital) zu beschaffen ..., steht den Gewährträgern auch hinsichtlich der Ausgangsnorm des § 10 Abs. 2 KWG die rechtliche Möglichkeit der Eigenfinanzierung offen. Dabei kann dahinstehen, ob über den Wortlaut des § 10 Abs. 2 Nr. 4 KWG hinaus auch bei öffentlich-rechtlichen Sparkassen entsprechend der Regelung des § 10 Abs. 2 Nr. 5 KWG bei anderen Kreditinstituten des öffentlichen Rechts die Möglichkeit der Gewährung von Dotationskapital anzuerkennen ist ...; denn zumindest der Auffüllung (Dotierung) der im Gesetz als Eigenkapital ausdrücklich vorgesehenen Rücklagen steht von Rechts wegen nichts entgegen. ...*
>
> *Ob über eine eigenverantwortliche Einnahmen- und Ausgabenwirtschaft ... hinausgehend zu der durch Art. 28 Abs. 2 GG gewährleisteten kommunalen Finanzhoheit auch die angemessene Finanzausstattung oder jedenfalls eine finanzielle Mindestausstattung gehört, hat das Bundesverfassungsgericht bisher nicht entschieden ... . Diese Frage kann auch im vorliegenden Verfahren dahingestellt bleiben ... .*

Nachdem Eigenkapital also im wesentlichen nur durch Rücklagen gebildet werden kann, ist in den Sparkassengesetzen regelmäßig bestimmt, dass ein

---

402 Als Beispiel aus der jüngeren Vergangenheit ist insoweit die NordLB zu nennen, an der sich die Volkswagen AG mit einer stillen Einlage beteiligt hat (vgl. „VW ist stiller Gesellschafter der Nord/LB in Handelsblatt Nr. 20 vom 28./29.01.2000, S. 24).

403 Im Unterschied zum Genussrechtskapital haftet das Nachrangkapital nicht für laufende Verluste, sondern nur im Fall des Konkurses oder der Liquidation des Kreditinstituts.

404 BVerfG, Beschluss vom 23.09.1994 – 2 BvR 1547/85, WM 1994, 1971 f..

erzielter Jahresüberschuss erst nach Schaffung einer Mindestsicherheitsrücklage an den Gewährträger ausgeschüttet werden darf[405]. Festzuhalten bleibt auf jeden Fall, dass der Wert von Anstaltslast und Gewährträgerhaftung dadurch erheblich relativiert wird, dass beide Institute im Rahmen der nach § 10 KWG aufgestellten Mindestkapitalanforderungen keine Berücksichtigung finden.

2.6 Fremdkapitalaufnahme

Hinsichtlich der Außenfinanzierung ist zu bedenken, dass den öffentlich-rechtlichen Kreditinstituten hier nicht die selben Möglichkeiten offen stehen wie den Mitgliedern anderer Institutsgruppen; wo z.B. die privaten Kreditinstitute regelmäßig die Möglichkeit haben, sich relativ „billiges" Eigenkapital über die Börse zu beschaffen. Die gleichen Möglichkeiten haben auch die Genossenschaftsbanken über die Aufnahme neuer Genossen (oder die Erhöhung von Geschäftsguthaben), während die öffentlich-rechtlichen Kreditinstitute nach dem geltenden Recht hier allein auf Beiträge ihrer Gewährträger angewiesen sind[406].

Das Argument der eingeschränkten Außenfinanzierung gilt freilich nur begrenzt, da – wie bereits dargestellt – Eigenkapital auch auf andere Weise, z.B. durch die Ausgabe von Genussrechten geschaffen werden kann, auch wenn ein solches Finanzierungsinstrument auf dem Kapitalmarkt nicht die gleiche Akzeptanz hat wie z.B. Aktien.

3. Bewertung

Festzuhalten bleibt, dass bei praktisch allen öffentlich-rechtlichen Kreditinstituten den gewährten Sondervorteilen auch gewisse Benachteiligungen gegenüberstehen, wobei hier – im Rahmen der genannten Einschränkungen – insbesondere die Wahrnehmung eines öffentlichen Auftrags zu nennen ist. Besonderen Einschränkungen unterliegen insoweit die Sparkassen, insbesondere im Hinblick auf den Kontrahierungszwang und das Regionalprinzip. Eine pauschale Schlussfolgerung dergestalt, dass Anstaltlast und Gewährträgerhaftung eine mehr oder weniger überschießende Leistung enthalten, der keine Gegenleistung gegenüber steht, kann daher nicht getroffen werden[407].

Hauptproblem ist jedoch, dass die übernommenen Verpflichtungen – ebenso wie die gewährten Vorteile – mangels genauer Quantifizierbarkeit in einer Vorteilskompensation nur sehr schwer zu erfassen sind. Sofern eine Messung

---

[405] Vgl. Immenga/Rudo, S. 22 f..

[406] Rümker in Kreditwesen 1996, 23.

[407] So aber Koenig in EWS 1998, 152; Kruse in NVwZ 2000, 725.

und Bewertung der Verpflichtungen überhaupt möglich ist, könnte eine solche allenfalls im Rahmen umfangreicher betriebs- und volkswirtschaftlicher Studien erfolgen. Genaue Feststellungen darüber, ob sich die Vor- und Nachteile die Waage halten, dürften daher zumeist eher spekulativen Charakter haben.

Hinsichtlich der Landesbanken und der öffentlich-rechtlichen Kreditinstitute mit Sonderaufgaben ist, insbesondere vor dem Hintergrund des teilweise doch sehr fraglichen öffentlichen Auftrages, vom Vorliegen einer tatsächlichen beihilferelevanten Begünstigung auszugehen, da Anstaltslast und Gewährträgerhaftung bei diesen Kreditinstituten bürgschafts- oder garantieähnliche Wirkung für den Fall finanzieller Schieflagen haben[408]. Diese Begünstigung ist auch insoweit von beihilferechtlicher Relevanz, als sie den begünstigten Kreditinstituten insbesondere einen wettbewerbsverfälschenden Finanzierungsvorteil verschafft, der ausländischen Kreditinstitut den Markteintritt erschwert und sich damit als Beeinträchtigung des innergemeinschaftlichen Handels darstellt.

Bei den Sparkassen hingegen dürfte – große Sparkassen einmal ausgenommen – bereits wegen der fehlenden Messbarkeit des durch Anstaltslast und Gewährträgerhaftung vermittelten Vorteils, grundsätzlich keine beihilferelevante Begünstigung gegeben sein. Hinzu kommt, dass es aus den bereits dargestellten Erwägungen regelmäßig auch an einer Beeinträchtigung des innergemeinschaftlichen Handels fehlt. Schließlich bestehen aufgrund der dargestellten zahlreichen öffentlich-rechtlichen Bindungen erhebliche Kompensationselemente, die die Institute der Anstaltslast und Gewährträgerhaftung zu rechtfertigen vermögen.

VII. AUSNAHMEN VOM BEIHILFEVERBOT

In den Bestimmungen des EG-Vertrages gibt es eine Reihe von Regelungen und Bestimmungen, die im Einzelfall gewisse Ausnahmen vom allgemeinen Beihilfeverbot des Art. 87 EG zulassen. Für die beihilferechtliche Untersuchung von Anstaltslast und Gewährträgerhaftung können dabei vor allem die Sonderregelungen über Dienstleistungen von allgemeinem wirtschaftlichen Interesse (Art. 86 Abs. 2 EG) sowie gewisse Ausnahmeregelungen des Art. 87 Abs. 2 EG von Bedeutung sein. Als Ausnahmebestimmungen sind alle in Betracht kommenden Regelungen allerdings eng auszulegen und ihre Anwendung auf besonders signifikante Einzelfälle zu beschränken, in denen eine Abweichung vom allgemeinen Beihilfeverbot auch im Interesse der Gemeinschaft geboten ist[409].

---

[408] Vgl. Kruse in NVwZ 2000, 722.

[409] Vgl. Kommission, Entscheidung vom 19.12.1984 (AZ: 85/378/EWG), ABlEG L 216 vom 13.08.1985, S. 17

1. Erbringung von Dienstleistungen von allgemeinem wirtschaftlichen Interesse

Die Wettbewerbsregeln des EG-Vertrages gelten zwar grundsätzlich auch für Unternehmen, die Dienstleistungen von allgemeinem wirtschaftlichen Interesse erbringen, allerdings nur unter der Einschränkung, dass durch die Anwendung dieser Vorschriften die Erfüllung der übertragenen besonderen Aufgabe nicht rechtlich oder tatsächlich unmöglich gemacht werden darf (Art. 86 Abs. 2 Satz 1 EG).

Insoweit wird daher eine Bereichsausnahme von den beihilferechtlichen Vorschriften begründet, die allerdings ihrerseits unter der Voraussetzung steht, dass die Entwicklung des Handelsverkehrs in einem dem Interesse der Gemeinschaft zuwiderlaufenden Maße beeinträchtigt wird (Art. 86 Abs. 2 Satz 2 EG). Dies macht deutlich, dass auch eine Beschränkung des Wettbewerbs durch eine staatliche Unternehmenstätigkeit einer Art Verhältnismäßigkeitsgrundsatz unterworfen ist[410]. Die Anwendbarkeit der Wettbewerbsregeln des EG-Vertrages wird somit eingeschränkt, ohne dass die Mitgliedstaaten aus ihrer grundsätzlichen Verpflichtung zu wettbewerbsneutralem Verhalten entlassen werden[411]. Die Befreiungsvorschrift des Art. 86 Abs. 2 EG ist dabei nicht auf öffentliche Unternehmen beschränkt, sondern gilt grundsätzlich auch für Unternehmen in privater Rechtsform[412].

1.1 Prinzip des dynamischen Gleichgewichts

Entsprechend den Grundsätzen des Subsidiaritätsprinzips respektiert die Gemeinschaft grundsätzlich die unterschiedlichen Wirtschafts- und Sozialordnungen der Mitgliedstaaten und beschränkt ihre Tätigkeit auf die Überprüfung, ob die eingesetzten Mittel mit den europäischen Verpflichtungen vereinbar sind. Hierbei ist vor allem das Binnenmarkterfordernis des Wettbewerbs mit den Gemeinwohlzielen in einen angemessenen Ausgleich zu bringen. Die Kommission spricht insoweit von einem „dynamischen Gleichgewicht"[413], da sowohl der Binnenmarkt als auch die Gemeinwohlbedürfnisse keinesfalls statische Begriffe sind, die eine Weiterentwicklung nicht zulassen.

Dieser europarechtliche Ansatz deckt sich grundsätzlich auch mit den bereits in Deutschland geltenden Regelungen, die eine wirtschaftliche Betätigung der Kommunen nur in sehr engen Grenzen zulassen. So dürfen nach den ein-

---

410 Vgl. Badura in ZGR 1997, 302.

411 Vgl. Schwarze in EuZW 2000, 626.

412 Vgl. Badura, a.a.O., S. 300.

413 Vgl. Ziffer 20 der Zielvorgaben der Kommission für *Leistungen der Daseinsvorsorge in Europa*, ABlEG C 281 vom 26.09.1996, S. 5.

schlägigen kommunalrechtlichen Vorschriften die Gemeinden regelmäßig wirtschaftliche Unternehmen nur dann errichten, wenn

- gemeindliche Aufgaben erfüllt werden

- der öffentliche Zweck ihre Errichtung rechtfertigt

- das Unternehmen nach Art und Umfang in einem angemessenen Verhältnis zur Leistungsfähigkeit der Gemeinde und zum voraussichtlichen Bedarf steht

- der Zweck nicht besser und wirtschaftlicher durch einen anderen erfüllt wird oder werden kann

(vgl. § 97 Abs. 1 SächsGO; § 107 Abs. 1 GO NRW). Das Betreiben von Bankunternehmen ist insoweit – mit Ausnahme des Sparkassenwesens – ausdrücklich ausgeschlossen (vgl. § 97 Abs. 4 SächsGO, §§ 107 Abs. 3, 4 GO NRW.) Auch wenn die Gewinnerzielungsabsicht kein Hauptzweck ist (§ 3 Abs. 3 Satz 2 SparkG NRW), so sollen die Sparkassen als wirtschaftliche Unternehmen einen Ertrag für den Gemeindehaushalt abwerfen, soweit dadurch die Erfüllung des öffentlichen Zwecks nicht beeinträchtigt wird (§ 97 Abs. 3 SächsGO) und durch die erwirtschafteten Gewinne den Geschäftsbetrieb sichern (§ 2 Satz 1, 2. Halbsatz HessSparkG).

1.2 Begriff der Dienstleistungen von allgemeinem wirtschaftlichen Interesse

Welche Tätigkeiten im einzelnen unter den Begriff der „Dienstleistungen von allgemeinem wirtschaftlichen Interesse fallen, ist nicht nach nationalen Grundsätzen zu beurteilen, vielmehr ist hier ein gemeinschaftsrechtliches Begriffsverständnis zugrunde zu legen[414].

Die Kommission hat im Jahre 1996 versucht, einen allgemeinen Katalog für „Dienstleistungen von allgemeinem wirtschaftlichen Interesse" aufzustellen, bei denen es sich nach europarechtlichem Verständnis um einen Unterbegriff der „Leistungen der Daseinsvorsorge" handelt, wozu alle Tätigkeiten zählen, die im Interesse der Allgemeinheit erbracht und von den Behörden mit spezifischen Gemeinwohlverpflichtungen verknüpft werden. Die Kommission betont insoweit ausdrücklich, dass die mit der praktischen Umsetzung der ökonomischen Effizienz der gemeinwohlorientierten Leistungen befassten europäischen Organe (Kommission, Europäisches Parlament, Ministerrat und Gerichtshof) sich stets auch an den innerstaatlichen Konzepten der Daseinsvor-

[414] *Pernice* in Grabitz/Hilf, Art. 90 Rn. 35.

sorge orientieren, die sich aus den jeweiligen soziokulturellen und gesellschaftspolitischen Rahmenbedingungen ergeben[415].

Ganz allgemein handelt es sich bei den „Dienstleistungen von allgemeinem wirtschaftlichen Interesse" also um Versorgungsleistungen aller Art sowie um wirtschaftliche Aktivitäten zur Sicherung der Infrastruktur und Daseinsvorsorge[416]. Hierzu zählen nicht nur Dienstleistungen im eigentlichen Sinne, sondern auch das Bereithalten, Bereitstellen und die Verteilung von Sachleistungen, die nicht allein religiösen, kulturellen oder sozialen Belangen dienen[417].

Dienstleistungen von allgemeinem wirtschaftlichen Interesse sind also nur solche Leistungen der Daseinsvorsorge, bei denen es sich um marktbezogene Tätigkeiten handelt, nichtwirtschaftliche Tätigkeiten fallen ohnehin nicht unter Art. 86 Abs. 2 EG und lassen nur im Einzelfall ein ergänzendes Tätigwerden der Gemeinschaft zu[418]. Zu den Dienstleistungen von allgemeinem wirtschaftlichen Interesse zählen daher insbesondere Leistungen im Bereich des (Land-, Luft- und Eisenbahn-) Verkehrs, der Energieversorgung und der Telekommunikation. Diese Aufzählung ist aber nur beispielhaft und keinesfalls abschließend, weitere Bereiche der Daseinsvorsorge sind z.B. Gesundheit, Sozialschutz, Bildung, Wasserversorgung und Wohnung[419].

Das „allgemeine Interesse" ist insoweit nicht gleichzusetzen mit dem Interesse der Gemeinschaft oder eines Mitgliedstaates, es muss aber zumindest über das Interesse einzelner Personen, Personenkreise oder Wirtschaftszweige hinausgehen[420]. Ziel ist es, die von den Mitgliedstaaten eingeführten Leistungen der Daseinsvorsorge aufrechtzuerhalten, da sie grundlegende Bedürfnisse der Bürger erfüllen. Unter dem Stichwort der „Versorgungssicherheit" zählt hierzu insbesondere, dass die Verbraucher qualitativ hochwertige Leistungen zu erschwinglichen Preisen erwarten. Um dies erfüllen zu können, müssen Kontinuität, gleichberechtigter Zugang, Universalität und Transparenz dieser Leistungen sichergestellt sein[421]. Die Kommission erkennt dabei ausdrücklich an, dass die Erbringung dieser „Grundversorgungsleistungen" in den verschiedenen Bereichen und auch in den einzelnen Mitgliedstaaten eine gewisse Situationsvielfalt besteht, d.h. dass diese Leistungen insbesondere hinsichtlich der Marktgestaltung (auf monopolistischer oder auf wettbewerblicher Basis) und

---

[415] Vgl. Ziffer 24 ff. der Zielvorgaben der Kommission für *Leistungen der Daseinsvorsorge in Europa*, ABIEG C 281 vom 26.09.1996, S. 6.

[416] Kahl in NVwZ 1996, 1083; *Pernice* in Grabitz/Hilf, Art. 90 Rn. 35.

[417] Vgl. *Hochbaum* in Groeben/Thiesing/Ehlermann, Art. 90 Rn. 52; *Pernice* in Grabitz/Hilf, Art. 90 Rn. 37.

[418] Vgl. Ziffer 18 der Zielvorgaben der Kommission für *Leistungen der Daseinsvorsorge in Europa*, ABIEG C 281 vom 26.09.1996, S. 5.

[419] Vgl. Ziffer 69 der Zielvorgaben der Kommission für *Leistungen der Daseinsvorsorge in Europa*, a.a.O., S. 12.

[420] *Hochbaum* in Groeben/Thiesing/Ehlermann, Art. 90 Rn. 54.

[421] Vgl. Ziffer 7 der Zielvorgaben der Kommission für *Leistungen der Daseinsvorsorge in Europa*, ABIEG C 281 vom 26.09.1996, S. 4.

der Organisationsform (durch private Unternehmen oder durch öffentliche Einrichtungen) unterschiedlich wahrgenommen werden.

Zu recht verweist die Kommission darauf, dass aufgrund der sich in den letzten Jahrzehnten nachhaltig geänderten Rahmenbedingungen viele Aufgaben heute wesentlich einfacher auch privatwirtschaftlich finanziert werden können und daher nicht mehr zwingend einer Mobilisierung öffentlicher Mittel bedürfen[422]. Andererseits verkennt die Kommission aber auch nicht, dass eine freie Entfaltung der Marktkräfte mitunter auch dazu führen kann, dass bestimmte Verbraucherkreise von der Leistungserbringung ausgeschlossen werden[423].

1.3 Bankdienstleistungen als Dienstleistungen von allgemeinem wirtschaftlichen Interesse

Richtig ist, dass Finanzdienstleistungen bislang nicht ausdrücklich vom europäischen Begriff der Daseinvorsorge mit umfasst sind[424]. Jedoch hat der EuGH bereits für Leistungen des internationalen Zahlungsverkehrs zum Ausdruck gebracht, dass auch Kreditinstitute insoweit grundsätzlich Leistungen der Daseinsvorsorge erbringen können[425].

In diesem Zusammenhang ist auch die dem Vertrag von Amsterdam beigefügte Erklärung zu den öffentlich-rechtlichen Kreditinstituten in Deutschland (vgl. Anhang IV) zu erwähnen. Abgesehen von den Zweifeln an der rechtlichen Wirksamkeit dieser Erklärung[426] enthält sie inhaltlich die ausdrückliche Feststellung, dass die öffentlich-rechtlichen Kreditinstitute in Deutschland Dienstleistungen von allgemeinem wirtschaftlichen Interesse erbringen. Im übrigen wird in der Erklärung nochmals ausdrücklich auf die bereits in Art. 86 Abs. 2 EG enthaltenen Grundsätze und Einschränkungen Bezug genommen.

Darüber hinaus weist der Bereich des Bankwesens auch zahlreiche Parallelen zu dem von der Kommission im Rahmen der Leistungen der Daseinsvorsorge ausdrücklich erwähnten Postwesen auf. Ähnlich wie beim Postwesen[427] muss auch im Bankwesen eine flächendeckende Grundversorgung auf Dauer sichergestellt sein, um die stetig gewachsenen Bedürfnisse der Gesellschaft

---

[422] Vgl. Ziffer 13 der Zielvorgaben der Kommission für *Leistungen der Daseinsvorsorge in Europa*, a.a.O..

[423] Vgl. Ziffer 15 der Zielvorgaben der Kommission für *Leistungen der Daseinsvorsorge in Europa*, a.a.O., S. 5.

[424] Gärtner in ZBB 1998, 9.

[425] EuGH, Urteil vom 14.07.1981 – Rs. 172/80 (Züchner/Bayerische Vereinsbank), Slg. 1981, 2021, 2030.

[426] Vgl. hierzu *Grill* in Lenz, Art. 86 Rn. 22.

[427] Vgl. Ziffer 37 ff. der Zielvorgaben der Kommission für *Leistungen der Daseinsvorsorge in Europa*, ABlEG. C 281 vom 26.09.1996, S. 8.

und auch der einzelnen Mitgliedstaaten in diesem Bereich erfüllen zu können. Wie im Postwesen sind dabei ein Mindestangebot bestimmter Dienstleistungen, die Qualität der Dienstleistungen, die Häufigkeit (Verfügbarkeit) der Dienstleistungen und die Erschwinglichkeit der Maßstab des Leistungsangebots. Wie im Postwesen sind Kontinuität, Vertraulichkeit, Gleichbehandlung und Anpassungsfähigkeit Kriterien, die der Leistungserbringer sicherstellen können muss. All dies spricht für eine in wesentlichen Punkten bestehende Vergleichbarkeit des Bankwesens mit dem Postwesen und damit auch für die Einbeziehung von Bankdienstleistungen in den Katalog der Daseinsvorsorge[428].

Hieraus ergibt sich im einzelnen folgendes: nachdem der bereits untersuchte öffentliche Auftrag regelmäßig die Erbringung von Dienstleistungen von allgemeinem wirtschaftlichen Interesse (im Sinne des europarechtlichen Begriffsverständnisses) abdeckt, sind die Institute, die einen öffentlichen Auftrag erfüllen, grundsätzlich auch im Rahmen des Art. 86 Abs. 2 EG tätig. Lediglich für die Postbank und die DSL Bank ist daher der Anwendungsbereich dieser Ausnahmevorschrift generell nicht eröffnet.

1.4 Verhinderung der Aufgabenerfüllung

Im Rahmen des Art. 86 Abs. 2 EG ist zwar eine genaue zahlenmäßige Erfassung bestehender „Sondervorteile" erforderlich, eine „Befreiung" von den Wettbewerbsvorschriften erhalten die Erbringer der Dienstleistungen von allgemeinem wirtschaftlichen Interesse aber nur dann, wenn die Anwendung dieser Vorschriften die Erfüllung der übertragenen Aufgabe rechtlich oder tatsächlich verhindert. Insoweit ist zu beachten, dass Art. 86 Abs. 2 EG als Legalausnahme grundsätzlich eng auszulegen ist, um nicht den Anwendungsbereich der Wettbewerbsregeln gänzlich auszuhöhlen[429]. Daher setzt der Begriff des „Verhinderns" eine rechtliche oder tatsächliche Verhinderung voraus, eine bloße Behinderung bei der Aufgabenerfüllung ist insoweit nicht ausreichend[430]. Die Unvereinbarkeit der Aufgabenerfüllung mit der Einhaltung der Wettbewerbsvorschriften muss im Einzelfall nachweislich gegeben sein[431].

---

428 Gleichwohl wird man natürlich nicht, wie etwa im Postwesen, den Anbietern von Bankdienstleistungen einen bestimmten Bereich vorbehalten und erst langsam den Markt schrittweise und geordnet für den Wettbewerb öffnen müssen, um eine ausreichende Daseinvorsorge sicherzustellen. Hierfür ist das Bankwesen, im Gegensatz zum Postwesen, bereits ausreichend genug entwickelt, um grundsätzlich einen Wettbewerb der Anbieter zuzulassen.

429 Vgl. EuGH, Urteil vom 23.10.1997 – C-157/94 (Kommission/Niederlande), Slg. 1997-I, 5699, 5776; EuGH, Urteil vom 17.07.1997 – C-242/95 (GT-Link), Slg. 1997-I, 4449, 4468; Kahl in NVwZ 1996, 1083; *Grill* in Lenz, Art. 86 Rn. 27; *Hochbaum* in Groeben/Thiesing/Ehlermann, Art. 90 Rn. 63.

430 Vgl. Bartosch in EuZW 1999, 180; Kruse in NVwZ 2000, 723.

431 *Pernice* in Grabitz/Hilf, Art. 90 Rn. 53.

Auch die Kommission geht davon aus, dass Erbringer von Dienstleistungen der Daseinsvorsorge grundsätzlich den Bestimmungen des EG-Vertrages nicht unterliegen, wenn hierdurch die Wahrnehmung des Gemeinwohlauftrages gefährdet würde[432]. Allerdings impliziert Art. 86 EG auch eine Verpflichtung zur Verhältnismäßigkeit zwischen den Gemeinwohlzielen und den zu ihrer Erreichung eingesetzten Mitteln. Es dürfen nur solche Mittel zum Einsatz gelangen, die

- die ordnungsgemäßen Abläufe des Binnenmarktes nicht unverhältnismäßig stören und
- den innergemeinschaftlichen Handel nicht in einem Umfang beeinträchtigen, der den Interessen der Gemeinschaft zuwiderläuft.

Dieses Prinzip der Verhältnismäßigkeit wird insbesondere von folgenden Faktoren bestimmt:

- die Dynamik der Entwicklungsprozesse im Binnenmarkt
- die vielfältigen nationalen Gegebenheiten und Ziele
- die unterschiedlichen technischen und finanziellen Zwänge in den einzelnen Bereichen.

Die Kommission betont ausdrücklich, dass auch im Bereich der Daseinsvorsorge – unter gleichzeitiger Festsetzung gewisser Mindeststandards der Dienstleistungen – eine Marktöffnung stattfinden muss, und sieht in einer solchen Marktöffnung auch die Chance, dass dadurch eine grundlegende Modernisierung der Leistungen ermöglicht wird, die letztlich zu einem Angebot an preisgünstigen und qualitativ hochwertigen Leistungen führt. Maßgeblich für die von der Kommission verfolgte Marktöffnungspolitik ist insoweit eine angemessene Bewertung der Funktionsweise, Wirksamkeit und Wettbewerbsfähigkeit der gemeinwohlorientierten Leistungen[433], was zwingend eine möglichst große Transparenz der betroffenen Wirtschaftssektoren voraussetzt. Um die unter Berufung auf das Allgemeinwohl verursachten Wettbewerbsverzerrungen nicht zu sehr ausufern zu lassen, wird man dessen Bejahung regelmäßig nur mit Verbraucherschutzinteressen begründen können[434].

---

[432] Vgl. Ziffer 21 der Zielvorgaben der Kommission für *Leistungen der Daseinsvorsorge in Europa*, ABlEG. C 281 vom 26.09.1996, S. 6.

[433] Vgl. Ziffer 61 der Zielvorgaben der Kommission für *Leistungen der Daseinsvorsorge in Europa*, ABlEG C 281 vom 26.09.1996, S. 11.

[434] Vgl. insoweit zur Berufung auf den Allgemeinwohl-Grundsatz im Rahmen der Wertpapierdienstleistungs-Richtlinie Monti in WM 1998, 1763.

Insoweit darf bezweifelt werden, ob die öffentlich-rechtlichen Kreditinstitute in Deutschland ohne die ihnen gewährten Sonderrechte (Anstaltslast und Gewährträgerhaftung) ihren öffentlichen Auftrag noch erfüllen können[435]. Das Gleiche gilt für die Aufrechterhaltung von Steuervorteilen; auch insoweit sind keine Anhaltspunkte dafür ersichtlich, dass bei ihrem Wegfall der Geschäftsbetrieb der Institute nicht aufrechterhalten werden könnte. Im übrigen besteht auch aus rein rechtlicher Sicht keine zwingende Notwendigkeit für die Wahl der mit Anstaltslast und Gewährträgerhaftung verbundenen öffentlichen Rechtsform; es gibt durchaus alternative Gestaltungsmöglichkeiten, diese Institute in einer anderen Rechtsform (z.B. als Aktiengesellschaft) zu betreiben. In Anbetracht der restriktiven Handhabung der Ausnahmevorschrift des Art. 86 Abs. 2 EG[436] wird man daher nicht davon sprechen können, dass eine Beseitigung der den öffentlich-rechtlichen Kreditinstituten eingeräumten Sondervorteile diesen die Erbringung der ihnen übertragenen Dienstleistungen von allgemeinem wirtschaftlichen Interesse gänzlich unmöglich macht.

Im Zusammenhang mit der Feststellung, ob eine Verhinderung der Aufgabenerfüllung tatsächlich droht, ist es von besonderer Bedeutung, wenn das Unternehmen Leistungen zu erbringen hat, die aus wirtschaftlicher Sicht unrentabel sind. Insoweit wird man es hinnehmen müssen, wenn das Unternehmen die sich aus den unrentablen Geschäftsbereichen ergebenden Verluste mit Gewinnen aus anderen, rentablen Geschäftsbereichen abdeckt, sofern die Anwendung der Wettbewerbsvorschriften die Aufrechterhaltung der unrentablen Bereiche unmöglich machen würde[437]. Dies ist insoweit interessant, als sich z.B. Kreditinstitute wie die Landesbanken, die nur teilweise Leistungen von allgemeinem wirtschaftlichen Interesse erbringen, auf den Standpunkt stellen könnten, dass durch die beihilferechtlich relevanten Tätigkeiten nur die Leistungen der Daseinsvorsorge „quersubventioniert" und damit überhaupt erst durchführbar würden. Für diese Annahme konnte bislang aber noch kein schlüssiger Nachweis erbracht werden.

2. „De-minimis"-Regelung

Im Rahmen der Beihilfenkontrolle sind zwar das Ausmaß der Begünstigung oder die wirtschaftliche Bedeutung des Empfängers grundsätzlich unbeachtlich, da allein der verhältnismäßig geringe Umfang einer Beihilfe oder die verhältnismäßig geringe Größe des begünstigten Unternehmens die Möglichkeit einer Beeinträchtigung des innergemeinschaftlichen Handels grundsätz-

---

[435] Ablehnend: Schmid/Vollmöller in NJW 1998, 718 f..

[436] Vgl. Schneider/Busch in EuZW 1995, 604.

[437] *Grill* in Lenz, Art. 86 Rn 27; EuGH, Urteil vom 19.05.1993 – C-320/91 (Corbeau), Slg. 1993-I, 2533, 2568; EuGH, Urteil vom 23.10.1997 – C-157/94 (Kommission/Niederlande), Slg. 1997-I, 5699, 5776.

lich nicht ausschließen[438]. Der Kommission wird bei der Beurteilung beihilferechtlich relevanter Sachverhalte jedoch im Rahmen des Art. 87 Abs. 3 EG ein weiter Spielraum zugebilligt, den sie durch eine Vielzahl von Vorschriften ausgefüllt hat, die der Vereinfachung und Transparenz der Verwaltungshandhabung dienen. Zusätzliche Ausnahmetatbestände vom allgemeinen Beihilfeverbot werden hierdurch aber nicht geschaffen[439], man könnte allenfalls daran denken, dass hierdurch eine gewisse „Selbstbindung" der Kommission begründet wird. Auch dies ist aber in Anbetracht der ständigen Rechtsprechung des Europäischen Gerichtshofs, dass die schlichte Praxis der Gemeinschaftsorgane Regeln des EG-Vertrages nicht abändern und damit auch kein bindendes Präjudiz schaffen kann[440], sehr fraglich.

Zur vereinfachten Handhabung von Beihilfesachverhalten von eher untergeordneter Bedeutung hat die Kommission auch eine sog. „de minimis"-Regelung eingeführt und einen Mindestbetrag von EUR 100.000,00 (der alle dem Beihilfebegünstigten in einem Zeitraum von drei Jahren gewährten Vorteile umfaßt) als Bagatellgrenze festgesetzt, ab dem überhaupt erst von einer relevanten Beihilfe auszugehen ist[441]. Auch wenn man bei Erlass der „de-minimis"-Regelung überwiegend auf kleine und mittlere Unternehmen (KMU) abzielte, so betrifft die Regelung dennoch alle Unternehmen unabhängig von ihrer jeweiligen Größe[442].

Zwar ist – wie bereits dargestellt – eine Quantifizierung der durch Anstaltslast und Gewährträgerhaftung erlangten Vorteile nur sehr schwer möglich, geht man aber von den bereits erwähnten Schätzungen aus, dass z.B. allein die WestLB jährlich ca. DM 300 Mio. an Refinanzierungskosten einsparen kann[443], so kommt eine Anwendung der „de minimis"-Regelung wohl grundsätzlich nicht in Betracht. Gleiches gilt für die anderen großen öffentlichen Kreditinstitute. Bei den Sparkassen könnten hingegen – sofern sich hier überhaupt Refinanzierungsvorteile ergeben – die durch Anstaltslast und Gewährträgerhaftung vermittelten Vorteile aufgrund des niedrigeren Refinanzierungsvolumens im Einzelfall beihilferechtlich unbedenklich sein. Hierbei ist zu berücksichtigen, dass es sich insoweit zwar um langfristig vermittelte Vorteile handelt, die bei einer Gesamtbetrachtung durchaus einen erheblichen Betrag ausmachen können, entscheidend ist für die „de-minimis"-Regelung jedoch allein ein Dreijahreszeitraum.

---

438 Vgl. EuGH, Urteil vom 21.03.1990 – Rs. C-142/87, Slg. 1990-I, 959,1015; EuGH, Urteil vom 19.09.2000 – Rs. C-156/98, ZIP 2000, 1741.

439 EuGH, Urteil vom 24.02.1987 – Rs. 310/85, Slg. 1985, 927.

440 Vgl. EuGH, Urteil vom 12.11.1996 – Rs. C-84/94, Slg. 1996-I, 5755, 5801.

441 Vgl. Gemeinschaftsrahmen für Beihilfen an kleine und mittlere Unternehmen, ABlEG 92/C 213 vom 19.08.1992, S. 2; geändert durch die Mitteilung der Kommission über „de minimis"-Beihilfen, ABlEG 96/C 68 vom 06.03.1996, S. 9; vgl. hierzu Bartosch in ZIP 2000, 2012.

442 Vgl. Mitteilung der Kommission über „de minimis"-Beihilfen, ABlEG 96/C 68 vom 06.03.1996, S. 9.

443 Vgl. Koenig in EWS 1998, 149.

Hinsichtlich der vermittelten Steuervorteile ist festzustellen, dass allein in Bezug auf die Körperschaftsteuerbelastung bei Zugrundelegung des zukünftig geltenden Körperschaftsteuer-Satzes von 25% bei einem über drei Jahre hinweg kumulierten zu versteuernden Einkommen von EUR 400.000 die „de-minimis"-Regelung bereits überschritten wird[444]. Allein der den öffentlich-rechtlichen Kreditinstituten vermittelte Körperschaftsteuer-Vorteil liegt daher regelmäßig jenseits des in der „de-minimis"-Regelung als unbedenklich angesehenen Betrages.

Darüber hinaus ist die rechtliche Qualität der „de-minimis"-Regelung in Anbetracht der dargestellten Rechtsprechung des Europäischen Gerichtshofs ohnehin umstritten. Man könnte sie im Rahmen des Kriteriums der „Beeinträchtigung des innergemeinschaftlichen Handels" heranziehen, was aber der Begründung einer „Spürbarkeitsschwelle" gleichkommt. Eine solche könnte jedoch, wie bereits dargestellt, alleine durch die Praxis der Kommission nicht begründet werden[445]. Nachdem der Europäische Gerichtshof die „de-minimis"-Regelung nicht ausdrücklich verworfen hat, wird sie in der europarechtlichen Literatur regelmäßig zumindest aus pragmatischen Gesichtspunkten akzeptiert[446]. Dogmatisch rechtfertigen lässt sie sich jedoch nur im Hinblick auf kleine und mittlere Unternehmen (KMU) im Rahmen von Art. 87 Abs. 3 lit. c EG, der der Kommission ein Ermessen einräumt, bestimmte Beihilfen als mit dem Gemeinsamen Markt vereinbar anzusehen[447]. Im Lichte der bisherigen Rechtsprechung des Europäischen Gerichtshofs zum „Spürbarkeitskriterium" wird man der „de-minimis"-Regelung aber keine allgemeinverbindliche Wirkung zukommen lassen können, im Einzelfall erscheint sogar bei Erfüllung der Voraussetzungen der „de-minimis"-Regelung ein Aufgreifen von beihilferechtlich relevanten Sachverhalten nicht ausgeschlossen.

3. Ausgleich von Teilungsfolgen in Ostdeutschland

Im Hinblick auf Kreditinstitute, die zumindest teilweise in den neuen deutschen Bundesländern tätig sind, lassen sich Ausnahmen vom Beihilfeverbot nach Art. 87 Abs. 2 EG diskutieren, die aber auch bei ihrem Eingreifen nicht von einer Notifizierungspflicht entbinden würden (vgl. Art. 88 Abs. 3 EG). Insoweit erklärt Art. 87 Abs. 2 lit. c EG (sog. „Deutschenklausel") Beihilfen für die Wirtschaft bestimmter durch die deutsche Teilung betroffener Gebiete als generell mit dem Gemeinsamen Markt vereinbar, soweit sie zum Ausgleich der durch die Teilung verursachten wirtschaftlichen Nachteile erforderlich sind.

---

[444] Zum Vergleich hierzu hat z.B. die Rentenbank für das Geschäftsjahr 1998 einen Bilanzgewinn von DM 15.000.000 ausgewiesen.

[445] Denkbar wäre allerdings eine Ausnahmeregelung, die durch den Rat nach Art. 87 Abs. 3 lit. e EG auf Vorschlag der Kommission erlassen werden könnte.

[446] Vgl. *Mederer* in Groeben/Thiesing/Ehlermann, Art. 92 Rn. 41; Rawlinson in Lenz, Art. 87 Rn. 13.

[447] Vgl. v. Wallenberg in Grabitz/Hilf, Art. 92 EGV Rn. 36.

Insoweit ist zwar umstritten, ob mit der Wiederherstellung der deutschen Einheit diese Ausnahmemöglichkeit entfallen ist, hiergegen spricht allerdings schon der Umstand, dass sie bis heute nicht gestrichen wurde[448]. Als Ausnahmevorschrift ist Art. 87 Abs. 2 EG jedoch eng auszulegen und hat daher im wesentlichen ohnehin nur zugunsten des ehemaligen Zonenrand- und Berlinfördergebietes gewirkt, um dort die durch die Errichtung und Aufrechterhaltung der alliierten Besatzungszonen im Jahre 1948 verursachte wirtschaftliche Nachteile (z.B. durch die Umschließung bestimmter Regionen, die Unterbrechung von Verkehrswegen oder den Verlust von natürlichen Absatzgebieten) auszugleichen[449].

Spezifische Ausnahmeregelungen zugunsten von öffentlich-rechtlichen Kreditinstituten in diesen Gebieten, die Gegenstand einer Beihilfeprüfung sein könnten, sind jedoch nicht ersichtlich. Im übrigen ist zu beachten, dass die Wirkung des Art. 87 Abs. 3 lit. c EG keineswegs so weit geht, dass hiermit Maßnahmen gerechtfertigt werden können, die eine völlige Angleichung des wirtschaftlichen Rückstandes in den neuen Bundesländern an das „Westniveau" zum Ziel haben, da die in den neuen Bundesländern bestehenden wirtschaftlichen Nachteile nicht durch die räumliche Teilung Deutschlands verursacht sind, sondern durch die in den beiden deutschen Staaten errichteten unterschiedlichen politisch-wirtschaftlichen Systeme[450].

Auch Art. 87 Abs. 3 lit. a EG sieht zumindest eine Befreiungsmöglichkeit für Beihilfen zur Förderung der wirtschaftlichen Entwicklung von Gebieten vor, in denen die Lebenshaltung außergewöhnlich niedrig ist oder eine erhebliche Unterbeschäftigung herrscht. Insoweit ist das Entwicklungsniveau eines Gebietes allerdings nicht anhand des nationalen Durchschnitts, sondern anhand wirtschaftlicher und sozialer Wertungen im Vergleich zum Gemeinschaftsniveau zu ermitteln[451]. Die Verwendung der Begriffe „außergewöhnlich" und „erheblich" macht deutlich, dass die Ausnahmebestimmung des Art. 87 Abs. 3 lit. a EG nur solche Gebiete erfassen soll, in denen die wirtschaftliche Lage im Vergleich zur gesamten Gemeinschaft äußerst ungünstig ist[452]. Zu beachten ist insoweit, dass der Kommission hinsichtlich der Beurteilung, für welche Gebiete die Ausnahmeregelung des Art. 87 Abs. 3 lit. a EG gilt, ein relativ weiter Beurteilungsspielraum zusteht[453].

---

[448] Vgl. EuGH, Urteil vom 19.09.2000 – Rs. C-156/98, ZIP 2000, 1741; Meixner in EWiR 2000, 287; Geiger, Art. 92 Rn. 20; *Rawlinson* in Lenz, Art. 87 Rn. 25

[449] Vgl. EuGH, Urteil vom 19.09.2000 – Rs. C-156/98, ZIP 2000, 1738; zustimmend Bartosch in ZIP 2000, 2013; EuG, Urteil vom 15.12.1999 – T-132/96 u. T-134/96, ZIP 2000, 91; kritisch hierzu Schohe in ZIP 2000, 106; v. *Wallenberg* in Grabitz/Hilf, Art. 92 Rn. 40.

[450] Vgl. EuG, Urteil vom 15.12.1999 – Rs. T-132/96 und T-134/96, ZIP 2000,9; EuGH, Urteil vom 19.09.2000 – Rs. C-156/98, ZIP 2000, 1742.

[451] *Rawlinson* in Lenz, Art. 87 Rn. 28.

[452] Vgl. Leitlinien für staatliche Beihilfen mit regionaler Zielsetzung, ABlEG C 74/06 vom 10.03.1998, S. 11.

[453] EuGH, Urteil vom 19.09.2000 – Rs. C-156/98, ZIP 2000, 1743.

Im wesentlichen entsprechen die als förderungswürdig eingestuften Gebiete den sog. Ziel-1-Gebieten der Strukturfonds[454]. Insoweit hat die Kommission Gebiete der ehemaligen DDR in der Vergangenheit bereits mehrfach als förderungswürdige Gebiete angesehen, da in ihnen der Lebensstandard außergewöhnlich niedrig ist und zudem eine erhebliche Unterbeschäftigung herrscht[455]. Ob diese Annahme im Hinblick auf den Entwicklungsstand des Bankwesens in den neuen Bundesländern auch zehn Jahre nach der Wiedervereinigung noch gelten kann, erscheint sehr fraglich. Im übrigen dürfte es außer Zweifel stehen, dass die Ausnahmeregelung des Art. 87 Abs. 3 lit. a EG auf die meisten öffentlich-rechtlichen Kreditinstitute in den neuen Bundesländern ohnehin nicht zur Anwendung kommen kann[456]. Man könnte zwar argumentieren, dass für den Aufbau eines flächendeckenden Bankwesens besondere Vergünstigungen für die beteiligten Kreditinstitute erforderlich seien, insoweit fehlt es aber grundsätzlich an einer spezifischen Motivation für die dargestellten Sonderregelungen. Einzig bei den Förderinstituten, die ausschließlich in den „neuen" Bundesländern tätig sind, könnte daher insoweit eine Ausnahme in Betracht kommen, eine solche ist bislang aber nicht geltend gemacht worden.

Schließlich sieht Art. 87 Abs. 3 lit. b EG eine Befreiungsmöglichkeit für Beihilfen vor, die der Behebung einer beträchtlichen Störung im Wirtschaftsleben eines Mitgliedstaates dienen. Auch diese Vorschrift ist jedoch im Rahmen der beihilferechtlichen Diskussion von Anstaltslast und Gewährträgerhaftung unbeachtlich, da sie ebenfalls eng auszulegen ist und daher nur in Fällen greift, in denen nicht nur einzelne Regionen oder Gebietsteile, sondern das gesamte Wirtschaftsleben eines Mitgliedstaates betroffen ist[457].

4. Bestandsgarantie für die Eigentumsordnung

Gegen einen Eingriff in die gegenwärtige Struktur des öffentlich-rechtlichen Bankwesens in Deutschland wird vielfach die Vorschrift des Art. 295 EG[458] angeführt, wonach die in den Mitgliedstaaten bestehenden Eigentumsordnungen von den Bestimmungen des EG-Vertrages unberührt bleiben. Anstaltslast und Gewährträgerhaftung seien insoweit zwingend verbunden mit den im Eigentum der öffentlichen Hand stehenden Kreditinstituten und damit vom Begriff der „Eigentumsordnung" im Sinne des Art. 295 umfasst[459].

---

[454] *Rawlinson* in Lenz, Art. 87 Rn. 28; vgl. Bekanntmachung der Kommission ABlEG. 1998, C 90/3.

[455] Vgl. Kommission, Entscheidung vom 11.04.2000, ABlEG L 238 vom 22.09.2000, S. 50; Kahl in NVwZ 1996, 1086.

[456] Vgl. Koenig in EWS 1998, 153.

[457] Vgl. EuG, Urteil vom 15.12.1999 – Rs. T-132/96 und T-134/96, ZIP 2000,9.

[458] Früher Art. 222 EGV.

[459] Vgl. Stern, S. 70 ff., 94.

Eine historische Betrachtung lässt insoweit durchaus den Schluss zu, dass zumindest die deutsche Seite bei Abschluss des EWG-Vertrages eine gewisse „Zementierung" des status quo für öffentliche Unternehmen im Sinn hatte[460]:

> *Keine Bestimmung des [EWG-] Vertrages darf daher so ausgelegt werden und keine Maßnahme der Organe der Gemeinschaft darf zum Ziele haben, ein Unternehmen in Gemeinwirtschaft zu überführen oder umgekehrt ein im Gemeineigentum stehendes Unternehmen zu privatisieren.*

Ähnliche Interessen dürfte es damals auch bei anderen Mitgliedstaaten gegeben haben, die – wie z.B. Frankreich oder Italien – einen noch höheren Verstaatlichungsgrad aufzuweisen hatten[461]. Es wird daher oftmals behauptet, dass Art. 295 EG die Unternehmen vor Zugriffen schützen wolle, die eigentumsrelevante Auswirkungen im Bezug auf die Organisation und Führung dieser Unternehmen haben[462].

Dem ist insoweit zuzustimmen, als Art. 295 EG vor allem auf die Furcht einzelner Mitgliedstaaten zurückzuführen ist, dass die Europäische Gemeinschaft insbesondere durch Sozialisierungsmaßnahmen Einfluss auf die Gestaltung der Wirtschaftsordnungen in den Mitgliedstaaten nehmen könnte[463], ein europaweiter Konsens aller Vertragsparteien, der zwingend eine entsprechende Auslegung des Art. 295 EG gebieten würde, ist damit aber noch nicht festgestellt. Selbst wenn man davon ausgeht, dass die Vertragsparteien des EWG-Vertrages keine Privatisierung ihrer staatlichen Unternehmen anstrebten, so kann im übrigen nicht einmal nicht mit Sicherheit gesagt werden, ob dieses Verständnis in Anbetracht der fortgeschrittenen Entwicklung des Gemeinsamen Marktes noch aufrechterhalten werden kann.

In der deutschen Literatur wird gleichwohl teilweise die Ansicht vertreten, dass die deutsche Organisationsform der Anstalt mit der durch Anstaltslast und Gewährträgerhaftung zum Ausdruck kommenden „Staatsgarantie" durch Art. 295 EG geschützt sei, da eine Anstaltsstruktur ohne diese Institute nicht denkbar sei[464]. Dies liefe dann auf eine Art „Identitätsschutz" hinaus, der verletzt wäre, wenn die öffentlichen Kreditinstitute infolge des Wegfalls von Anstaltslast und Gewährträgerhaftung nicht mehr die Institute wären, als die sie von ihren Errichtungskörperschaften begründet wurden[465].

---

[460] Vgl. BT-Drs. II/3440, S. 154.

[461] Vgl. Stern, S. 77 ff..

[462] Vgl. Stern in Sparkasse 1999, 473.

[463] *Hochbaum* in Groeben/Thiesing/Ehlermann, Art. 222 EGV Rn. 1.

[464] Thode/Peres in BB 1997, 1749.

[465] Vgl. Stern in Sparkasse 1999, 473.

Der Begriff der „Eigentumsordnung" im Sinne des Art. 295 EG umfasst das gesamte verfassungsmäßige Gefüge der Eigentumsrechte eines Mitgliedstaates, d.h. alle verfassungsrechtlichen Vorschriften über das Privateigentum, die Enteignung bzw. Sozialisierung und die Schranken der Eigentumsnutzung[466]. Der Eigentumsbegriff bezieht sich insoweit einerseits auf das Sacheigentum natürlicher und juristischer Personen an körperlichen Gegenständen, andererseits aber auch auf sonstige vermögenswerte subjektive Rechte gegenüber Dritten und dem Staat[467]. Art. 295 EG hat aber nicht den Charakter eines Grundrechts und enthält keine Garantie der Eigentumsordnungen in den Mitgliedstaaten in der Form, die sie im Zeitpunkt des Inkrafttretens des EG-Vertrages hatte[468]. Durch Art. 295 EG werden daher solche Rechtsakte nicht ausgeschlossen, die im Einzelfall die nationalen Eigentumsordnungen mit dem Ziel der Verwirklichung des Binnenmarktes verändern[469].

Art. 295 EGV erlaubt grundsätzlich die unternehmerische Betätigung der Mitgliedstaaten, die allerdings nur dann auch beihilferechtlich nicht zu beanstanden ist, wenn der Staat Gesellschafterleistungen erbringt und nicht sonstige finanzielle Zuwendungen, die nicht aus renditeorientierten Motiven erfolgen[470]. Die Feststellung hierüber nehmen die Kommission und der Europäische Gerichtshof in ständiger Praxis – wie bereits dargestellt – durch einen Vergleich mit dem marktwirtschaftlich handelnden Kapitalgeber (Private Investor) vor, der in vergleichbarer Lage und unabhängig von allen sozialen oder regionalpolitischen Überlegungen oder sektorbezogenen Erwägungen handelt. Auch im Rahmen des Art. 295 EG muss sichergestellt sein, dass ein wettbewerbswidriges Handeln öffentlicher oder privater Unternehmen verhindert wird, ohne dass dadurch aber der Status von Unternehmen, die Aufgaben des Gemeinwohls wahrnehmen, in Frage gestellt oder sogar eine Privatisierung verlangt wird[471]. Den Mitgliedstaaten bleibt das Recht vorbehalten, Privatisierungen und Sozialisierungen durchzuführen und deren Voraussetzungen und Modalitäten festzusetzen[472].

Art. 295 EG steht somit grundsätzlich in einem gewissen Widerstreit zu den Vorschriften des Beihilfenregimes. Dieses Spannungsverhältnis kann nur dadurch gelöst werden, dass letztlich keiner der Vorschriften ein absolutes Übergewicht eingeräumt wird[473]. Vielmehr muss es zu einer Art „Wechselwirkung" zwischen den beiden Positionen kommen, die nur im Wege einer praktischen Konkordanz gelöst werden kann, wie dies z.B. das Bundesverfassungsgericht

---

[466] *Röttinger* in Lenz, Art. 295 Rn. 2; *Schweitzer* in Grabitz/Hilf, Art. 295 EGV Rn. 3.

[467] *Hochbaum* in Groeben/Thiesing/Ehlermann, Art. 222 EGV Rn. 3.

[468] *Schweitzer* in Grabitz/Hilf, Art. 295 EGV Rn. 2; *Hochbaum* in Groeben/Thiesing/Ehlermann, Art. 222 EGV Rn. 5.

[469] *Röttinger* in Lenz, Art. 295 Rn. 3.

[470] Vgl. Schroeder in ZHR 161 (1997), 817 f..

[471] Vgl. Ziffer 16 der Zielvorgaben der Kommission für *Leistungen der Daseinsvorsorge in Europa*, ABIEG. C 281 vom 26.09.1996, S. 5.

[472] *Hochbaum* in Groeben/Thiesing/Ehlermann, Art. 222 Rn. 5, 8; Geiger, Art. 222 Rn. 1.

[473] Vgl. Stern, S. 89.

im Fall widerstreitender Grundrechte tut[474]. Keinesfalls kann daher aus Art. 295 EG gefolgert werden, dass sich der EG-Vertrag bezüglich des Bereichs staatlicher Wirtschaftsbetätigung gänzlich neutral verhalte[475].

Teilweise wird auch vertreten, dass Art. 295 EG im Zusammenspiel mit Art. 86 Abs. 1 EGV insoweit eine besondere Bedeutung zukommt, als er die Beweislast für das Vorliegen einer Beihilfe vollumfänglich der Kommission auferlegt und nicht etwa die öffentliche Hand dazu verpflichtet ist, einen dementsprechenden Anschein zu widerlegen[476]. Dies kann jedoch im Sinne einer effektiven Beihilfenkontrolle nicht der Fall sein, vielmehr ist aus dem Zusammenwirken der Art. 86 Abs. 1 EG und 295 EG die Schlussfolgerung zu ziehen, dass einerseits zwar die unternehmerische Tätigkeit der Mitgliedstaaten im Verhältnis zu privaten Unternehmern nicht diskriminiert werden darf, andererseits aber die Mitgliedstaaten auch keine wettbewerbsrechtlichen Freiräume für eine unternehmerische Betätigung der öffentlichen Hand beanspruchen können[477]. Im Hinblick auf den Widerstreit zwischen Privatisierung und Sozialisierung verhält sich der EG-Vertrag daher weitestgehend wertneutral: grundsätzlich sind weder die Beibehaltung der bestehenden öffentlichen Unternehmen, noch die Errichtung neuer öffentlicher Unternehmen generell untersagt[478]. Trotz dieser Aussage zur Neutralität gegenüber den nationalen Eigentumsordnungen vermag Art. 295 EG aber keine Ausnahme vom Beihilfeverbot des EG-Vertrages zu begründen[479]

Zusammenfassend ist also festzuhalten: Art. 295 EG hindert die Mitgliedstaaten grundsätzlich nicht daran, frei über den Bestand und die Ausgestaltung ihrer öffentlichen Unternehmen zu entscheiden, allerdings nur, sofern hierbei auch die Wettbewerbsvorschriften des EG-Vertrags angemessen berücksichtigt werden[480]. Für die Situation der öffentlich-rechtlichen Kreditinstitute in Deutschland kann daraus gefolgert werden, dass es der öffentlichen Hand grundsätzlich unbenommen bleibt, solche Institute zu errichten und zu führen, allerdings eben nur im Einklang mit den Wettbewerbsvorschriften des EG-Vertrages.

[474] Vgl. BVerfG, Beschluss vom 16.10.1979 – 1 BvR 647/70 u. 7/74, NJW 1980, 575; BVerfG, Beschluss vom 27.11.1990 – 1 BvR 402/87, NJW 1991, 1471.

[475] Kahl in NVwZ 1996, 1082.

[476] Vgl. Schroeder in ZHR 161 (1997), 819.

[477] Schroeder, a.a.O., S. 807.

[478] Vgl. *Hochbaum* in Groeben/Thiesing/Ehlermann, Art. 90 Rn. 2.

[479] Dreher in Gedächtnisschrift Knobbe-Keuk, S. 587.

[480] Vgl. Badura in ZGR 1997, 295 f..

5. „Amsterdamer Erklärung"

Auf seiner Tagung am 18.06.1997 in Amsterdam hat der Rat der Europäischen Gemeinschaft eine Erklärung zu den öffentlich-rechtlichen Kreditinstituten in Deutschland und zu ihrem Verhältnis zu den Wettbewerbsvorschriften es EG-Vertrages angenommen (vgl. Anlage IV). Die Mitgliedstaaten Österreich und Luxemburg haben dieser Erklärung später hinzugefügt, dass sie davon ausgehen, dass die dargelegten Grundsätze auch für Kreditinstitute mit vergleichbaren Organisationsformen in ihren Staaten gelten.

Ausgangspunkt für diese Amsterdamer Erklärung war ein entsprechender Bundesratsbeschluss mit dem Entwurf eines Protokolls zur Frage der Anstaltslast und Gewährträgerhaftung bei öffentlich-rechtlichen Kreditinstituten gewesen, der auf dem von Prof. Stern für den Deutschen Sparkassen- und Giroverband erstatteten Gutachten basierte (vgl. dazu Anhang II). Die Einstandspflichten von öffentlich-rechtlichen Körperschaften für „ihre" öffentlich-rechtlichen Kreditinstitute hätten darin ausdrücklich dem Schutzbereich des Art. 295 EG unterstellt werden sollen.

Gleichwohl konnte sich die deutsche Delegation auf dem Amsterdamer Gipfel mit ihren Vorstellungen nicht durchsetzten, vielmehr kam es nur zur Verabschiedung der gemeinsamen „Erklärung". Abgesehen davon, dass diese Erklärung inhaltlich lediglich zum Ausdruck bringt, dass die den öffentlich-rechtlichen Kreditinstituten gewährten Vergünstigungen die Wettbewerbsbedingungen auf dem Gemeinsamen Markt nicht in einem Ausmaß beeinträchtigen dürfen, das über das zur Erfüllung der besonderen Aufgaben von öffentlichem Interesse erforderliche Maß hinausgeht und den Gemeinschaftsinteressen entgegenwirkt, ist die rechtliche Qualität der Erklärung noch nicht abschließend geklärt. Inhaltlich dürfte die Erklärung jedenfalls allein auf solche Institute zu beziehen sein, die mit der Erbringung von Leistungen im Allgemeinwohlinteresse betraut sind[481].

Hinsichtlich der rechtlichen Einordnung der Erklärung wäre daran zu denken, dass sie Teil des Gemeinschaftsrechts geworden ist. Insoweit ist zu unterscheiden zwischen primärem und sekundärem Gemeinschaftsrecht. Zum primären Gemeinschaftsrecht zählen nach allgemeiner Auffassung neben den Gründungsverträgen der Europäischen Gemeinschaften[482] sowie den dazugehö-

---

[481] Koenig kommt daher zu dem Ergebnis, dass sich der Inhalt der Erklärung nur auf das Flächennetz des Sparkassenverbundes erstrecke, wohingegen die rein internationalen Geschäftsbereiche der Landesbanken, die in keiner direkten Verbindung zum Sparkassenverbund oder zur regionalen Finanzinfrastruktur stehen, keinerlei Schutzwirkung genießen sollen (vgl. Koenig in WM 1997, 1279).

[482] Vertrag über die Gründung der Europäischen Gemeinschaft für Kohl und Stahl (EGKS) vom 18.04.1951; Vertrag zur Gründung der Europäischen Wirtschaftsgemeinschaft (EWG) vom 25.03.1957; Vertrag zur Gründung der Europäischen Atomgemeinschaft (EURATOM) vom 25.03.1957.

rigen Anlagen, Anhängen und späteren Änderungen und Ergänzungen[483] auch alle im gegenseitigen Envernehmen der Mitgliedstaaten beigefügten Protokolle (vgl. Art. 311 EG)[484]. Neben den in der Schlussakte der Regierungskonferenz für den Gemeinsamen Markt und EURATOM[485] genannten Protokollen sind insoweit insbesondere das Protokoll über die Satzung des EuGH, das Protokoll über die Satzung der EIB sowie die durch die Schlussakte von Maastricht und Amsterdam hinzugefügten Protokolle von Bedeutung[486]. Hinzu kommen außerdem die Beitritts- und Assoziierungsverträge sowie die Verträge mit Drittstaaten, an denen neben den EG-Organen auch die Mitgliedstaaten zu beteiligen waren, weil Vertragsänderungen erforderlich wurden.

Das dem primären Gemeinschaftsrecht im Rang nachgehende sekundäre Gemeinschaftsrecht umfasst das gesamte von den Organen der Gemeinschaften auf der Basis der Gründungsverträge erlassene Recht[487]. Im Gegensatz zum primären Gemeinschaftsrecht, das in den Rechtsräumen der Mitgliedstaaten unmittelbare Wirkung entfaltet[488], bedarf das sekundäre Gemeinschaftsrecht grundsätzlich einer Transformation in das nationale Recht, um allgemeine Geltung zu erlangen.

Die dem Vertrag beigefügten gemeinsamen und einseitigen Erklärungen der Mitgliedstaaten sind jedoch nicht Teil des Gemeinschaftsrechts geworden. Hierfür spricht bereits ganz klar die Entstehungsgeschichte der Amsterdamer Erklärung: dass sich die Mitgliedstaaten entgegen dem deutschen Vorschlag nur zur Verabschiedung einer Erklärung durchringen konnten, entkräftet die Annahme, dass eine Regelung gewollt war, die eine über einen rein deklaratorischen Charakter hinausgehende konstitutive Wirkung haben sollte. Insoweit fehlte es ganz offensichtlich an einen gemeinsamen Konsens. Dies wird selbst von Fürsprechern der öffentlich-rechtlichen Kreditinstitute konzediert[489].

Bei der Amsterdamer Erklärung dürfte es sich daher nach richtiger Auffassung um nicht mehr als eine Interpretationshilfe für die Auslegung der Wettbewerbsvorschriften des EG-Vertrags handeln, die aber keinesfalls für die öffentlich-rechtlichen Kreditinstitute eine Bereichsausnahme von den EU-Beihilferegelungen darstellen kann[490]. Aufgrund ihrer weiten Fassung kann die Erklärung allerdings im Einzelfall durchaus einen gewissen Interpretationsspielraum eröffnen[491].

---

[483] Vgl. Schweitzer/Hummer, S. 14.

[484] Bleckmann, Rn. 526.

[485] Vgl. BGBl. II 1957, 755.

[486] Vgl. *Röttinger* in Lenz, Art. 311, Rn. 1 ff..

[487] Ein Katalog der Rechtssetzungsakte des sekundären Gemeinschaftsrechts findet sich in Art. 249 EG, wo Verordnungen, Richtlinien und Entscheidungen genannt werden.

[488] Vgl. Bleckmann, Rn. 534.

[489] Vgl. Fischer/Klanten, Rn. 1.26.

[490] Geiger, Art. 239 Rn. 4; Koenig in WM 1997, 1279 f.; *Röttinger* in Lenz, Rn. 3.

[491] Koenig in WM 1997, 1279; Schmid/Vollmöller in NJW 1998, 720.

Letztlich wiederholt die Amsterdamer Erklärung somit eigentlich nur die ohnehin geltende Rechtslage[492] und kann daher allenfalls in gewissem Umfang zur Auslegung der Wettbewerbsregeln herangezogen werden[493]. Die Position der öffentlich-rechtlichen Kreditinstitute in Deutschland erfährt dadurch freilich keine wesentliche Stärkung.

6. Ungeschriebenes Gemeinschaftsrecht

Schließlich bleibt noch zu untersuchen, ob es nicht jenseits des kodifizierten Rechts allgemeine Grundsätze gibt, anhand derer sich die dargestellten Vergünstigungen für die öffentlich-rechtlichen Kreditinstitute in Deutschland rechtfertigen ließen. In Betracht kommt insoweit nur noch ungeschriebenes Gemeinschaftsrecht, da sich ein einzelner Mitgliedstaat nicht auf Bestimmungen, Übungen oder Umstände seiner internen Rechtsordnung berufen kann, um die Nichteinhaltung seiner sich aus Vorschriften des Gemeinschaftsrechts ergebenden Verpflichtungen zu rechtfertigen[494].

Solches ungeschriebenes Gemeinschaftsrecht gibt es in der Form allgemeiner Rechtsgrundsätze und von Gewohnheitsrecht. Bei der Vertragsauslegung kommt außerdem die von den Mitgliedstaaten und den Organen der Europäischen Gemeinschaften nach dem Inkrafttreten des Vertrages ausgeübte Praxis hinzu, die im Einzelfall gewisse Rückschlüsse auf den Willen der Vertragspartner bei Vertragsabschluß zulässt, ohne dass ihr dabei aber eine überragende Bedeutung zukommt[495].

Allgemeine Rechtsgrundsätze sind nur im Bereich der Amtshaftung der Gemeinschaften ausdrücklich anerkannt (vgl. Art. 288 Abs. 2 EG). Der Europäische Gerichtshof hat darüber hinaus den Anwendungsbereich der allgemeinen Rechtsgrundsätze auf Fälle erstreckt, in denen sich das Gemeinschaftsrecht als lückenhaft erwies, wie z.B. im Bereich der Grundrechte und des allgemeinen Verwaltungsrechts[496]. Der Inhalt von allgemeinen Rechtsgrundsätzen wird dabei im Wege der Rechtsvergleichung ermittelt und gewonnen, wobei die zugrunde gelegten Rechtsgrundsätze nicht zwingend den Rechtsordnungen aller Mitgliedstaaten immanent sein müssen[497].

Der Begriff des Europäischen Gewohnheitsrechts umfasst das durch Übung oder Rechtsüberzeugung entstandene Recht, das das primäre oder sekundä-

---

[492] So auch Gärtner in ZBB 1998, 9.

[493] Vgl. Schmid/Vollmöller in NJW 1998, 720.

[494] EuGH, Urteil vom 07.04.1992 – C-45/91 (Kommission/Griechenland), Slg. 1992-I, 2509 ff..

[495] Bleckmann, Rn. 561.

[496] Vgl. Schweitzer/Hummer, S. 17; *Borchardt* in Lenz, Art. 220, Rn. 30 ff..

[497] Bleckmann, Rn. 578 ff. u. Rn. 604 ff..

re Gemeinschaftsrecht ergänzen oder ändern soll[498]. Vom Europäischen Gerichtshof ist die Existenz von gemeinschaftlichem Gewohnheitsrecht bisher aber nur ansatzweise anerkannt worden[499].

Es sind weder Anhaltspunkte dafür ersichtlich, dass auf die Rechtsprechung des EuGH ein allgemeiner Rechtsgrundsatz gestützt werden könnte, der die zugunsten der öffentlich-rechtlichen Kreditinstitute in Deutschland bestehenden „Sondervorteile" rechtfertigen könnte, noch gibt es entsprechende gewohnheitsrechtliche Begründungen.

7. Auslegung der Verträge

Abschließend ist noch zu prüfen, ob nicht aufgrund besonderer Umstände die europäischen Verträge in einer Art und Weise auszulegen sind, die zu einer abweichenden Betrachtung der Behandlung von Anstaltslast und Gewährträgerhaftung führen würde. Gäbe es nämlich ein durch eine überwiegende Praxis der Mitgliedstaaten geprägtes europaweites Verständnis dergestalt, dass die flächendeckende Erbringung von Finanzdienstleistungen „für jedermann" zwingend durch die öffentliche Hand und unter Gewährung von gewissen Sondervorteilen erfolgen müsse, so könnte insoweit eine restriktive Auslegung der Art. 87 ff. EG geboten sein.

7.1 Auslegungsmethoden

Die Auslegung des Gemeinschaftsrechts erfolgt im wesentlichen anhand der auch im deutschen Recht bekannten Grundsätze. Um aber den Besonderheiten der Gemeinschaftsrechtsordnung hinreichend Rechnung zu tragen, hat der Europäische Gerichtshof besondere gemeinschaftsspezifische Auslegungsmethoden herausgearbeitet, nach denen die Bestimmungen des Gemeinschaftsrechts grundsätzlich einheitlich und unter Berücksichtigung des wirklichen Willens des Urhebers und dem von ihm verfolgten Zweck sowie der Fassungen in allen Amtssprachen auszulegen sind[500].

Ausgangspunkt ist dabei zunächst die sich am ursprünglichen Willen des Vertragsgebers orientierende historische Auslegung. Insoweit fühlt sich der Europäische Gerichtshof bei der Bestimmung des objektiven Inhalts des EG-Vertrages aber keineswegs immer an die subjektiven Vorstellungen der

---

498 Vgl. Schweitzer/Hummer, S. 17; ein Beispiel ist die Übung, dass auch Staatssekretäre als Regierungsmitglieder angesehen und damit in den Rat der Europäischen Gemeinschaften entsandt werden können.

499 Vgl. EuGH, Urteil vom 05.06.1973 – Rs. 81/72 (Kommission/Rat), Slg. 1973, 575, 583.

500 Vgl. EuGH, Urteil vom 12.11.1969 – Rs. 29/69, Slg. 1969, 419, 425; EuGH, Urteil vom 12.07.1979 – Rs. 9/79, Slg. 1979, 2717, 2724; EuGH, Urteil vom 07.07.1988 – Rs. 55/87, Slg. 1988, 3845, 3871.

Normgeber gebunden[501]. Daneben kommt insbesondere der systematisch-teleologischen Auslegung erhebliche Bedeutung zu, wobei vor allem die in der Präambel sowie den Artt. 2 – 4 EG genannten Ziele als Auslegungskriterien heranzuziehen sind[502]. Allerdings muss der Wortlaut des Vertrages stets die äußerste Grenze der Auslegung sein, damit den Mitgliedstaaten ein Mindestmaß an Souveränität verbleibt[503]. Wichtig ist für den Europäischen Gerichtshof auch, dass das Gemeinschaftsrecht im Sinne der Rechtseinheit in allen Mitgliedstaaten einheitlich ausgelegt wird[504]. Schließlich ist es nach dem vom Gerichtshof entwickelten Grundsatz des *effet utile* erforderlich, dass das Gemeinschaftsrecht so ausgelegt wird, dass die Gemeinschaft und ihre Organe auch tatsächlich in der Lage sind, auf eine möglichst wirksame Erreichung der Vertragsziele hinzuwirken[505].

Hieraus folgt für die Bestimmung des Verhältnisses zwischen Regeln und Ausnahme, dass die für die Gemeinschaftsrechtsordnung geltenden Grundbegriffe und Rechtsfiguren weit auszulegen sind, während – wie bereits dargestellt – einschränkende Ausnahmen und Vorbehalte dagegen relativ eng auszulegen sind[506].

7.2 Historische Betrachtung

Aus historischer Sicht könnte man argumentieren, die Bundesrepublik Deutschland sei beim Abschluss der Römischen Verträge im Jahre 1957 davon ausgegangen, dass der damalige status quo der öffentlichen Unternehmen in Deutschland unberührt bleibe[507]. Wie bereits dargestellt, gibt es für diese Annahme auch durchaus gewisse Ansatzpunkte.

Andererseits ist seinerzeit im Rahmen der Verhandlungen des EWG-Vertrages neben der Niederlande gerade die Bundesrepublik Deutschland für eine „Verschlankung" des Bereichs der öffentlichen Unternehmen und eine Privatisierung des öffentlichen Sektors eingetreten[508]. Abgesehen davon, dass ein einseitiges Motiv der deutschen Delegation für sich allein noch nicht entscheidenden Einfluss auf die historische Auslegung des EG-Vertrages haben könnte, so kann man noch nicht einmal mit hinreichender Sicherheit feststellen, dass nach dem deutschen Willen damals eine Aufrechterhaltung des zur Zeit des Vertragsabschlusses bestehenden *status quo* gewollt war.

---

501 Vgl. EuGH, Urteil vom 09.08.1994 – C-327/91 (Frankreich/Kommission), Slg. 1994-I, 3641, 3677; *Borchardt* in Lenz, Art. 220, 15.

502 Bleckmann, Rn. 547 f..

503 Bleckmann, a.a.O., Rn. 549.

504 Vgl. EuGH, Urteil vom 07.12.1995 – C-449/93 (Rockfon), Slg. 1995-I, 4291.

505 Vgl. EuGH, Urteil vom 05.03.1996 – C-46/93 und C-48/93 (Brasserie du pecheur u. Factortame), Slg. 1996-I, 1029, 1144.

506 *Borchardt* in Lenz, Art. 220, Rn. 20.

507 Vgl. Stern, S. 13.

508 Vgl. *Hochbaum* in Groeben/Thiesing/Ehlermann, Art. 90 Rn. 2, 26.

7.3 Ständige Rechtsvergleichung/europäischer Kontext

Von nicht unerheblicher Bedeutung ist schließlich die Möglichkeit des Europäischen Gerichtshofs zur Rechtsfortbildung „zur Wahrung des Rechts bei der Auslegung und Anwendung des Vertrages" (Art. 220 EG)[509]. Im Wege der ständigen Rechtsvergleichung wird dabei versucht, durch eine Untersuchung des eine konkrete Streitfrage betreffenden Rechtsverständnisses in den einzelnen Mitgliedstaaten eine Lösung zu finden, die sich dann unter Berücksichtigung der Ziele und Strukturprinzipien in der Europäischen Gemeinschaft als die optimale Lösung erweist[510]. Wichtig ist insoweit allerdings die Einhaltung des bereits erwähnten Grundsatzes der europäischen Rechtseinheit.

Ein allgemein-europäisches Rechtsverständnis in Bezug auf das öffentliche Bankwesen erfordert einen europaweiten Vergleich der Situationen in den Mitgliedstaaten. Wie die bereits erwähnte Untersuchung der Kommission in den Mitgliedstaaten ergeben hat, sind die Sparkassen die einzigen Kreditinstitute, die im europaweiten Vergleich eine flächendeckende Basis-Finanzinfrastruktur sicherstellen. Dies ist insbesondere auf die gemeinsamen geschichtlichen Wurzeln des europäischen Sparkassenwesens zurückzuführen; in den aufgeklärten Staaten Mittel- und Westeuropas machte man sich die Ersparnisbildung und die Kreditgewährung zur gesellschaftspolitischen Aufgabe, um insbesondere den einkommensschwachen Bevölkerungsschichten eine gewisse soziale Sicherheit zu ermöglichen[511]. Heute gibt es weltweit in mehr als 80 Staaten Sparkassenorganisationen, wobei in Europa das Sparkassenwesen insbesondere in sechs Mitgliedstaaten von gewichtiger Bedeutung ist: in Deutschland, Frankreich, Italien, Österreich, Schweden und Spanien (siehe Übersicht „Sparkassen in Europa" auf Seite 135).

Gemessen an der Größe und Bevölkerungszahl der Mitgliedstaaten haben Sparkassen in den genannten Ländern zwar durchaus eine beachtliche Größe und Bedeutung. Nachdem aber in den übrigen Mitgliedstaaten keine vergleichbare Sachverhaltsgrundlage erkennbar ist, fehlt es bereits aus diesem Grund an einem „gesamteuropäischen Konsens".

509 Siehe BVerfG, Beschluss vom 08.04.1987 – 2 BvR 687/85, BVerfGE 75, 223.

510 *Borchardt* in Lenz, Art. 220, Rn. 27 f..

511 Vgl. Wilsberg: „Die Sparkassen – eine 'Weltidee'" in Deutsche Sparkassenzeitung, Sonderbeilage Juni 2000, S. IV

ÜBERSICHT: SPARKASSEN IN EUROPA[512]

MITGLIED-STAAT	ANZAHL INSTITUTE	BILANZSUMME IN MIO. EUR	MARKTANTEIL IN % (KUNDENEINLAGEN)	ZWEIG-STELLEN	BESCHÄF-TIGTE
Deutschland	598	850.338	30	18.318	288.404
Frankreich	34	194.497	10	4.200	39.400
Italien	73	271.522	27	6.047	75.014
Österreich	71	132.884	31	1.466	24.634
Schweden	90	86.265	28	1.398	15.808
Spanien	51	277.473	43	16.653	90.997

7.3.1 Frankreich

Die französischen Sparkassen (*Caisses d'Epargne*) können auf eine fast 200-jährige Geschichte zurückblicken[513]. Vor allem aufgrund historischer Gegebenheiten haben die französischen Sparkassen allerdings bei weitem nicht die selbe Bedeutung wie in Deutschland: die Geschäftstätigkeit der Sparkassen war lange Zeit auf das reine Einlagengeschäft für Privatkunden beschränkt, erst seit relativ kurzer Zeit können sie z.B. auch Girokonten führen und das Firmenkundengeschäft betreiben. Landesweit gibt es in Frankreich nur ganze 34 Sparkasseninstitute, die allerdings über ein Netz von 4.200 Zweigstellen mit knapp 40.000 Beschäftigten verfügen und nach ihrer Bilanzsumme immerhin die fünftgrößte Kreditinstitutsgruppe Frankreichs darstellen. Auch der den französischen Sparkassen vorgegebene Geschäftszweck ähnelt dem deutschen Modell: im Dienst der Allgemeinheit sollen vorwiegend öffentliche und gemeinnützige Investitionen finanziert werden.

---

[512] Vgl. „Sparkassen in Europa" in Kreditwesen 1999, 239.

[513] Vgl. „Frankreichs Sparkassen sind auf den kleinen Privatkunden fixiert" in Handelsblatt vom 22.06.1999, S. 21; Milhaud: „Neue Entwicklungsphase" in Deutsche Sparkassenzeitung Nr. 58 vom 03.08.1999, S.1; „Französische Sparkassen" in Kreditwesen 1999, 1030; Wilsberg: „Der Geschichte verpflichtet" in Deutsche Sparkassenzeitung Nr. 98 vom 23.12.1999, S. 6; „Die französischen Sparkassen" in Deutsche Sparkassenzeitung Nr. 7 vom 28.01.2000, S. 6; „Entscheidende Etappe für die neue Entwicklung" in Die Sparkassenzeitung Nr. 50 vom 14.07.2000, S. 14.

Bislang waren die französischen Spar- und Darlehenskassen als sog. „Kreditinstitute ohne Gewinnstreben" (*Établissements de Crédit a But non Lucratif*) organisiert. Ähnlich wie in Deutschland hatten auch die französischen Sparkassen einen besonderen Rechtsformstatus; ihre Rechtsform wies gewisse Parallelen zu den Stiftungen auf, eindeutig feststellbare Eigentümer und Eigenmittel waren jedoch nicht erkennbar. Aufgrund des Verzichts auf Gewinnausschüttungen sahen sich die französischen Sparkassen bereits seit längerem dem Vorwurf der Wettbewerbsverzerrung ausgesetzt.

Im Juni 1999 wurde nun nach dem Abschluss eines langjährigen Entwicklungsprozesses ein umfangreiches Reformgesetz für das Sparkassenwesen verabschiedet, wonach alle französischen Sparkassen bis zum Jahr 2003 in Genossenschaften umgewandelt werden sollen. Das Kapital der Sparkassen soll dann von „lokalen Spargesellschaften" (*Sociétés Locales d'Epargne*) aufgebracht werden, die ebenfalls als Genossenschaften organisiert sind und deren Mitglieder die Kunden und Angestellten der Sparkassen sowie – in begrenztem Umfang – die lokalen Gebietskörperschaften sein sollen. Diese Struktur bringt in besonderer Weise das aus dem deutschen Sparkassenwesen bekannte Regionalprinzip zum Ausdruck. Alle Anteilseigner erhalten auf ihre Anteile eine Dividende und sind nach Köpfen stimmberechtigt. Als landesweites Sparkassen-Zentralinstitut fungiert die „Nationalbank der französischen Sparkassen (*Caisse Nationale des Caisses d'Epargne*), eine Aktiengesellschaft, an der die französischen Sparkassen die Mehrheit der Anteile halten.

7.3.2 Italien

Die italienischen Sparkassen haben mit den deutschen Sparkassen außer der Hülle, d.h. dem Namen „Sparkasse" (*Cassa di Risparmio*), und der oftmals starken regionalen Verwurzelung, praktisch nichts gemeinsam, da insbesondere eine Gewährträgerhaftung und das Regionalprinzip unbekannt sind[514]. Die hinter den italienischen Sparkassen stehenden Gesellschafter sind zumeist Stiftungen, die von der öffentlichen Hand getragen werden.

Bereits seit 1993 gibt es in Italien keine Sondervorschriften mehr für Sparkassen, die italienische Zentralbank (*Banca d'Italia*) unterscheidet seitdem nur noch zwischen zwei Institutsgruppen: den Genossenschaftsbanken und den sonstigen Banken. Bis 1993 sind auch alle italienischen Sparkassen in Aktiengesellschaften umgewandelt worden, deren Anteile zumeist weiter von Stiftungen gehalten werden. Der begonnene Privatisierungsprozess im italienischen Sparkassenwesen dürfte sich allerdings auch in den kommenden Jahren weiter fortsetzen, da einerseits die Stiftungen von Gesetzes wegen dazu verpflichtet sind, ihre Anteile an den Sparkassen auf unter 50% zu reduzieren, und andererseits die Einflussnahme in den Stiftungen drastisch vermindert werden

[514] Vgl. „Italiens Sparkassen im Umbruch" in Handelsblatt Nr. 141 vom 26.07.1999, S. 21; „Sparkassen in Europa" in Deutsche Sparkassenzeitung Nr. 94 vom 10.12.1999, S. 6; Wilsberg: „Der Geschichte verpflichtet" in Deutsche Sparkassenzeitung Nr. 98 vom 23.12.1999, S. 6.

soll. Zahlreiche Fusionen in den vergangenen Jahren haben ihr übriges getan, dass Italien im Hinblick auf eine konsequente Privatisierung des Bankensektors durchaus als „fortschrittlich" bezeichnet werden kann.

Allerdings ist zu bedenken, dass das italienische Zivilgesetzbuch (*Codice Civile*) in Art. 2362 generell eine unbeschränkte Haftung der Aktionäre für die Verbindlichkeiten ihrer Gesellschaft vorsieht, falls es sich um eine 100%ige Beteiligung handelt[515]. Anders als in Deutschland handelt es sich hierbei aber nicht um eine Sonderregelung für öffentlich-rechtliche Gesellschaften, sondern vielmehr um eine allgemein anwendbare Regelung.

7.3.3 Österreich

Gemessen an der Größe und Bevölkerungszahl kommt im europäischen Vergleich dem Sparkassenwesen in Österreich besondere Bedeutung zu[516]. Hier gibt es sowohl öffentlich-rechtliche Sparkassen als auch solche, die in der Rechtsform einer Aktiengesellschaft betrieben werden. Für beide Organisationsformen besteht zwar nach § 2 Abs. 1 des österreichischen Sparkassengesetzes eine der deutschen Gewährträgerhaftung vergleichbare Regelung zur Haftung der Gemeinden für den Fall der Zahlungsunfähigkeit der Institute[517], eine mit der deutschen Regelung vergleichbare Anstaltslast besteht aber nicht[518].

---

515 "*In caso d'insolvenza della società, per le obbligazioni sociali sorte nel periodo in cui le azioni risultano essere appartenute ad una sola persona, questa risponde illimitatamente.*"

516 Vgl. Immenga/Rudo, S. 30 f..

517 "*Gemeindesparkassen sind die von Gemeinden im eigenen Wirkungsbereich unter deren Haftung gegründeten Sparkassen. Die Gemeinde (Haftungsgemeinde) haftet für alle Verbindlichkeiten der Sparkasse als Ausfallbürge im Falle der Zahlungsunfähigkeit gemäß § 1356 ABGB; mehrere Haftungsgemeinden einer Sparkasse haften zur ungeteilten Hand. Bei Zahlungsunfähigkeit einer Sparkassen Aktiengesellschaft (§ 1 Abs. 3) erstreckt sich die Haftung der Gemeinde (Haftungsgemeinde) im Wege über die Sparkasse, die ihr Unternehmen oder ihren bankgeschäftlichen Teilbetrieb in diese Sparkassen Aktiengesellschaft eingebracht hat, auch auf die Verbindlichkeiten der Sparkassen Aktiengesellschaft. ...*"

518 Die Ausfallhaftung der Gemeinden ist allerdings durch den im Zuge des am 19.11.1998 verabschiedeten österreichischen Sparkassengesetz es (BGBl. I Nr. 184/1998) neu eingefügten § 2a hinsichtlich solcher Gemeindesparkassen auf die sog. Altverbindlichkeiten eingeschränkt worden, die ihr Unternehmen oder ihren bankgeschäftlichen Teilbetrieb in eine Aktiengesellschaft ausgliedern und sich in eine Privatstiftung umwandeln: „*Wird die einbringende Sparkasse in eine Privatstiftung umgewandelt, beschränkt sich die Haftung der Gemeinde gemäß Abs. 1 auf jene Verbindlichkeiten, die bis zu dem auf die Eintragung der Umwandlung im Firmenbuch folgenden Bilanzstichtag entstanden sind, einschließlich von dem Grunde nach schon bestehenden vertraglichen Verpflichtungen aus Anwartschaften. ...*".

7.3.4 Schweden

Das schwedische Sparkassenwesen wird vor allem von der Svedbank dominiert, die im Jahre 1993 aus einer Fusion des Verbands schwedischer Sparkassen mit der Sparkassenzentralbank und mit elf großen Regional- und Kreiskassen entstanden ist und als „Sparkassenzentralbank" mit den mehr als 80 unabhängigen Sparkassen eng zusammenarbeitet[519]. Der Einflussbereich der Svedbank erstreckt sich jedoch über die Landesgrenzen hinaus auf den gesamten skandinavischen Raum.

Aufgrund der rechtlichen Rahmenbedingungen sind die schwedischen Sparkassen für ihre Kunden allerdings eher uninteressant: anders als in Deutschland gibt es keine Gewährträgerhaftung, darüber hinaus unterliegen die schwedischen Sparkassen auch keiner Art der Bankenaufsicht, so dass eine Geldanlage mit einem nicht unerheblichen Risiko verbunden ist. Das schwedische Sparkassensystem wird daher vielfach als nicht mehr zeitgemäß angesehen.

7.3.5 Spanien

Das Spanische Sparkassenwesen wird überwiegend von zwei großen landesweit tätigen Sparkassen dominiert; daneben gibt es noch eine überschaubare Anzahl regionaler Institute, die einem starken Konzentrationsprozess ausgesetzt sind[520]. Gemessen an der Zahl der unterhaltenen Geschäftsstellen liegt der spanische Sparkassensektor auf einem ähnlichen Niveau wie der deutsche. Anders als in Deutschland kennt man aber in Spanien Prinzipien wie die Gewährträgerhaftung oder das Regionalprinzip nicht. Die Eigentumslage an den spanischen Sparkassen bleibt etwas unklar, da die Institute praktisch als private Stiftungen organisiert sind. Aufgrund des starken Einflusses lokaler Politiker in den Aufsichtsgremien gibt es aber eine ähnlich starke Bindung an die öffentliche Hand wie in Deutschland. Beachtlich ist auch, dass die katholische Kirche über ihre Stiftungen einen nicht unerheblichen Einfluss in den Aufsichtsgremien hat.

7.3.6 Zusammenfassung

Festzustellen ist, dass es zwar in den größeren europäischen Ländern durchaus Kreditinstitute gibt, die mit den deutschen Sparkassen verglichen werden

[519] Vgl. „Sparkassen sind im hohen Norden fast unbekannt" in Handelsblatt Nr. 120 vom 27.06.1999, S. 27; „Sparkassen in Europa" in Deutsche Sparkassenzeitung Nr. 79 vom 15.10.1999, S. 7.

[520] Vgl. „Zwei Sparkassen geben den Ton an" in Handelsblatt vom 12.07.1999, S. 22; Wilsberg: „Der Geschichte verpflichtet" in Deutsche Sparkassenzeitung Nr. 98 vom 23.12.1999; „Sparkassen in Europa" in deutsche Sparkassenzeitung Nr. 19 vom 10.03.2000, S. 6.

können, ein „allgemeines gesamteuropäisches Verständnis" dergestalt, dass die flächendeckende Erbringung von Finanzdienstleistungen durch die öffentliche Hand und unter Gewährung gewisser „Sondervorteile" erfolgen muss, ist jedoch nicht festzustellen. Die rechtliche Organisationsstruktur der europäischen Sparkasseninstitute weicht im einzelnen nicht unerheblich von der deutschen ab, allenfalls in Österreich kennt man noch ein Sparkassensystem, das auch in seiner rechtlichen Struktur mit dem deutschen ansatzweise vergleichbar ist[521]. Deshalb kann auch nicht die Schlussfolgerung gezogen werden, dass insoweit aufgrund einer europaweiten *communis opinio* eine einschränkende Auslegung des Art. 87 EG geboten und die öffentlich-rechtlichen Kreditinstitute daher von dessen Anwendungsbereich ausgenommen wären.

VIII. ZWISCHENERGEBNIS

Das „deutsche System" der öffentlich-rechtlichen Kreditinstitute war ursprünglich von dem Motiv getragen, als Teil der Daseinsvorsorge Dienstleistungen von allgemeinem wirtschaftlichen Interesse zu erbringen. Dies findet auch in den europarechtlichen Bestimmungen ein entsprechendes Äquivalent, so dass das „deutsche System" insoweit grundsätzlich „europakonform" wäre, und zwar auch unter Berücksichtigung der den öffentlich-rechtlichen Kreditinstituten gewährten „Sondervorteile".

Nachdem sich aber die Tätigkeit praktisch aller öffentlich-rechtlichen Kreditinstitute im Laufe der Zeit nicht unerheblich weiterentwickelt und verändert hat, kann diese Prämisse nicht mehr uneingeschränkt gelten. So suchen z.B. die Landesbanken für ihre Geschäftstätigkeit immer neue Betätigungsfelder und erschließen sich auch Bereiche, die mit ihrem durch den öffentlichen Auftrag geprägten „originären Bankgeschäft" gar nichts mehr gemein haben[522]. Hierzu zählen insbesondere die Ausweitung von internationalen Aktivitäten[523] sowie das Halten von Beteiligungen außerhalb des Finanzsektors. Darüber hinaus haben einige Landesbanken im Stile der Großbanken Fusionen eingeleitet, die zu einem Konzentrationsprozess führen, der schon bald mit dem in der privaten Bankwirtschaft so heftig kritisierten verglichen werden kann.

---

[521] Vgl. Bericht der Europäischen Kommission an den Rat: „Dienstleistungen von allgemeinem wirtschaftlichen Interesse im Bankensektor" in ZBB 1998,273.

[522] Vgl. Handelsblatt vom 11.03.1999, S. 14: *WestLB bewirbt sich um Bahnhöfe in Italien*, wobei sich eine Tochtergesellschaft der von der WestLB zu 50% kontrollierten Westdeutschen Immobilienbankholding an einem Bieterkonsortium für die Anteile einer Betreibergesellschaft großer italienischer Bahnhöfe beteiligt hat.

[523] So machte z.B. nach Feststellungen der Kommission die Geschäftstätigkeit der WestLB außerhalb der Bundesrepublik Deutschland im Jahre 1997 rund 46% der nicht konsolidierten Nettoeinnahmen aus Finanztransaktionen aus (vgl. Entscheidung vom 08.07.2000, ABlEG L 150 vom 23.06.2000, S. 3).

Die „exzessive" Erweiterung der Geschäftstätigkeit vieler öffentlich-rechtlicher Institute – wobei hier insbesondere auch das Halten und die Verwaltung von Unternehmensbeteiligungen zu nennen ist – kann vielfach nicht mehr als Teil der Daseinsvorsorge angesehen werden kann. Dies gilt sowohl für eine rein deutsche Sichtweise als auch für die europäische Betrachtung. Bei den Förderinstituten stellt sich insoweit die Problematik, dass sie teilweise Förderaufgaben wahrnehmen, die unter Berücksichtigung des gewandelten Verständnisses heute wohl eher auf Gemeinschaftsebene angesiedelt sind. Anstaltslast und Gewährträgerhaftung sowie die teilweise eingeräumten Steuervorteile haben daher aus europarechtlicher Sicht zumindest in Teilbereichen ihre Legitimation verloren. Zwar kann eine in der Vergangenheit einmal gegebene Ausgeglichenheit von Leistung und Gegenleistung durch die inzwischen eingetretene Verschiebung und Veränderung der Tätigkeiten nicht plötzlich ganz wegfallen[524]; es darf aber nicht übersehen werden, dass bereits die unzulässige „Erstreckung" von Anstaltslast und Gewährträgerhaftung auf nicht mehr von einem öffentlichen Auftrag gedeckte Tätigkeiten zur Entstehung eines Ungleichgewichts führt. Anderenfalls könnten Institute, die einmal zur Wahrnehmung besonderer öffentlicher Aufgaben begründet wurden, von der öffentlichen Hand unter Umgehung der Beihilfevorschriften jederzeit zur Verwirklichung anderweitiger Zielsetzungen verwendet werden.

Die Einordnung von Anstaltslast und Gewährträgerhaftung in die Unterscheidung zwischen bestehenden und neuen Beihilfen ist zwar rechtsdogmatisch umstritten[525], hat insoweit aber keine größeren praktischen Auswirkungen. Schließlich können alle Beihilfen, die nicht sofort angezeigt werden, auch später von der Kommission als bestehende Beihilfen aufgegriffen werden. Darüber hinaus dürfte die heutige Betätigung auch aus rein nationaler Sicht keinesfalls mehr vom historischen Willen der Schöpfer des „deutschen Systems" gedeckt sein. Eine Ausnahme kann insoweit nur für die Sparkassen gelten, die – wie bereits dargestellt – weiterhin grundsätzlich einen öffentlichen Auftrag ausführen und dafür auch keine als unangemessen anzusehende Gegenleistung der öffentlichen Hand erhalten.

Nach alledem stellen sich somit Anstaltslast und Gewährträgerhaftung sowie die festgestellten Steuervorteile bei einigen der im Rahmen dieser Untersuchung betrachteten öffentlich-rechtlichen Kreditinstitute als unzulässige Beihilfen dar, die grundsätzlich rückgängig zu machen sind. Insoweit gilt, dass die Aufhebung einer rechtswidrigen Beihilfe durch die Rückforderung des Ge-

---

524 Vgl. Scherer/Schödermeier in ZBB 1996, 175.

525 Einerseits (z.B. Gruson in EuZW 1995, 357 ff.; Scherer/Schödermeier in ZBB 1996, 165) wird die Ansicht vertreten, dass Anstaltslast und Gewährträgerhaftung – unabhängig davon, wann sie mit Entstehen des Kreditinstituts tatsächlich zum Tragen kamen – auf einem ungeschriebenen Rechtssatz beruhten, der bereits im Zeitpunkt des Inkrafttretens des EWG-Vertrages Geltung hatte und dass sie daher als bestehende Beihilfen anzusehen seien. Andererseits wird dem entgegengehalten (z.B. Koenig/Sander in EuZW 1997, 365; Koenig in EWS 1998, 153 f.), dass in zeitlicher Hinsicht das Inkrafttreten der gesetzlich begründeten Kapitalisierungs- und Haftungsinstitute maßgeblich sei, und zwar bezogen auf jede einzelne Finanzierungsanstalt.

währten eine logische Folge der Feststellung der Rechtswidrigkeit der Maßnahme ist. Weder die Rückforderung noch die zusätzliche Forderung von Zinsen für die Zeit zwischen der Gewährung der Beihilfe und ihrer tatsächlichen Rückzahlung stellen Maßnahmen dar, die in Anbetracht der Ziele, die mit den Bestimmungen des EG-Vertrages über staatliche Beihilfen verfolgt werden, als unverhältnismäßig angesehen werden müssten[526].

Im übrigen kann einer Rückforderung der Beihilfe regelmäßig auch nicht das Vertrauen der von einer rechtswidrig gewährten Beihilfe begünstigten Kreditinstitute entgegengehalten werden, da ansonsten den beihilferechtlichen Regelungen des EG-Vertrages jede praktische Wirksamkeit genommen würde[527]. Ein schutzwürdiges Vertrauen des begünstigten Unternehmens kann nämlich grundsätzlich nur dann entstehen, wenn die Beihilfe unter Beachtung des in Art. 88 EG vorgeschriebenen Verfahrens gewährt wurde[528]:

> *Da die Überwachung der staatlichen Beihilfen durch die Kommission in Artikel 93 EWG-Vertrag [Art. 88 EG] zwingend vorgeschrieben ist, darf ein beihilfebegünstigtes Unternehmen auf die Ordnungsmäßigkeit der Beihilfe jedoch grundsätzlich nur dann vertrauen, wenn diese unter Beachtung des dort vorgesehenen Verfahrens gewährt wurde. Einem sorgfältigen Gewerbetreibenden ist es regelmäßig möglich, sich zu vergewissern, ob dieses Verfahren beachtet wurde.*

Hinsichtlich des Vertrauensschutzes der Institutsgläubiger stellt sich die Situation wesentlich schwieriger dar, da dem von Drittgläubigern entgegengebrachten Vertrauen in die gesicherte Bonität ihrer Schuldner durch eine Abschaffung von Anstaltslast und Gewährträgerhaftung plötzlich die Grundlage entzogen würde. Auch wenn die Anstaltsgläubiger im Gegensatz zu den betroffenen Instituten nicht Beihilfeempfänger von Anstaltslast und Gewährträgerhaftung sind[529], so können sie gleichwohl berechtigterweise der Einwand des rechtsstaatlichen Vertrauensschutzes und des Eigentumsschutzes geltend machen[530]. Unter diesem Gesichtspunkt erscheint eine Abschaffung der Gewährträgerhaftung nur unter gleichzeitiger Festlegung angemessener Übergangsfristen möglich.

Letztlich kommt man so zu einem Ergebnis, das den Interessen aller Beteiligten gerecht werden kann. Der öffentlichen Hand steht die Anstalt nur dann als zulässige Organisationsform für ihre Tätigkeit am Markt zur Verfügung, wenn es sich um die Erfüllung öffentlicher Aufgaben handelt. Darüber hinaus darf es auch zu keiner „Übervorteilung" kommen, d.h. die der Anstalt im Vergleich zu den anderen Marktteilnehmern eingeräumten „Sondervorteile"

---

526 Vgl. EuGH, Urteil vom 14.01.1997 – Rs. C 169/95 (Spanien/Kommission), EWS 1997, 92.

527 Vgl. EuGH, Urteil vom 14.01.1997 – Rs. C 169/95 (Spanien/Kommission), a.a.O.

528 Vgl. EuGH, Urteil vom 20.09.1990 – C-5/89 (Deutschland/Kommission), Slg. 1995-I, 3437.

529 Vgl. Koenig/Sander in EuZW 1997, 366.

530 Vgl. Koenig in EWS 1998, 154.

müssen in einem angemessenen Verhältnis zu den von der Anstalt übernommenen „Sonderverpflichtungen" stehen.

Die Verwendung der Organisationsform „Anstalt" ist freilich zwingend verbunden mit einer Verpflichtung des Anstaltsträgers zur Übernahme von Anstaltslast und Gewährträgerhaftung. Dies ist auch eine logische Folge aus der allgemein dem deutschen Gesellschaft immanenten Prämisse, dass immer dann eine persönliche Haftung der Gesellschafter erforderlich ist, wenn diese nicht anderweitig durch eine Haftung mit entsprechendem Kapital dargestellt werden kann[531]. Steht also – wie z.B. bei der Anstalt des öffentlichen Rechts – den Gläubigern einer Organisationsform nicht bereits eine bestimmte „abstrakte" Haftungsmasse, z.B. in Form einer Vermögenseinlage (Haftsumme) oder eines Grund- oder Stammkapitals zur Verfügung, dann muss es zwingend eine persönliche Haftung der „Initiatoren" (Gesellschafter) geben.

531 Vgl. Schneider/Busch in EuZW 1995, 605.

3. TEIL: LÖSUNGSMODELLE

Wie bereits dargestellt, gibt es im Bereich der öffentlich-rechtlichen Kreditinstitute in Deutschland einige „beihilfekritische" Fälle. Nicht für alle davon gibt es eine so einfache Lösungsmöglichkeit wie im Hinblick auf die eingeräumten Steuervorteile. Um die beihilferechtlich relevanten Sachverhalte zu „entzerren", haben die betroffenen Institute und ihre Träger bereits von sich aus gewisse Umgestaltungsmaßnahmen eingeleitet. Darüber hinaus sehen sich die öffentlich-rechtlichen Kreditinstitute mit einer Reihe von Forderungen im Bezug auf „Strukturveränderungen" konfrontiert.

Diese Lösungsvorschläge sollen im folgenden – einschließlich der für die Sparkassen vorgeschlagenen Änderungen – dargestellt und diskutiert werden. Zu beachten ist dabei, dass die Artt. 81 ff. EG zwar ein festes Ziel vorschreiben, nämlich die Gewährleistung eines nicht durch staatliche Eingriffe verfälschten Wettbewerbs, die zur Erreichung dieses Ziels zu ergreifenden Mittel aber nicht festlegen.

I. FREIWILLIGE REFORMANSÄTZE

1. Förderinstitute des Bundes

Wie bereits aufgezeigt, sind auf Bundesebene bereits erhebliche Tendenzen erkennbar, Förderinstitute durch Privatisierung aus ihren öffentlich-rechtlichen Bindungen zu „entlassen" – wenngleich dies regelmäßig sicher nicht aufgrund beihilferechtlicher Problematiken, sondern vielmehr zur Aufbesserung der Staatsfinanzen erfolgen dürfte.

Durch die eingeleiteten umfangreichen Privatisierungsmaßnahmen ist ein Weg eingeschlagen worden, der der beihilferechtlichen Diskussion durchaus die Schärfe zu nehmen vermag, gerade aber im Hinblick auf Institute wie die Postbank ist eine völlige Privatisierung im Sinne einer Vermögensprivatisierung noch lange nicht erreicht.

Ein Vergleichsbeispiel für eine als „abgeschlossen" zu bezeichnende Privatisierung ist insoweit die Deutsche Pfandbrief- und Hypothekenbank AG (DePfa-Bank)[532]. Dieses Institut war im Jahre 1922 unter dem Namen „Preußische Landespfandbriefanstalt" mit dem Sitz in Berlin als gemeinnützige Grundkreditanstalt mit dem Recht zur Ausgabe von Pfandbriefen und der Hauptaufgabe der Förderung der staatlichen Wohnungsbaupolitik errichtet

[532] Einzelheiten zur Geschichte der Bank unter http://www.depfa.de.

worden[533]. Nach dem zweiten Weltkrieg wurde aus dem Institut durch eine Übertragung des ehemals preußischen Anteilsbesitzes auf die Bundesrepublik Deutschland eine bundesunmittelbare Körperschaft des öffentlichen Rechts zur Vergabe von Darlehen zur Förderung des privaten Wohnungsbaus[534]. Im Jahre 1976 wurde der Bank ihre Eigenschaft als Organ der staatlichen Wohnungspolitik genommen, 1988 wurde dann die Privatisierung des Instituts eingeleitet[535], deren Umsetzung durch Umwandlung in eine Aktiengesellschaft schließlich Anfang 1990 abgeschlossen wurde. Die Aktien der Bank wurden im Jahre 1991 erfolgreich an der Börse platziert. Das Kapital der Deutschen Pfandbrief- und Hypothekenbank AG befindet sich heute zu ungefähr 60% im Streubesitz, nennenswerte Beteiligungen der öffentlichen Hand gibt es insoweit nicht. Eine öffentliche Einflussnahme kann daher praktisch ausgeschlossen werden. Nachdem inzwischen auch die letzten Privilegierungsvorschriften ausgelaufen sind, stellt sich das Institut mit seinen Tätigkeitsschwerpunkten Immobilienfinanzierung und Staatsfinanzierung heute als privates Kreditinstitut ohne besondere Vorrechte dar.

2. Sparkassenorganisation

Im Bereich der Sparkassenorganisation gibt es umfangreiche Umgestaltungen und Reformmaßnahmen, die allerdings größtenteils ohne Auswirkung auf die beihilferechtliche Situation bleiben dürften.

Insoweit hat z.B. das Bundesland Sachsen einen Sonderweg bei der rechtlichen Organisation seiner öffentlich-rechtlichen Kreditinstitute eingeschlagen. Durch das sog. Neuordnungsgesetz wurde der Weg freigemacht für die sog. Sächsische Verbundlösung, bei der eine Holdingstruktur geschaffen werden soll, indem neben der sächsischen Landesbank Girozentrale einzelne sächsische Sparkassen in einen „Sachsen-Finanzverband" eingebracht werden[536]. Die einbringenden Körperschaften erhalten für die von ihnen eingebrachten Institute einen bestimmten Anteil an dem neuen Finanzverband. Ziel der Verbundlösung ist die Leistungsverstärkung und Kostenreduzierung durch eine Verbesserung der Organisation und Steuerung des arbeitsteiligen Zusammenwirkens der beteiligten Institute im neuen Sparkassenverbund. Durch die

---

533 Vgl. Gesetz betreffend die Beteiligung des Landes Preußen an einer gemeinnützigen Grundkreditanstalt vom 20.05.1922, Preußische Gesetzessammlung 1922, 117.

534 Vgl. Gesetz zur Überleitung der Beteiligung des ehemaligen Landes Preußen am Grundkapital der Deutschen Pfandbriefanstalt auf den Bund, BGBl. III, 7625, S. 6.

535 Vgl. das Gesetz über die Umwandlung der Deutschen Pfandbriefanstalt in eine Aktiengesellschaft vom 20.12.1988, BGBL. 1988 I, 2310.

536 Vgl. „Umstrittene Leipziger Sparkassen-Holding geht nach der Sommerpause an den Start" in Handelsblatt Nr. 99 vom 23.05.2000, S. 18.

Schaffung eines Universalinstituts können am Markt als alle nachgefragten Finanzdienstleistungen angeboten werden[537].

Letztlich läuft die Verbundlösung damit auf die Schaffung einer Art „Sachsenbank" hinaus, an der die beteiligten Institute eine Beteiligung in Höhe des Buchwerts der von ihnen eingebrachten Vermögensgegenstände besitzen[538]. Die einzelnen Institute sollen weiterhin rechtlich selbständig bleiben und auf regionaler Ebene die Markt- und Kundenverantwortung behalten, während die Sparkassen-Holding insbesondere institutsübergreifende strategische Aufgaben übernehmen wird[539]. Durch hohe jährliche Ausschüttungen ergibt sich insbesondere für die teilnehmenden Kommunen ein erheblicher Vorteil, da die Sparkassen bisher – wie bereits dargestellt- zu einer Thesaurierung ihrer Gewinne verpflichtet waren. Der insoweit durch den Kostendruck angeschobene Konzentrationsprozess ist dabei keineswegs ein auf die Sparkassenorganisation beschränktes Phänomen, vielmehr zeichnet sich z.B. auch für den Bereich der Raiffeisen-Genossenschaften eine ähnliche Entwicklung ab[540].

Kooperationen wie die Sächsische Verbundlösung sind im Sparkassenbereich zwar keineswegs völlig neu und im übrigen auch nicht mehr auf den rein nationalen Bereich beschränkt[541], nicht zuletzt aufgrund der bisher insoweit noch unbekannten Holdingstruktur war der sächsische Sonderweg jedoch innerhalb der Sparkassenorganisation lange Zeit nicht unumstritten[542]. Ein maßgeblicher Kritikpunkt ist dabei die Frage, ob auch bei der künftigen Konstellation eine Versorgung in der Fläche noch gewährleistet ist. Darüber hinaus erscheint es äußerst bedenklich, dass durch die Verbundlösung die beihilferechtliche Problematik keinesfalls gemindert, sondern eher noch verkompliziert wird, indem die besonders „beihilfebelastete" Sächsische Landesbank Girozentrale mit den als eher unbedenklich einzustufenden Regionalinstituten in einen Topf geworfen wird. Nicht zuletzt deswegen erscheint der „sächsische Sonderweg" im Hinblick auf eine Lösung des Beihilfekonfliktes eher kontraproduktiv denn förderlich zu sein.

Im Bereich der Landesbanken wurde in jüngerer Zeit insbesondere die Möglichkeit einer süddeutschen Verbundlösung der Landesbanken Bayerns, Ba-

---

537 Milbradt: „Sächsische Verbundlösung – Konzept für eine sichere Zukunft in Sachsen" in WM 1999, 1164.

538 Vgl. Stern in Sparkasse 1999, 474.

539 Vgl. Milbradt: „Sächsische Verbundlösung – Konzept für eine sichere Zukunft in Sachsen" in WM 1999, 1166.

540 Vgl. „Raiffeisen vor weiteren Fusionen" in Handelsblatt Nr. 110 vom 11./12.06.1999, S. 16.

541 Vgl. „Geschäftliche Kooperation ausbauen" in Deutsche Sparkassenzeitung Nr. 25 vom 01.04.1999, S. 5 zu einem Treffen von Vertretern der deutschen und der spanischen Sparkassenorganisationen.

542 Vgl. „Beherrschender Einfluss der Staatsregierung befürchtet" in Deutsche Sparkassenzeitung Nr. 64 vom 21.08.1998, S. 1; „Ausschluss der Sachsen-Holding debattiert" in Handelsblatt Nr. 18 vom 27.01.1999, S. 26; „Umstrittene Leipziger Sparkassen-Holding geht nach der Sommerpause an den Start" in Handelsblatt Nr. 99 vom 23.05.2000, S. 18.

den-Württembergs und Hessens diskutiert, wobei zu bemerken ist, dass die Bundesländer Hessen und Thüringen bereits eine gemeinsame Landesbank unterhalten (Landesbank Hessen-Thüringen Girozentrale/HeLaBa). Einen ganz anderen Weg hinsichtlich der Gesellschafterstruktur hat kürzlich die Nord/LB (Hannover) eingeschlagen[543]: im November 1999 hat sich die Volkswagen AG im Rahmen einer Kapitalerhöhung des Instituts mit einer Einlage von DM 100 Mio. als stiller Gesellschafter beteiligt[544]. Diese „Reformen von innen heraus" bringen aber auch eine immer stärkere Entfernung von gewissen Prinzipen mit sich, die zu dem Kernbereich an Regelungen zählen, die für das Sparkassenwesen typisch sind, und erhöhen damit zugleich die Gefahr, einen beihilferechtlich relevanten Sachverhalt zu begründen.

Einen ganz neuen Weg ist man kürzlich auch in Rheinland-Pfalz gegangen: hier wurden durch eine Änderung des Sparkassengesetzes die Bildung von Stammkapital durch Einlagen und dessen Übertragung an andere Personen als den ursprünglichen Gewährträger zugelassen (vgl. § 3 Abs. 3 und 4 SparkG R-P)[545]. Dieses rheinland-pfälzische Modell bedeutet letztlich die Schaffung einer Art „Kapitalgesellschaft des öffentlichen Rechts" mit typisch privatrechtlichen Elementen[546]. Ob eine solche Konstruktion noch mit der öffentlich-rechtlichen und gesellschaftsrechtlichen Typologie in Einklang zu bringen ist, darf durchaus bezweifelt werden. Im übrigen ist sie aber auch nicht geeignet, der beihilferechtlichen Diskussion ein Ende zu setzen, da sich auch bei dieser Konstruktion an dem öffentlich-rechtlichen Charakter der Institute nichts ändert: Anteile am Stammkapital können nämlich nur auf „horizontaler Ebene" an andere Sparkassen oder Gewährträger mit Sitz in Rheinland-Pfalz übertragen werden (vgl. § 3 Abs. 4 SparkG R-P).

II. OFFENLEGUNG DER FINANZBEZIEHUNGEN

Seitens der europäischen Kommission wurde die unternehmerische Betätigung der Mitgliedstaaten schon frühzeitig im Hinblick auf die Beihilfevorschriften des EG-Vertrages als problematisch erkannt. Klar ist insoweit, dass eine effiziente Beihilfekontrolle voraussetzt, dass die Kommission auch die zur Anwendung der Beihilfevorschriften des EG-Vertrages erforderlich Informationen erhält[547]:

> *Die Kommission kann die ihr vom Vertrag übertragenen Aufgaben nur erfüllen, wenn sie die Informationen besitzt, um bestimmen zu können, ob der Zufluss finanzieller Mittel in öffentliche Unternehmen Beihilfen darstellt, um diese Beihilfen*

[543] Vgl. „VW ist stiller Gesellschafter der Nord/LB" in Handelsblatt Nr. 20 vom 28./29.01.2000, S. 24.

[544] Vgl. insoweit zu den konzernrechtlichen Folgen Bezzenberger/Schuster in ZGR 1996, 484 ff..

[545] Vgl. hierzu Palmen in Kreditwesen 1999, 778.

[546] Stern in Sparkasse 1999, 475.

[547] Vgl. Mitteilung der Kommission an die Mitgliedstaaten, ABlEG C 307 vom 13.11.1993, S. 12.

zu quantifizieren und anschließend entscheiden zu können, ob eine der im Vertrag vorgesehenen Ausnahmebestimmungen anwendbar ist.

Darüber hinaus ist in der Praxis eine effektive Beihilfenkontrolle wohl nur dann darstellbar, wenn man – in einer Art „Anscheinsbeweis – bei Kapitalmaßnahmen der öffentlichen Hand grundsätzlich zunächst davon ausgeht, dass eine Beihilfe vorliegt, sofern nicht die öffentliche Hand diese Vermutung entkräften kann[548]. Einer Offenlegung der Finanzbeziehungen zwischen der öffentlichen Hand und einzelnen Unternehmen kommt daher in zweierlei Hinsicht entscheidende Bedeutung zu: einerseits ermöglicht sie eine vollumfängliche Erfassung beihilferechtlich relevanter Sachverhalte und andererseits kann sie die Ermittlung aller für die Beihilfeprüfung erforderlichen Fakten sicherstellen.

1. Transparenzrichtlinie

Daher wurde bereits im Jahre 1980 eine Richtlinie erlassen, die eine entsprechende Transparenz der finanziellen Beziehungen zwischen den Mitgliedstaaten und öffentlichen Unternehmen verlangt[549].

Ausdruck dieser besonderen finanziellen Beziehungen ist das unmittelbare oder mittelbare Bereitstellen öffentlicher Mittel für das öffentliche Unternehmen. Wie bereits dargestellt, ist ein Unternehmen dann als öffentliches Unternehmen anzusehen, wenn die öffentliche Hand unmittelbar oder mittelbar einen beherrschenden Einfluss auf das Verhalten des Unternehmens ausüben kann. Diese Einflussnahme kann sich zum einen daraus ergeben, dass die öffentliche Hand Eigentümer des Unternehmens ist oder eine Mehrheitsbeteiligung besitzt, zum anderen aber auch aus den Befugnissen der öffentlichen Hand in den Verwaltungs-, Leitungs- oder Aufsichtsorganen des Unternehmens.

Die Kommission erkennt durchaus an, dass die Mitgliedstaaten im Einzelfall mit dem Betreiben von Unternehmen durchaus andere als wirtschaftliche Zwecke verfolgen und den Unternehmen für die ihnen auferlegten besonderen Verpflichtungen einen Ausgleich gewähren, verlangt aber, dass diese „Vergütungen" auch transparent dargestellt, d.h. dass die hierfür erforderlichen finanziellen Informationen zur Verfügung gehalten und der Kommission auf Antrag zur Verfügung gestellt werden.

Öffentliche Kreditanstalten waren gemäß Art. 4 lit. c der Transparenzrichtlinie ursprünglich ausdrücklich vom Anwendungsbereich der Richtlinie ausgenommen. Rein faktisch führte dies dazu, dass in diesem Bereich eine wirksame Beihilfenkontrolle nicht möglich und vielleicht auch gar nicht gewollt war.

---

548 Dreher in Gedächtnisschrift Knobbe-Keuk, S. 601.

549 Siehe Fn. 149.

Aufgrund des zunehmenden Wettbewerbs im Bereich der Finanzwirtschaft und wegen der fortschreitenden Integration des Binnenmarktes kam die Kommission jedoch im Jahre 1985 zu dem Entschluss, auch die öffentlichen Kreditanstalten in den Anwendungsbereich der Transparenzrichtlinie mit einzubeziehen, da auch in diesem Bereich eine Gleichbehandlung der öffentlichen und privaten Unternehmen sichergestellt sein müsse[550]. Ausdrücklich ausgenommen blieben jedoch zwei Sonderfälle finanzieller Beziehungen:

- Beziehungen zwischen den Mitgliedstaaten und den für die jeweilige Währungspolitik verantwortlichen Zentralbanken

- Beziehungen zwischen den Mitgliedstaaten und öffentlichen Kreditanstalten infolge der vorübergehenden Anlage von Mitteln zu marktgerechten Konditionen.

Im Juli 2000 ist die Transparenzrichtlinie erneut geändert worden[551], indem speziell Unternehmen, denen besondere oder ausschließliche Rechte gewährt sind oder die Dienstleistungen von allgemeinem wirtschaftlichen Interesse erbringen, mit in den Anwendungsbereich der Richtlinie einbezogen wurden. Diese Änderung dürfte für alle hier untersuchten Kreditinstitute von praktischer Relevanz sein:

- für die öffentlich-rechtlichen Kreditinstitute im Hinblick darauf, dass ihnen mit Anstaltslast und Gewährträgerhaftung „besondere Rechte" im Sinne von Art. 2 Abs. 1 lit. g der Transparenzrichtlinie gewährt wurden; und

- für die gemischt-wirtschaftlichen Kreditinstitute insoweit, als sie mit der Erbringung vom Dienstleistungen von allgemeinem wirtschaftlichen Interesse betraut sind und hierfür staatliche Beihilfen (zumindest in Form von Steuervorteilen) erhalten (vgl. Art 2 Abs. 1 lit. d der Transparenzrichtlinie); Voraussetzung ist jedoch, dass die öffentliche Hand auf diese Unternehmen einen beherrschenden Einfluss ausüben kann.

Wie sich die Kommission die praktische Darstellung der erforderlichen Transparenz vorstellt, ist ebenfalls in der im Juli 2000 ergangenen Richtlinie zur Änderung der Transparenzrichtlinie dargelegt worden:

> *Komplexe Situationen aufgrund der verschiedenen Formen öffentlicher und privater Unternehmen, denen besondere oder ausschließliche rechte gewährt oder*

[550] Vgl. Richtlinie 85/413/EWG der Kommission vom 24.07.1985 zur Änderung der Richtlinie 80/723/EWG über die Transparenz der finanziellen Beziehungen zwischen den Mitgliedstaaten und den öffentlichen Unternehmen, ABlEG. L 229 vom 28.08.1985, S. 20 f..

[551] Richtlinie 2000/52/EG der Kommission vom 26.07.2000 zur Änderung der Richtlinie 80/723/EWG über die Transparenz der finanziellen Beziehungen zwischen den Mitgliedstaaten und den öffentlichen Unternehmen, ABlEG L 193 vom 29.07.2000, S. 75 ff..

die Erbringung von Dienstleistungen von allgemeinem wirtschaftlichen Interesse übertragen wurde, ... können solcherart sein, dass sie die Anwendung der Wettbewerbsregeln ... erschweren. Die Mitgliedstaaten und die Kommission benötigen deshalb eingehende Angaben über die interne Finanzstruktur und den Aufbau dieser Unternehmen, und dabei vor allem getrennte und zuverlässige Bücher über die verschiedenen von ein und demselben Unternehmen ausgeübten Tätigkeiten. ...

Die Verpflichtung, getrennte Bücher zu führen, sollte nicht für Unternehmen gelten, deren Tätigkeiten auf die Erbringung von Dienstleistungen von allgemeinem wirtschaftlichen Interesse beschränkt ist und die keine Tätigkeiten außerhalb dieser Dienstleistungen ausüben.

Ziel der Transparenzrichtlinie ist es, ist es, dass genau erkennbar wird, welche Kosten und Erlöse in den einzelnen Geschäftsbereichen angefallen sind, wie die Kosten und Erlöse auf die einzelnen Geschäftsbereiche umgelegt worden sind, und wie die Nettoerlöse der einzelnen Geschäftsbereiche verwendet wurden[552]. Nach den Vorstellungen der Kommission ist diese Transparenz durch eine nach Geschäftsbereichen getrennte Buchführung unter genauer Angabe der Methoden, nach denen die Kosten und Erlöse den verschiedenen Geschäftsbereichen zugeordnet werden (vgl. Art. 1 Abs. 2 der Transparenzrichtlinie), darzustellen. Im Rahmen der getrennten Buchführung ist zu unterscheiden zwischen den Geschäftsbereichen, hinsichtlich derer die Unternehmen entweder besondere oder ausschließliche Rechte erhalten haben oder in denen Produkte oder Dienstleistungen von allgemeinem wirtschaftlichen Interesse erbracht werden, und den Geschäftsbereichen, in denen sonstige Produkte oder Dienstleistungen angeboten werden (vgl. Art. 2 Abs. 1 lit. e der Transparenzrichtlinie). Hieraus könnte man schließen, dass Unternehmen, die allein im „gemeinwirtschaftlichen Sonderbereich" tätig sind, generell vom Anwendungsbereich der Transparenzrichtlinie ausgenommen sein sollen[553]. Tatsächlich ausgenommen sind jedenfalls Unternehmen, die grundsätzlich einen Jahresnettoumsatz von weniger als EUR 40 Mio. sowie öffentliche Kreditanstalten mit einer Bilanzsumme von weniger als EUR 800 Mio. (vgl. Art. 4 Abs. 2 der Transparenzrichtlinie).

Die Kommission ist der Ansicht, dass die Regelungen der Transparenzrichtlinie zwar eine Belastung der betroffenen Unternehmen darstellen, aber nicht über das nach Art. 5 Abs. 3 EG zur Erreichung des Ziels erforderliche Maß hinausgehen. Vielleicht kann man die den Unternehmen auferlegte Belastung als Ausgleich für die ausnahmsweise Zulassung einer wirtschaftlichen Betätigung der öffentlichen Hand ansehen.

In Anbetracht der Bilanzsummen der untersuchten Kreditinstitute scheint die „quantitative" Beschränkung des Anwendungsbereichs der Richtlinie zwar

---

[552] Vgl. hierzu Gärtner in ZBB 1998, 10 f..

[553] Britz in DVBl. 2000, 1648.

durchaus vernünftig, im übrigen greift die Transparenzrichtlinie aber auch nach der Ergänzung durch die Richtlinie der Kommission vom Juli 2000 eigentlich noch nicht weit genug. Eine Erstreckung des Anwendungsbereichs auf alle Unternehmen, auf die die öffentliche Hand einen beherrschenden Einfluss ausübt, wäre schon deswegen geboten, da nur so auch dort potentielle und zukünftige Wettbewerbsverstöße rechtzeitig entdeckt werden können, die nicht auf einer Gewährung ausschließlicher Rechte beruhen. Wie bereits mehrfach ausgeführt: eine Beteiligung der öffentlichen Hand birgt stets die Gefahr, dass es zu Eingriffen in den Wettbewerb am Gemeinsamen Markt kommt. Dies gilt auch und gerade für die Fälle einer Beteiligung an einer in den Gesellschaftsformen des Privatrechts organisierten Unternehmung, denn durch den Verzicht auf angemessene Ausschüttungen kann es hier ebenfalls zu staatlichen Beihilfeleistungen kommen.

Es ist daher zwingend erforderlich, dass neben den öffentlich-rechtlichen Unternehmen auch die bereits erwähnten gemischt-wirtschaftlichen Unternehmen ihre Finanzbeziehungen zur öffentlichen Hand offen legen. Auf diese Weise kann sichergestellt werden, dass die für den Private Investor Test erforderlichen Tatsachen hinreichend ermittelt werden können[554]. Im Sinne einer effektiven Beihilfenkontrolle muss dies für alle öffentlich-rechtlichen Kreditinstitute gelten, da nur so eine fortwährende und sich dem verändernden Umfeld anpassende Beihilfekontrolle möglich ist.

Die Offenlegungspflicht kann sicher nicht so weit gehen, dass eine generelle Anzeigepflicht hinsichtlich fraglichen Finanzströme eingeführt wird, da es hierdurch zu einer klaren Benachteiligung öffentlicher gegenüber privaten Unternehmen käme[555]. Die Kommission muss aber zumindest die Möglichkeit haben, jederzeit Verdachtsfälle anhand vorhandener Aufzeichnungen aufgreifen und nachverfolgen zu können. Auf jeden Fall sind alle öffentlich-rechtlichen Kreditinstitute zu umfassender Offenlegung ihrer finanziellen Beziehungen zu verpflichten. Dies muss sowohl in den Fällen einer unmittelbaren Beherrschung durch die öffentliche Hand gelten, da die Vertreter der Gewährträger eines öffentlich-rechtlichen Kreditinstituts regelmäßig keine originär eigenen Interessen verfolgen und wirtschaftlich nachteilige Entscheidungen letztlich zu Lasten der Allgemeinheit wirken, die bei diesen Instituten letztlich die Rolle des Kapitalgebers einnehmen[556], als auch in den Fällen einer lediglich mittelbaren Beherrschung, da hier eine besonders gesteigerte Gefahr einer Verschleierung von marktunüblichen Verhaltensweisen, die das Vorliegen einer Beihilfe indizieren, gegeben ist.

[554] Vgl. Dreher in Gedächtnisschrift Knobbe-Keuk, S. 593.

[555] Vgl. Scherer/Schödermeier in ZBB 1996, 174.

[556] Vgl. Nippel in ZBB 2000, 222.

2. Segmentberichterstattung

Die Vorgaben der dargestellten Richtlinie zur Änderung Transparenzrichtlinie vom 26.07.2000 sind von den Mitgliedstaaten bis zum 31.07.2001 umzusetzen (vgl. Art. 2 der Richtlinie zur Änderung der Transparenzrichtlinie). Die Umsetzung würde auf deutscher Seite jedoch keine umfangreichen Gesetzesneuvorhaben erfordern, vielmehr ist mit der sog. „Segmentberichterstattung" bereits ein Instrumentarium vorhanden, mit dem die Vorgaben dieser Richtlinie angemessen umgesetzt werden können. Die ursprünglich mit dem Ziel der zwischenbetrieblichen Vergleichbarkeit der Unternehmenssegmente, einerseits zum Zweck der Darstellung der segmentspezifischen Chancen und Risiken, andererseits zur rein internen Berichterstattung, entwickelte Segmentberichterstattung[557] würde den auf zahlreichen Geschäftsfeldern tätigen Instituten eine genaue Aufgliederung der Tätigkeit nach den verschiedenen Tätigkeitsbereichen und damit insbesondere auch eine genaue Überprüfung der beihilferechtlich sensiblen Geschäftsfelder ermöglichen.

Während die Segmentberichterstattung auf internationaler Ebene seit längerem zum Standard der Rechnungslegung gehört[558], besteht eine solche Pflicht in Deutschland bislang nur für börsennotierte Muttergesellschaften eines Konzerns (vgl. § 297 Abs. 1 Satz 2 HGB[559]). Daneben verbleibt es bei der im Jahre 1985 eingeführten Verpflichtung zur Aufgliederung der Umsatzerlöse (§§ 285 Nr. 4, 314 Abs. 1 Nr. 3 HGB), die sich allerdings von der Segmentberichterstattung nach § 297 Abs. 1 Satz 2 HGB dadurch unterscheidet, dass letztere eine wesentlich detailliertere und nicht vorrangig umsatzbestimmte Berichterstattung verlangt[560].

Nachdem der deutsche Gesetzgeber hinsichtlich von Art und Umfang der nunmehr vorgeschriebenen Segmentberichterstattung ganz bewusst keine Konkretisierung vorgenommen hat, ist insoweit auf die internationalen Rechnungslegungsprinzipen, insbesondere die International Accounting Standards (IAS) oder die US-amerikanischen Generally Accepted Accounting Principles (US-GAAP) zurückzugreifen[561]. Ganz allgemein sind daher an Form und Inhalt

---

557 Vgl. Förschle/Lust/Kroner, § 297 HGB Rn. 110 ff.; Pellens, S. 307 f.; Böcking/Benecke in Wpg 1998, 95.

558 Vgl. IAS (reformatted 1994) 14, Abschn. 2: „*Enterprises whose securities are publicly traded and other economically significant entities including subsidiaries should report the financial information described in this Standard for the industry segments and for the geographical segments which are considered to be significant to the enterprise.*"

559 Diese Vorschrift wurde durch das Gesetz zur Kontrolle und Transparenz im Unternehmensbereich vom 27.04.1998 (KonTraG) eingeführt und gilt erstmalig für die Konzernabschlüsse des Jahres 1999.

560 Vgl. Claussen in ZGR 1999, 502 f., 529.

561 Vgl. Beschlussempfehlung und Bericht des Rechtsausschusses zum Entwurf eines Gesetzes zur Kontrolle und Transparenz im Unternehmensbereich (KonTraG), BT-DrS. 13/10038, 44.

der Segmentberichterstattung die Anforderungen zu stellen, die zur Ermöglichung eines „true and fair view" erforderlich sind[562].

Voraussetzung ist allerdings eine divisionale Struktur des berichtenden Unternehmens, die eine genaue Zuordnung des unternehmerischen Gesamterfolgs zu den einzelnen Quellen erlaubt[563]. Bei den rein regional und national tätigen Instituten wie den Sparkassen dürfte insoweit die nach Geschäftsfeldern unterscheidende sog. primäre Segmentberichterstattung ausreichend sein, während insbesondere bei den international tätigen Landesbanken regelmäßig auch eine nach den geografischen Märkten spezifizierende sog. sekundäre Segmentberichterstattung erforderlich ist.

Entsprechend der Organisationsstruktur eines Unternehmens könnte man als „Segment" zunächst eine organisatorische Einheit ansehen, für die Informationen an die Unternehmensführung mit dem Ziel berichtet werden, dort die Wirtschaftlichkeit der Einheit und ihre zukünftige Ausrichtung zu bestimmen. Dies birgt jedoch das grundsätzliche Problem, dass unabhängig von der individuellen Ausrichtung der Einheit willkürliche Eingruppierungen vorgenommen werden könnten, die den Sinn der Segmentberichterstattung in Frage stellen würden. Man muss daher als „Segment" jede homogene und gegenüber anderen Segmenten heterogene produkt- bzw. dienstleistungsbezogene Einheit des Unternehmens ansehen[564]. Als Kriterien für die Festlegung eines Segments kommen für ein Kreditinstitut dabei insbesondere die Art der Produkte und Dienstleistungen, die Art des Erstellungsprozesses, die Kundengruppen, die Distributionsarten sowie der aufsichtsrechtliche Rahmen in Betracht[565].

Für eine Betrachtung zu beihilferechtlichen Zwecken dürfte allerdings die von den deutschen Großbanken bereits seit längerem praktizierte Segmentberichterstattung (z.B. mit den Segmenten „Privatkundengeschäft" und „Firmenkundengeschäft")[566] zu oberflächlich sein, vielmehr erscheint hier eine Aufteilung in Bereiche wie „Kontoführung", „Zahlungsverkehr" oder „Wertpapiergeschäft" erforderlich, da insoweit eine Feststellung eines öffentlichen Interesses an diesen Produkten und Dienstleistungen am ehesten feststellbar ist. Zwingend erforderlich wäre auf jeden Fall eine einheitliche Berichterstattungspraxis, was freilich im Hinblick auf die teilweise unterschiedlichen Organisationsstrukturen der Institute zu gewissen Problemen bei der praktischen Umsetzung führen dürfte.

---

562 Claussen in ZGR 1999, 504.

563 Vgl. Sprißler in Kreditwesen 1999, 384.

564 Vgl. IAS 14 (überarbeitet 1997), Abschn. 9: „*Ein Geschäftsfeld ist eine unterscheidbare Teilaktivität eines Unternehmens, die ein individuelles Produkt oder eine Gruppe ähnlicher Produkte oder Dienstleistungen erstellt oder erbringt und die Risiken und Erträgen ausgesetzt ist, die sich von denen anderer Geschäftsfelder unterscheiden.*"

565 Vgl. Pellens, S. 312, S. 478; Claussen in ZGR 1999, 529 f..

566 Vgl. hierzu Padberg/Beike in Finanz Betrieb 1999, 420 ff..

Ausgehend von den allgemeinen Kriterien einer Segmentberichterstattung sind für jedes dargestellte Segment unter Heranziehung der vom Unternehmen üblicherweise verwendeten Bilanzierungs- und Bewertungsmethoden insbesondere die folgenden Angaben erforderlich[567]:

- Segmenterträge
- Segmentaufwendungen
- Segmentergebnis
- Segmentsrentabilität
- Segmentsproduktivität.

Hinsichtlich der beim Betrieb des Instituts angefallenen Kosten ist davon auszugehen, dass grundsätzlich jedem Segment die ihm direkt zuzuordnenden Erträge und Aufwendungen zugewiesen werden können[568], wobei insoweit natürlich nicht von einer Verursachung im „rechtlichen", sondern im „wirtschaftlichen" Sinn auszugehen ist[569]. Im Sinne einer größtmöglichen Transparenz sind aber auch alle übrigen Wertgrößen vollständig und angemessen zuzurechnen, so dass die keinem bestimmten Segment direkt zuordnungsfähigen sog. „Overhead-Kosten" sinnvollerweise auf die einzelnen Segmente anteilig zu verrechnen sind[570]. Aus Vollständigkeitsgründen sollten außerdem auch alle internen Erträge und Aufwendungen, d.h. solche, die das Transaktionen mit anderen Unternehmensbereichen stammen, einbezogen werden[571].

Zur praktischen Umsetzung der Segmentberichterstattung sind grundsätzlich zwei verschiedene Verfahrensweisen denkbar: entweder werden durch eine Aufspaltung der unternehmensumfassenden Rechnungen „Segment-Bilanzen" und „Segment-Gewinn- und Verlustrechnungen" für jeden einzelnen Geschäftsbereich geschaffen („top-down-Verfahren") oder es erfolgt eine Entwicklung der Segmentszahlen durch eine separate Erfassung der Un-

---

567 Vgl. Sprißler in Kreditwesen 1999, 384.

568 Vgl. IAS 14 (überarbeitet 1997), Abschn. 16.

569 Vgl. Sprißler in Kreditwesen 1999, 390.

570 Vgl. IAS 14 (überarbeitet 1997), Abschn. 16; Sprißler in Kreditwesen 1999, 390.

571 Vgl. IAS 14 (überarbeitet 1997), Abschn. 16: *„Segmentaufwendungen umfassen keine allgemeinen Verwaltungsaufwendungen, Kosten der Hauptgeschäftsstelle und andere Aufwendungen, die auf Unternehmensebene entstehen und sich auf das Unternehmen als Ganzes beziehen. Teilweise werden jedoch Kosten auf Unternehmensebene verursacht, die sich auf ein Segment beziehen. Solche Kosten sind Segmentaufwendungen, wenn sie sich auf die laufenden Geschäftstätigkeiten des Segments beziehen und direkt zugeordnet oder auf einer vernünftigen Grundlage auf das Segment verteilt werden können."*

ternehmensdaten für jedes einzelne Segment, aus der später im Wege der Konsolidierung Gesamtdaten für das Institut entwickelt werden („top-up-Verfahren")[572].

Natürlich setzt die erfolgreiche Implementierung einer Segmentberichterstattung eine entsprechende Ausgestaltung des innerbetrieblichen Organisations-, Führungs- und Finanzberichtssystems voraus. Erleichterungen bei der Berichterstattung, z.B. durch Einführung von Signifikanzschwellen[573] oder der Zusammenfassung von ähnlichen Teilbereichen[574], können allerdings nicht zugelassen werden, da eine effektive beihilferechtliche Prüfung grundsätzlich jeden Geschäftsbereich für sich untersuchen muss.

Selbstverständlich bringt eine Segmentberichterstattung aus Sicht des berichtenden Unternehmens durchaus auch Nachteile mit sich: neben erhöhten Informationsbeschaffungs-, Offenlegungs- und Prüfungskosten fallen hier vor allem sog. „indirekte Publizitätskosten" ins Gewicht, die dadurch entstehen, dass Konkurrenten des bilanzierenden Unternehmens die offengelegten Informationen zu ihrem Vorteil ausnutzen[575]. Gleichwohl gab es bereits vor Einführung der Segmentberichterstattung durch das KonTraG auch in Deutschland Unternehmen, die auf rein freiwilliger Basis eine Segmentberichterstattung durchführten[576]. Infolge einer solchen Änderung müssten die öffentlich-rechtlichen Kreditinstitute aber wohl ihr bisheriges System der Mischkalkulation aufgeben und zu einer geschäftsbereichsbezogenen Kalkulation übergehen[577].

---

572 Vgl. Böcking/Benecke in WPg 1998, 96.

573 Vgl. IAS 14 (überarbeitet 1997), Abschn. 35: „*Ein Geschäftsfeld ... ist als ein berichtspflichtiges Segment zu bestimmen, wenn ein Großteil seiner Erträge aus den Verkäufen an externe Kunden erworben wurde und ... seine Erträge aus Verkäufen an externe Kunden und von Transaktionen mit anderen Segmenten 10% oder mehr der gesamten externen und internen Erträge aller Segmente ausmachen ...* ."

574 Vgl. IAS 14 (überarbeitet 1997), Abschn. 34: „*Zwei oder mehr intern dargestellte Geschäftsfelder ..., die sich im wesentlichen ähnlich sind, können zu einem einzigen Geschäftsfeld ... zusammengefasst werden. Zwei oder mehr Geschäftsfelder ... sind sich nur dann im wesentlichen ähnlich, wenn ... sie eine ähnliche langfristige Vermögens-, Finanz- und Ertragslage aufweisen ....*".

575 Pellens, S. 309.

576 Pellens, a.a.O., S. 321.

577 Gärtner (in ZBB 1998, 11 f.) schlägt insoweit für die Landesbanken eine Unterteilung in folgende Geschäftsbereiche vor:

- Funktion als Haus- und Staatsbank sowie als Sparkassenzentralbank
- Gewährleistung einer flächendeckenden Kreditversorgung
- Erfüllung der „Wettbewerbskorrekturfunktion"
- Wahrnehmung öffentlicher Förderaufgaben.

III. AUFGABE VON ANSTALTSLAST UND GEWÄHRTRÄGERHAFTUNG

Im Zusammenhang mit einer „Umgestaltung" von Anstaltslast und Gewährträgerhaftung werden im wesentlichen zwei Varianten diskutiert: eine Aufgabe von Anstaltslast und Gewährträgerhaftung (verbunden mit der Schaffung eines Einlagenschutzes wie bei den privaten Banken) einerseits und eine Vergütung der Gewährträgerhaftung andererseits. Beides wird aber von der Sparkassenorganisation zumeist abgelehnt[578]. In Betracht kommt darüber hinaus die Möglichkeit, Anstaltslast und Gewährträgerhaftung quasi von den Instituten „abzuspalten" und auf die beihilferechtlich „unbedenklichen" Tätigkeitsbereiche der Institute zu beschränken[579].

Fraglich ist, ob eine Abschaffung der Institute der Anstaltslast und Gewährträgerhaftung ohne weiteres möglich ist, oder ob diese nicht eine zwingende Folge des öffentlichen Auftrages sind. Zumindest die Enquetekommission ging noch davon aus, dass die Anstaltslast zwingend mit der Organisation der öffentlich-rechtlichen Kreditinstitute verbunden ist[580]:

> *Die Bejahung des Auftrages und damit der Existenzberechtigung der öffentlich-rechtlichen Kreditinstitute schließt die Anerkennung der Besonderheiten, die sich aus der öffentlich-rechtlichen Struktur ergeben, notwendigerweise ein.*

Allerdings hält man inzwischen auch innerhalb der Sparkassen- und Giroverbände Anstaltslast und Gewährträgerhaftung in ihrer derzeitigen Form nicht mehr für gänzlich unantastbar[581]. Gleichwohl erscheint die Abschaffung der beiden Institute ein nur wenig geeigneter Weg: zum einen würden sie einen völlig neuen Begriff der „Anstalt" schaffen bzw. erfordern und zum anderen kann auf die Anstaltslast schon deswegen nicht völlig verzichtet werden, weil auf irgendeine Weise die finanzielle Ausstattung der Institute sichergestellt sein muß[582]. Eine Abschaffung von Anstaltslast und Gewährträgerhaftung kommt daher nur im Zusammenhang mit einer gleichzeitigen Privatisierung dieser Institute in Betracht.

Im übrigen kann ein Wegfall von Anstaltslast und Gewährträgerhaftung aus Anlegerschutzgesichtspunkten nur mit Wirkung für die Zukunft erfolgen oder nur dann, wenn für die bis zum Zeitpunkt dieses Wegfalls begründeten Einlagen anderweitig durch Garantien oder Haftungszusagen geschützt werden,

---

578 Vgl. „Neuber: Wir müssen Strukturen überdenken" in Handelsblatt Nr. 57 vom 21.03.2000, S. 18.

579 Vgl. Koenig/Sander in EuZW 1997, 368.

580 Vgl. Bankenenquete, BT-DrS. V/3500, S. 50.

581 Vgl. „Rheinische Sparkassen für Reformen offen" in Handelsblatt Nr. 39 vom 24.02.2000, S. 24.

582 Vgl. v. Friesen in EuZW 1999, 585.

wie dies z.B. bei der Privatisierung der Deutschen Pfandbriefanstalt in eine Aktiengesellschaft der Fall war[583]:

> *Der Bund gewährleistet die Erfüllung der Verbindlichkeiten der Aktiengesellschaft, die zu dem Zeitpunkt bestehen, zu dem die Eintragung der Aktiengesellschaft in das Handelsregister nach § 10 des Handelsgesetzbuchs als bekanntgemacht gilt. Die Gläubiger der Aktiengesellschaft können den Bund nur in Anspruch nehmen, soweit sie aus dem Vermögen der Aktiengesellschaft nicht befriedigt werden können.*

Eine Vergütung von Anstaltslast und Gewährträgerhaftung wird später noch im Rahmen der „Kompensationsmodelle" zu erörtern sein.

IV. PRIVATISIERUNG

Ein vielfach vorgebrachter Vorschlag zur Beseitigung der beihilferechtlichen Problematiken ist die Privatisierung der öffentlich-rechtlichen Kreditinstitute. Angesichts der chronisch angespannten Haushaltslage der kommunalen Gebietskörperschaften erscheint eine Privatisierung von öffentlich-rechtlichen Kreditinstituten auch aus praktischen Erwägungen oftmals nicht ungünstig. Eine vollständige Privatisierung der öffentlich-rechtlichen Kreditinstitute ist dabei keineswegs die einzig mögliche Lösung; im allgemeinen sind auch gewisse Ausgliederungslösungen für die „beihilfeträchtigen" Unternehmensbereiche denkbar[584].

Für den Sparkassensektor indessen – wo aus beihilferechtlicher Sicht gar kein Privatisierungsbedarf besteht – würde dies jedoch eine erhebliche Schwächung des Sparkassenverbundes bedeuten und das gesamte Erfolgskonzept der Sparkassen in Frage stellen. Schließlich ginge damit die bislang häufig genutzte Möglichkeit verloren, die Eigenkapitalbasis der Sparkassen durch die Wiedereinlage ausgeschütteter Dividenden im Weg von Kapitalerhöhungen zu stärken[585]. Außerdem steht eine Abkehr vom Prinzip der flächendeckenden Versorgung mit Bankdienstleistungen hin zu einem rein gewinnmaximierten Denken zu befürchten, eine Tendenz, die zwar unter Wettbewerbsgesichtspunkten begrüßenswert ist, aber letztlich einen Bruch mit dem öffentlichen Auftrag bedeutet.

Eine Privatisierung öffentlicher Einrichtungen muss aber nicht zwangsläufig mit Nachteilen für die bisherigen Nutzer verbunden sein, oftmals kann gerade durch einen Trägerwechsel die Wettbewerbsfähigkeit der Einrichtung erheb-

---

583 Vgl. § 5 des Gesetzes über die Umwandlung der Deutschen Pfandbriefanstalt in eine Aktiengesellschaft.

584 Vgl. Möschel in WM 1999, 1455; v. Friesen in EuZW 1999, 585.

585 Vgl. Mauerer in Kreditwesen 1999, 438.

lich gesteigert werden. Insoweit ist zu bedenken, dass dem die Umgestaltung durchführenden Gesetzgeber hinsichtlich dieser Prognose ein besonders weitgehender Einschätzungsspielraum zusteht[586].

Es stellt sich aber die Frage, ob die öffentlich-rechtlichen Kreditinstitute möglicherweise zwingend in der bislang gewählten Rechtsform betrieben werden müssen. Insoweit ist jedoch zu bedenken, dass nach dem deutschen Verfassungsrecht für die Erfüllung öffentlicher Aufgaben im Sinne einer wirkungsvollen und leistungsfähigen Verwaltung nicht zwingend eine bestimmte Rechtsform vorgegeben ist[587]:

> *Das Grundgesetz beläßt den zuständigen Organen des Bundes einen Spielraum für die organisatorische Ausgestaltung der in seine Zuständigkeit fallenden Verwaltungseinrichtungen; dem Bund steht insoweit ein weiter organisatorischer Gestaltungsbereich zu. ...*
>
> *Eines weiten Spielraums bei der organisatorischen Ausgestaltung der Verwaltung bedarf es, um den – verschiedenartigen und sich ständig wandelnden – organisatorischen Erfordernissen Rechnung zu tragen und damit eine wirkungsvolle und leistungsfähige Verwaltung gewährleisten zu können. Lediglich soweit das Grundgesetz ausdrückliche Schranken für die Regelung der Verwaltungsorganisation enthält, ist der Gestaltungsspielraum bei der organisatorischen Ausgestaltung der Verwaltung begrenzt. Einschränkungen können sich überdies aus den Regelungen hinsichtlich der Verwaltungskompetenz und im übrigen auch aus anderen (allgemeinen) verfassungsrechtlichen Bestimmungen ergeben.*

Festzustellen ist aber, dass sich die öffentliche Hand nach dem derzeit geltenden deutschen Haushaltsrecht (vgl. z.B. § 65 Abs. 1 Nr. 2 BHO) für ihre wirtschaftliche Betätigung nur solcher Privatrechtsformen bedienen kann, bei denen die Haftung als Gesellschafter grundsätzlich beschränkt ist. Daher kommt grundsätzlich nur die Beteiligung an einer Aktiengesellschaft, an einer Gesellschaft mit beschränkter Haftung, als Kommanditist an einer Kommanditgesellschaft oder an einer Kommanditgesellschaft auf Aktien in Betracht; die Übernahme der Stellung eines persönlich haftenden Gesellschafters ist hingegen ausgeschlossen. Insoweit ist aber auch eine Umwandlung von Anstalten in Kapitalgesellschaften nach dem deutschen Umwandlungsrecht grundsätzlich denkbar (vgl. §§ 301 Abs. 1, 303 Abs. 2 UmwG).

Zu beachten ist, dass eine Privatisierung der öffentlich-rechtlichen Kreditinstitute nur dahingehend denkbar ist, dass deren Organisationsform in eine Gesellschaft des privaten Rechts umgewandelt wird; eine Privatisierung durch eine schlichte Veräußerung an Privatpersonen scheidet hingegen aus, da die öffentlich-rechtlichen Kreditinstitute lediglich ein verselbständigtes öffentlich-rechtliches Sondervermögen darstellen, das nicht etwa im Eigentum seines

---

[586] Vgl. BVerfG, Beschluss vom 30.06.1994 – 1 BvR 719/94 u.a., NJW 1995, 515.

[587] BVerfG, Beschluss vom 12.01.1983 – 2 BvL 23/81, BVerfGE 63, 34.

Organisationsträgers steht[588], und zwar auch dann nicht, wenn es neben dem Anstaltsträger (wie z.B. bei den Landesbanken) auch einen Kapitalträger gibt[589]. Im übrigen ist auch eine Privatisierung von Kreditinstituten, die einen öffentlichen Auftrag wahrnehmen, nicht generell ausgeschlossen. Eine „Vollprivatisierung" von Leistungen der Daseinsvorsorge setzt jedoch voraus, dass der zweite Schritt der vollständigen Übertragung der in Gesellschaftsformen des Privatrechts umgewandelten öffentlichen Leistungsträger in Privateigentum flankiert wird von einer gesetzlichen Garantie der Leistungserbringung, z.B. mit den Mitteln der Wirtschaftsaufsicht[590]. Im übrigen ist es erforderlich, eine explizite Regelung im Hinblick auf die „Altverbindlichkeiten" des Instituts zu treffen, da das Umwandlungsrecht hierzu keine Regelungen enthält[591].

Hinsichtlich der verschiedenen Formen der Privatisierung kann man grundsätzlich zwischen zwei Grundbegriffen unterscheiden[592]: der formellen Privatisierung auf der einen und der materiellen Privatisierung auf der anderen Seite. Während bei der formellen Privatisierung eine öffentliche Aufgabe nunmehr in privater Organisationsform (aber dennoch weiter staatlich) wahrgenommen wird, werden bei einer materiellen Privatisierung sowohl die wahrzunehmende Aufgabe als auch die Organisationsform „privatisiert". Durch eine „formelle Privatisierung" kann zwar zumindest eine rechtliche und auch faktische „Emanzipation" des Unternehmens von der öffentlichen Hand als Verwaltungsträger erreicht werden, vielfach wird hier jedoch zu Recht nur von einer „Scheinprivatisierung" gesprochen[593]. Dass insoweit auch die öffentliche Hand davon ausgeht, dass eine rein formelle Privatisierung von öffentlich-rechtlichen Kreditinstituten unter Beibehaltung der Mehrheitsgesellschafterstellung der öffentlichen Hand an der Möglichkeit der Beherrschung des Instituts grundsätzlich nichts ändert, zeigt sich z.B. daran, dass das saarländische Sparkassengesetz bereits eine solche Privatisierungsmöglichkeit für die Saarländische Landesbank bedenkenlos zugesteht.

Bei einer materiellen Privatisierung hingegen entfällt auch der Einfluss des Staates im Rahmen der Organisationsform, so dass man hier von einem vollständigen Rückzug der öffentlichen Hand sprechen kann. In der Praxis vollzieht sich die Privatisierung öffentlicher Unternehmen dabei regelmäßig in zwei Schritten: zunächst werden sog. Eigengesellschaften geschaffen, deren Anteile vollständig von der öffentlichen Hand gehalten werden, und erst zu einem späteren Zeitpunkt erfolgt eine Umwandlung dieser Eigengesellschaften in sog. Beteiligungsgesellschaften durch die Veräußerung von Gesellschaftsanteilen an Privatpersonen[594]. Bei einer solchen in einer Rechtsform des Privatrechts geführten Gesellschaft, an der neben Privatpersonen auch

---

[588] Vgl. Stern, S. 74

[589] Vgl. Horn in Sparkasse 1999, 188.

[590] Vgl. Badura in ZGR 1997, 292.

[591] Vgl. Busch in AG 1997, 359 ff..

[592] Vgl. Schoch in DVBl. 1994, 962 f.; Gusy in ZRP 1998, 267.

[593] Vgl. Möschel in WM 1993,94; Schmidt in ZGR 1996, 349, 362.

[594] Vgl. Spannowsky in ZGR 1996, 401.

die öffentliche Hand als Mehrheitsgesellschafter beteiligt ist, wird man daher regelmäßig nur von einer sog. „Teilprivatisierung" sprechen können[595]. Mischgesellschaften, an denen sowohl die öffentliche Hand als auch Privatpersonen als Gesellschafter beteiligt sind, werden als „private public partnerships" bezeichnet[596]. Die Vorteile ihrer Organisationsform für die öffentliche Hand sind klar ersichtlich: ohne die Verantwortung und die Kontrolle für die Erfüllung der öffentlichen Aufgabe abgeben zu müssen, kann relativ unproblematisch privates Kapital und know-how mit einbezogen werden[597].

Allerdings würde auch eine reine Umgestaltung der juristischen Organisationsform der öffentlich-rechtlichen Kreditinstitute bei gleichzeitiger Beibehaltung der materiellen Eigentümerschaft („formelle Privatisierung") nicht ausreichen. Bei einer solchen reinen „Organisationsprivatisierung" würde sich an der Übernahme einer Tätigkeit als Staatsaufgabe nichts ändern; erforderlich ist vielmehr ein kompletter Rückzug der öffentlichen Hand aus dieser Art der Wirtschaftstätigkeit[598]. Auch wenn bereits mit einer rein formellen Privatisierung eine tendenzielle Schwächung der Einwirkungsmöglichkeiten der öffentlichen Hand auf die von ihr geführte Organisationsform einhergeht[599], verbleibt in der Praxis regelmäßig ein beherrschender Einfluss auf die Unternehmensführung bei der nunmehr als Mehrheitsgesellschafter auftretenden öffentlichen Hand. Freilich wird man in einer bloßen gesellschaftsrechtlichen Beteiligung der öffentlichen Hand allein noch keine Form der Beihilfe sehen können, auch wenn sich hieraus im Einzelfall gewisse – jedoch kaum messbare – Vorteile (z.B. durch eine erhöhte Kreditwürdigkeit) ergeben können. Allerdings bringt eine Beteiligung der öffentlichen Hand an einem Unternehmen (insbesondere im Fall einer Mehrheitsbeteiligung) regelmäßig eine „besondere Gefährdungslage" mit sich, dass es in irgendeiner Form zu staatlichen Subventionen kommt, und sei es auch nur dadurch, dass die Eigenkapitalverzinsung im konkreten Fall einem Drittvergleich nicht standhält. Die besondere Gefahr liegt insoweit vor allem darin, dass der Staat aufgrund seiner praktisch unbegrenzten Ressourcen und seiner Hoheitsbefugnisse über ein mit den privaten Wirtschaftsteilnehmern nicht vergleichbares Potential verfügt[600]. Im übrigen kann eine besondere Einflussnahme der öffentlichen Hand auf ihre Beteiligungsgesellschaften nicht nur nicht ausgeschlossen werden, vielfach wird sie unter dem Gesichtspunkt einer Ingerenzpflicht aufgrund der Verpflichtung zur Erfüllung einer öffentlichen Aufgabe sogar von der öffentlichen Hand ausdrücklich gefordert[601]. Außerdem bieten öffentliche Unternehmen ihre Leistungen oftmals unter dem allgemein üblichen Marktpreis an und sorgen damit für Wettbewerbsverzerrungen[602].

---

[595] Vgl. Schoch in DVBl. 1994, 963; Schmidt in ZGR 1996, 347.

[596] Vgl. hierzu Bös/Schneider in ZGR 1996, 519 ff.; Habersack in ZGR 1996, 544 ff..

[597] Vgl. Habersack in ZGR 1996, 545; Spannowsky in ZGR 1996, 402.

[598] Vgl. Möschel in WM 1999, 1455.

[599] Gusy in ZRP 1998, 267.

[600] Vgl. Dreher in Gedächtnisschrift Knobbe-Keuk, S. 593.

[601] Vgl. Spannowsky in ZGR 1996, 403, 412 ff..

[602] Vgl. Schön in ZGR 1996, 452 f..

V. VERGÜTUNGSMODELLE

Der beihilferechtlichen Brisanz von Anstaltslast und Gewährträgerhaftung könnte schließlich auch dadurch begegnet werden, dass durch eine angemessene Vergütung ein den Beihilfecharakter ausschließendes Leistungsäquivalent gewährt wird.

1. Ausschüttungsmodell

Im Rahmen von sog. Ausschüttungsmodellen wird verlangt, dass auch die öffentlich-rechtlichen Kreditinstitute angemessene jährliche Ausschüttungen an ihre Gewährträger vornehmen – ähnlich wie die privaten Kreditinstitute an ihre Anteilseigner, denn schließlich seien aus wirtschaftlicher Sicht die Gewährträger ungeachtet der juristischen Beurteilung wie Eigenkapitalgeber anzusehen[603]. Zwar ist das Risiko eines Gewährträgers grundsätzlich durchaus mit dem Risiko eines Eigenkapitalgebers vergleichbar, gegen die Heranziehung eines „Eigenkapitalrenditeansatzes" im Rahmen von Ausschüttungsmodellen spricht aber bereits, dass der Gewährträger durch die bloße Bereitstellung von Anstaltslast und Gewährträgerhaftung kein Kapital binden bzw. einsetzen muss.

Hinsichtlich von Ausschüttungen sehen z.B. die Sparkassengesetze bisher regelmäßig vor, dass der erzielte Jahresüberschuss an den Gewährträger zur Verwendung für gemeinnützige Zwecke abgeführt werden kann (vgl. § 29 BaySpkO; § 28 SpkG NRW; § 20 SpkG R-P). Die Höhe der Ausschüttung an den Gewährträger richtet sich dabei regelmäßig nach der Höhe der bereits gebildeten Sicherheitsrücklage (vgl. § 27 NiedersSpkG; § 27 SächsSpkG): je mehr diese die bestehenden Risikoaktiva bzw. die Bilanzsumme abdeckt, desto höher ist auch die mögliche Ausschüttung[604]. Insoweit handelt sich aber um reine „Kann-Vorschriften"; eine Verpflichtung zur Abführung der Gewinne besteht nicht. Im übrigen kann festgestellt werden, dass bereits die Rentabilität der meisten Sparkassen die der Großbanken übersteigt; bei den Landesbanken ist dies jedoch regelmäßig nicht der Fall[605], so dass hier mit den Großbanken vergleichbare Ausschüttungen wohl gar nicht darstellbar sind.

In der Ausschüttungspraxis unterscheiden sich die öffentlich-rechtlichen Kreditinstitute generell nicht unerheblich von den in der Rechtsform einer Aktiengesellschaft errichteten Kreditinstituten, bei denen zumindest ohne die Zustimmung der Anteileigner eine vollständige Einstellung des Jahresüberschus-

603 Vgl. Nippel in ZBB 2000, 218.

604 Vgl. hierzu „Die Abführung der verbleibenden Jahresüberschüsse der Sparkassen an die Gewährträger in den einzelnen Bundesländern" in Kreditwesen 1999, 442 f..

605 Vgl. v. Friesen in EuZW 1999, 583; Nippel in ZBB 2000, 219.

ses in die Gewinnrücklage nicht möglich ist (vgl. § 58 AktG). Gleichwohl zeigt die Praxis, dass insbesondere auch bei den großen privatrechtlich organisierten Kreditinstituten nicht gerade „üppige" Ausschüttungen vorgenommen werden. So lag die reine Dividendenrendite der vier deutschen Großbanken im vergangenen Jahr gerade einmal zwischen 1,25% und 2,37%[606], wenngleich hier bei der Berechnung der Gesamtrendite eines Investors auch Kursgewinne berücksichtigt werden, die zumindest über einen kurzen Zeitraum nur sehr schwer zu bestimmen sind.

Bei der Forderung nach höheren Ausschüttungen fällt eines auf: sie wird nicht nur seitens der „Mitbewerber" geäußert; vielmehr verlangen gerade die Gewährträger nach höheren Gewinnabführungen, was allerdings in Anbetracht der angespannten Finanzlage der meisten Kommunen kaum verwundert. Problematisch ist allerdings, dass sich die Sparkassen grundsätzlich ihr Eigenkapital quasi selbst verdienen müssen[607] und daher auf eine möglichst hohe Rücklagenbildung angewiesen sind, um nicht in ihrer Handlungsfähigkeit massiv eingeschränkt zu sein.

Im Zusammenhang mit der Forderung nach angemessenen Ausschüttungen wird unter anderem kritisiert, dass eine besondere Fokussierung auf die Eigentümerinteressen nicht immer gesellschaftspolitisch erwünschte Folgen hat und im Einzelfall im Widerspruch zu dem öffentlichen Auftrag steht, der mit der Tätigkeit der öffentlichen Kreditinstitute verbunden ist[608]. So zwingt dieser öffentliche Auftrag die Institute im Einzelfall eben dazu, unrentable Geschäftsbereiche in Kauf zu nehmen, wenn diese Leistungen der Daseinsvorsorge erbringen. Der reine Rentabilitätsansatz des „Shareholder-Value"-Konzepts kommt daher allenfalls bei Instituten in Betracht, die keinen öffentlichen Auftrag (mehr) erfüllen, und muss im übrigen insoweit erweitert werden, als neben den Rentabilitätsgesichtspunkten den besonderen Zielen und Verpflichtungen des Instituts auch besonders Rechnung getragen wird.

Insbesondere bei den Kreditinstituten, die als gemisch-wirtschaftliche Unternehmen geführt werden, sind angemessene Ausschüttungen aber ein wichtiger Indikator dafür, dass es zu keinen „versteckten" Subventionen dadurch kommt, dass der öffentliche Gesellschafter auf angemessene Ausschüttungen verzichtet und dem Unternehmen damit einen wettbewerbsverzerrenden Liquiditätsvorteil belässt. Dies gilt im Zweifelsfall auch dann, wenn angemessene Ausschüttungen aufgrund fehlender Rentabilität nicht möglich sind, da in einem solchen Fall der Markt von einem „normalen Unternehmen" zumindest erwartet, dass die Rentabilität durch entsprechende Umstrukturierungsmaßnahmen gesteigert wird[609].

---

606 Quelle: OnVista AG, http://www.onvista.de.

607 Mauerer: „Ausschüttung bei Sparkassen" in Kreditwesen 1998, 947.

608 Vgl. Zimmermann/Jöhnk in Kreditwesen 1998, 277.

609 Vgl. Kommission, Entscheidung vom 08.07.1999 (AZ: K (1999) 2265), ABlEG L 150 vom 23.06.2000, S.25

Grundsätzliche Bedenken gegen „Ausschüttungsmodelle" jeglicher Art bestehen jedoch schon insoweit, als es an einer Vergleichbarkeit der Situation mit der der privaten Kreditinstitute bereits aus systematischen Gründen fehlt. Anders als deren Anteilseigner stellt nämlich die zu Anstaltslast und Gewährträgerhaftung verpflichtete öffentliche Hand „ihren" Kreditinstituten gerade kein Eigenkapital zur Verfügung, das auch im Rahmen der KWG-rechtlich relevanten Eigenmittelausstattung Berücksichtigung finden könnte. Anstaltslast und Gewährträgerhaftung sind von ihrer rechtlichen Qualität her also ein „aliud" zu den Eigenmitteln der privaten Kreditinstitute, so dass bereits aus diesen Erwägungen die Anwendung der sog. „Ausschüttungsmodelle" systemwidrig wäre. Die in diesem Rahmen vorgeschlagenen Berechnungsansätze können allenfalls im Rahmen anderer Vergütungsmodelle Berücksichtigung finden.

2. Kompensationsmodell

Wesentlich sachgerechter erscheint daher eine Umgestaltung von Anstaltslast und Gewährträgerhaftung in der Weise, dass der Gegenwert dieser öffentlichen Einstandspflichten durch Zahlung eines angemessenen Entgelts an den Institutsträger vergütet wird[610]. Eine solche Regelung könnte sich an den durchschnittlich vom jeweiligen Institut ausgewiesenen Einlagen von Privatkunden orientieren, wie dies beispielsweise in Österreich bei einigen Landeshypothekenbanken oder in der Schweiz bei einigen Kantonalbanken der Fall ist[611].

Vereinzelt wird in diesem Zusammenhang auch gefordert, dass die öffentlich-rechtlichen Kreditinstitute – ähnlich wie die privaten Kreditinstitute an ihre Eigenkapitalgeber – insoweit grundsätzlich alle Mittel ausschütten sollten, die in der Unternehmung nicht in Projekte investiert werden können, die eine positive Entwicklung und damit auch eine Wertsteigerung der Beteiligung des auf die Gewinnausschüttung verzichtenden Kapitalgebers erwarten lassen[612]. Insoweit ist jedoch erneut darauf hinzuweisen, dass die Gewährträger der öffentlich-rechtlichen niemals eine Eigentümerposition erlangen und damit Gewährträger und Anteilseigner auch nicht verglichen werden können.

Im wesentlichen hätte eine Vergütung der Haftungsinstitute der Anstaltslast und Gewährträgerhaftung ähnliche Auswirkungen wie die Forderung nach angemessenen Ausschüttungen, so dass sich hier auch ähnliche Probleme ergeben. Ein großes Problem ist insoweit bereits die Frage nach der prakti-

610 Vgl. Koenig/Sander in EuZW 1997, 369.

611 Vgl. Immenga/Rudo, S. 31; v. Friesen in EuZW 1999, 584.

612 Vgl. Nippel in ZBB 2000, 219 f..

schen Umsetzung[613]. Verlangt man eine Vergütung von Anstaltslast und Gewährträgerhaftung, so führt dies im übrigen zu dem Ergebnis, dass Anstaltslast und Gewährträgerhaftung zwar quasi die Rolle des eingezahlten Grund- oder Stammkapitals einnehmen. Während das letztere aber – wie bereits dargestellt – im Hinblick auf die Eigenkapitalbestimmungen des Kreditwesengesetzes voll anrechnungsfähig ist, besteht diese Möglichkeit trotz gleicher Vergütungsbelastung für Anstaltslast und Gewährträgerhaftung nicht. Eine rein an der marktüblichen Eigenkapitalrendite orientierte Vergütungsregelung für Anstaltslast und Gewährträgerhaftung würde daher zu einer krassen Benachteiligung der öffentlich-rechtlichen Kreditinstitute führen. Eine angemessene und sachgerechte Vergütung müsste vielmehr auch den „Wert des öffentlichen Interesses" berücksichtigen, der ggf. an der Erfüllung eines öffentlichen Auftrags durch das betreffende Kreditinstitut besteht.

Nicht von der Hand zu weisen ist im Rahmen jeglicher Vergütungsmodelle die Gefahr eines Verzichts der öffentlichen Hand auf eine angemessene Vergütung und damit einer willkürlichen Subventionierung wirtschaftlich unrentabler Kreditinstitute. Dieser kaum erkennbaren Gefahr kann nur dadurch begegnet werden, dass durch ein hohes Maß an Transparenz in der Rechnungslegung des Kreditinstituts eine Berechnung dieses hypothetischen Verzichts überhaupt ermöglicht wird. Im übrigen hat jeder Verzicht auf Ausschüttungen insoweit direkt sichtbare Auswirkungen, als die entsprechenden Mittel natürlich auch nicht im Haushalt des Gewährträgers zur Verfügung stehen. Die disziplinierende Wirkung dieses Umstandes dürfte allerdings eher gering sein, da fehlende Haushaltsmittel in der Regel durch von der Allgemeinheit erhobene zusätzliche Abgaben ausgeglichen werden.

VI. ZUSAMMENFASSUNG UND AUSBLICK

Die Kommission hat ihre Vorstellungen zur Weiterentwicklung eines funktionierenden Finanzbinnenmarktes im Jahre 1998 in einer Mitteilung an den Rat und das Europäische Parlament deutlich gemacht. Insoweit findet sich im Rahmen des Abschnitts „Wettbewerbspolitik und Anwendung der Vorschriften über staatliche Beihilfen" auch eine Aussage zur Beihilfeproblematik[614]:

> *44. Mit der Einführung des Euro wird der Wettbewerb im Finanzdienstleistungssektor – der bereits jetzt als sehr lebhaft bezeichnet werden kann – noch verschärft. Dies erfordert eine strikte Anwendung der Vorschriften des EG-Vertrages über die Kontrolle der missbräuchlichen Ausnutzung beherrschender Stellungen, von Unternehmenskooperationen und staatlichen Beihilfen.*

---

613 Vgl. Koenig/Sander in EuZW 1997, 369.

614 Finanzdienstleistungen: Abstecken eines Aktionsrahmens, Mitteilung der Kommission, KOM (1998) 625 vom 28.10.1998, Ziffern 44 ff..

48. *Wie 1997 vom Europäischen Rat von Amsterdam gefordert, hat die Kommission einen Bericht über „Dienstleistungen von allgemeinem wirtschaftlichen Interesse im Bankenbereich" ausgearbeitet, der dem Rat „Wirtschaft und Finanzen" rechtzeitig vorgelegt wird. Darin wird untersucht, ob die Kreditinstitute in den verschiedenen Mitgliedstaaten Dienstleistungen von allgemeinem wirtschaftlichen Interesse erbringen, ob die Bereitstellung einer umfassenden und effizienten Finanzinfrastruktur als derartige Dienstleistung angesehen wird, ob eine Ausnahme nach Artikel 90 Absatz 2 EG-Vertrag für diese Tätigkeiten als notwendig erachtet wird und ob die Sachlage in den einzelnen Mitgliedstaaten vergleichbar ist. Auf der Grundlage dieses Berichts wird die Kommission Artikel 90 Absatz 2 EG-Vertrag künftig von Fall zu Fall anwenden.*

Allerdings hat die Kommission diese Ziele in dem auf der Basis der Mitteilung vom 28.10.1998 geschaffenen „Aktionsrahmen", in dem sie Inhalt und Dringlichkeit der zur Schaffung des funktionierenden Finanzbinnenmarktes maßgeblichen Vorhaben festgelegt hat[615], nicht mehr explizit weiterverfolgt. Hieraus kann jedoch keinesfalls der Schluss gezogen werden, dass die Beihilfenproblematik nicht mehr als bedeutsam angesehen wurde. Vielmehr handelt es hier um einen Bereich, in dem ein dringendes legislatives Tätigwerden gar nicht erforderlich ist, da der notwendige Rechtsrahmen bereits existiert und lediglich einer gewissen Konkretisierung bedarf. Hierfür lassen sich der Mitteilung vom 28.10.1998 mehrere zentrale Aussagen entnehmen[616]:

- staatliche Beihilfen, die zu einer Verzerrung des Wettbewerbs führen, sind nicht per se unzulässig, müssen aber durch besondere Interessen gerechtfertigt sein

- bei diesen Interessen muss es sich um gemeinschaftliche Interessen handeln, so dass eine Berufung auf rein nationale Interessen nicht in Betracht kommt

- ein möglicher Ausgleich für die Duldung eines Beihilfetatbestandes kann eine Verringerung des Geschäftsumfangs des begünstigten Unternehmens sein, durch die die verursachte Wettbewerbsverzerrung zumindest teilweise wieder aufgewogen werden kann.

An dieser Stelle wird wieder die Verbindung zu Art. 86 Abs. 2 EG hergestellt, der unter gleichen Voraussetzungen einen Ausnahmetatbestand begründet.

Erst kürzlich hat die Kommission nochmals deutlich gemacht, dass ihrer Ansicht nach staatliche Garantieregelungen (der Begriff „Garantie" umfasst in-

[615] Aktionsrahmen (Umsetzung des Finanzmarktrahmens), Mitteilung der Kommission, KOM (1999) 232 vom 11.05.1999.

[616] Finanzdienstleistungen: Abstecken eines Aktionsrahmens, Mitteilung der Kommission, KOM (1998) 625 vom 28.10.1998, Ziffern 46 f..

soweit sowohl Bürgschaften als auch Haftungsverpflichtungen) nur unter ganz engen Voraussetzungen nicht als Beihilfe im Sinne des Art. 87 Abs. 1 EG anzusehen sind[617]:

a) *die Regelung lässt nicht zu, dass Kreditnehmern, die in finanziellen Schwierigkeiten sind, Garantien gewährt werden;*

b) *die Kreditnehmer wären grundsätzlich in der Lage, ohne Eingreifen des Staates auf den Finanzmärkten Gelder zu Marktbedingungen aufzunehmen;*

c) *die Garantien sind an eine bestimmte Finanztransaktion geknüpft und auf einen festen Höchstbetrag beschränkt, decken höchstens 80% des ausstehenden Kreditbetrages oder der sonstigen finanziellen Verpflichtungen (ausgenommen Schuldverschreibungen und ähnliche Instrumente) und sind von begrenzter Laufzeit;*

d) *die Vergabebedingungen beruhen auf einer realistischen Risikobewertung, so dass sich die Garantieregelung aufgrund der von den begünstigten Unternehmen gezahlten Prämien aller Wahrscheinlichkeit nach finanziell selbst trägt;*

e) *die Regelung sieht vor, dass die Bedingungen künftiger Garantien und die Gesamtfinanzierung der Regelung mindestens einmal jährlich überprüft werden;*

f) *die Prämien decken sowohl die mit der Garantiegewährung verbundenen normalen Risiken als auch die Verwaltungskosten der Regelung ab ... .*

Zentraler Punkt ist auch hier die Bezugnahme auf die von dem begünstigten Unternehmen zu entrichtende Prämie. Nicht ganz nachvollziehbar ist jedoch, warum die Laufzeit der Garantieregelung begrenzt sein muss, wenn sie doch ohnehin einer jährlichen Überprüfung unterliegt. Zweifel bestehen darüber hinaus an der Festsetzung eines Höchstsatzes von 80%.

Aus alledem folgt, dass der Bereich öffentlich-rechtlicher Kreditinstitute in der Bundesrepublik Deutschland noch umfangreiche Veränderungsprozesse durchlaufen muss, um sich von dem oftmals berechtigten Vorwurf von Verstößen gegen das Beihilfeverbot des Art. 87 Abs. 1 EG zu befreien. Festzuhalten bleibt insoweit zunächst, dass in diesem Bereich eine wirksame Kontrolle der Einhaltung der Vorschriften des EG-Vertrages durch die Kommission nur

---

[617] Mitteilung der Kommission über die Anwendung der Artikel 87 und 88 EG-Vertrag auf staatliche Beihilfen in Form von Haftungsverpflichtungen und Bürgschaften, ABlEG C 71 vom 11.03.2000, S. 16 f..

dann möglich ist, wenn die finanziellen Beziehungen in diesen Unternehmen und zwischen diesen Unternehmen und der öffentlichen Hand so transparent wie möglich gemacht werden. Hieraus folgt als erstes Postulat, dass grundsätzlich Kreditinstitute, an denen die öffentliche Hand in irgendeiner Form beteiligt ist (d.h. einschließlich der gemischt-wirtschaftlichen Unternehmen), in den Anwendungsbereich der Transparenzrichtlinie mit einzubeziehen sind, was im übrigen für jede Art wirtschaftlicher Tätigkeit der öffentlichen Hand gelten muss. Nur so kann es überhaupt gelingen, Ungleichmäßigkeiten im Wettbewerb rechtzeitig zu erkennen und zu beseitigen. Für die betroffenen Kreditinstitute würde dies zwar im Einzelfall einen nicht unerheblichen Mehraufwand hinsichtlich der Rechnungslegung bedeuten, dies muss jedoch als Ausgleich dafür hingenommen werden, dass in dem sich bereits in einem fortgeschrittenen Stadium befindlichen Gemeinsamen Markt in gewissen Bereichen überhaupt noch eine Betätigung der öffentlichen Hand zugelassen werden kann.

Als zweites Postulat ergibt sich, dass alle Fälle, die sich im Lichte des allgemeinen Beihilfeverbots nicht rechtfertigen lassen, nach entsprechender Offenlegung und Quantifizierung der Beihilfeelemente durch angemessene Gegenmaßnahmen (gegebenenfalls im Einvernehmen mit der Kommission) gelöst werden müssen. Auf einem guten Weg befindet sich insoweit bereits der Bund mit den eingeleiteten Privatisierungsmaßnahmen für „seine" Kreditinstitute, während der Bereich der von den Ländern unterhaltenen Kreditinstitute noch gänzlich unberührt geblieben ist. Im übrigen drängen sich, insbesondere mit Blick auf die Landesbanken, vor allem zwei Lösungsansätze auf:

- Zum einen ist an eine <u>angemessene Vergütung</u> von Anstaltslast und Gewährträgerhaftung gegenüber dem jeweiligen Gewährträger zu denken. Dies setzt freilich voraus, dass man eine Berechnungsformel findet, die die Gesamtumstände umfassend wiedergibt. Als Ansatz könnten insoweit grundsätzlich die von der Kommission für Bürgschaften und Garantien entwickelten Grundsätze[618] herangezogen werden, allerdings nur nach entsprechender Modifizierung bezüglich der rechtlichen Besonderheiten von Anstaltslast und Gewährträgerhaftung und unter Berücksichtigung von eventuellen öffentlich-rechtlichen Bindungen. Auch wenn Anstaltslast und Gewährträgerhaftung von ihrer „Haftungsqualität" her sogar noch über die Bedeutung von Eigenkapital hinausgehen, eine Vergütung, die sich in ihrer Höhe an der marktüblichen Eigenkapitalverzinsung orientiert, ist in Anbetracht der derzeitigen Ungleichbehandlung hinsichtlich der Eigenkapitalvorschriften nicht möglich.

---

[618] Vgl. Fn. 358.

- Als „günstigere" Lösung für die „beihilfekritischen" Kreditinstitute erscheint jedoch eine Aufspaltung der Tätigkeitsbereiche in solche, die dem reinen „Wettbewerbsbereich" zuzuordnen sind, und solche, mit denen eher Ziele im „gemeinwirtschaftlichen Sonderbereich" verfolgt werden. Tätigkeiten im letztgenannten Bereich könnten weiter uneingeschränkt in der öffentlich-rechtlichen Rechtsform betrieben werden, die erstgenannten jedoch nur bei angemessener Vergütung des Gewährträgers. In diese Richtung gehen auch die kürzlich für eine Aufteilung der WestLB in eine öffentlich-rechtliche Förderbank und eine private Geschäftsbank unterbreiteten Vorschläge[619].

Im übrigen sollte jegliche unternehmerische Tätigkeit der öffentlichen Hand, die ausschließlich im „Wettbewerbsbereich" stattfindet, auch nur durch Unternehmen in privater Rechtsform – unter Sicherstellung angemessener Transparenz und Eigenkapitalverzinsung – verfolgt werden, da auf diese Weise eine effektive Beihilfekontrolle sichergestellt ist.

[619] Vgl. „WestLB-Vorschlag geht in Kürze nach Brüssel" in Handelsblatt vom 06.11.2000, http://www.handelsblatt.com; „Clement unterstützt Aufspaltung der WestLB" in Financial Times Deutschland vom 09.11.2000, http://www.ftd.de.

ANHANG I

Beihilfeproblematik bei öffentlich-rechtlichen Kreditinstituten
- Chronologische Darstellung -

18.12.1991	Verabschiedung eines Gesetzes zur Regelung der Wohnungsbauförderung mit der Folge der Übertragung des Vermögens der Wohnungsbauförderungsanstalt (WfA) auf die Westdeutsche Landesbank (WestLB) durch den nordrhein-westfälischen Landtag
23.03.1993	Aufforderung des Bundesverbandes deutscher Banken an die Kommission auf Einleitung eines Vertragsverletzungsverfahrens nach Art. 226 EG wegen der Anerkennung des eingebrachten Wohnungsbauvermögens als Eigenmittel durch das Bundesaufsichtsamt für das Kreditwesen
31.05.1994	Unterrichtung der für den Wettbewerb zuständigen Generaldirektion IV der Kommission der Europäischen Gemeinschaften über die Übertragung des Wohnungsbauvermögens in die WestLB
21.12.1994	Beihilfebeschwerde des Bundesverbandes deutscher Banken gegen die Eingliederung von Wohnungsbauvermögen in die Landesbanken in Niedersachsen, Berlin, Schleswig-Holstein, Hamburg und Bayern
17.01.1997	Unterrichtung von Vertretern der privaten Banken und der Landesbanken durch die Kommission, daß sie in der Eingliederung von Wohnungsbauvermögen einen beihilferechtlich relevanten Tatbestand sieht
12.02.1997	Einbringung eines Entschließungsantrages im Bundesrat durch das Land Schleswig-Holstein mit dem Ziel der beihilferechtlichen Absicherung von Anstaltslast und Gewährträgerhaftung durch ein Protokoll zu Art. 222 EGV
21.02.1997	Entschließung des Bundesrats zu Frage der Anstaltslast und Gewährträgerhaftung bei öffentlich-rechtlichen Kreditinstituten
05/1997	Intervention der Ministerpräsidenten Beck (Rheinland-Pfalz) und Stoiber (Bayern) bei Bundeskanzler Kohl
28.05.1997	Einbringung eines Protokollentwurfs zu Art. 222 EGV in die laufenden Maastricht-II-Verhandlungen durch die Bundesregierung
19.06.1997	Erklärung der Konferenz der Vertreter der Mitgliedstaaten zu den öffentlich-rechtlichen Kreditinstituten in Deutschland auf der Amsterdamer Konferenz
18.07.1997	Einleitung einer vom Europäischen Rat erbetenen Wettbewerbsuntersuchung in den Mitgliedstaaten zu „Finanzdienstleistungen und Dienstleistungen von allgemeinem wirtschaftlichen Interesse" durch die Kommssion
01.10.1997	Eröffnung eines Beihilfeverfahrens nach Art. 88 Abs. 2 EG durch die Kommission

27.02.1998	Stellungnahme der Bundesregierung zu den Fragen der Kommission
19.05.1998	Stellungnahme der WestLB
26.05.1998	Stellungnahme der Association Francaise des Banques
02.06.1998	Stellungnahme der British Bankers' Association
04.06.1998	Stellungnahme des Bundesverbandes deutscher Banken
Mitte 1998	Bericht der Kommission an den Rat
08.07.1999	Entscheidung der Kommission in Sachen WestLB (AZ: K (1999) 2265)
04.10.1999	Vorschlag der Bundesregierung für eine Umsetzung der Kommissionsentscheidung
01.12.1999	Ablehnung des Vorschlags der Bundesregierung durch die Kommission
21.12.1999	Beschwerde der Europäischen Bankenvereinigung gegen die WestLB, die Stadtsparkasse Köln und die Westdeutsche Immobilienbank
26.05.2000	Einleitung eines Vertragsverletzungsverfahrens gegen die Bundesrepublik Deutschland wegen Nichtumsetzung der Entscheidung der Kommission
26.07.2000	Begründung der Beschwerde der Europäischen Bankenvereinigung
09.08.2000	Klageerwiderung der Bundesregierung
26.01.2001	Aufforderung der Kommission an die Bundesrepublik Deutschland zur Abgabe einer Stellungnahme

Anhang II

Entschließung des Bundesrats zur Frage der Anstaltslast und Gewährträgerhaftung bei öffentlich-rechtlichen Kreditinstituten (BR-DrS. 100/97 vom 12.02.1997)

- Auszug -

Ein intaktes Bankensystem mit funktionsfähigen öffentlich-rechtlichen Kreditinstituten und der dadurch gewährleisteten Versorgung breiter Bevölkerungskreise mit Finanzdienstleistungen ist gerade für das gelingen der Währungsunion unverzichtbare Voraussetzung. Mit der Bundesregierung sind sich die Länder einig, dass die Struktur öffentlich-rechtlicher Kreditinstitute, insbesondere deren Anstaltslast und Gewährträgerhaftung, nicht durch die Europäische Kommission in Frage gestellt werden darf. ...

In den seit Anfang 1996 mit der Kommission geführten Gesprächen konnte jedoch nur in Teilbereichen eine Annäherung, dagegen kein Grundkonsens der Standpunkte erreicht werden. Der Bundesrat hält deshalb eine Klarstellung auf Ebene des EG-Vertragsrechts für notwendig, dass die Unternehmensstrukturen öffentlich-rechtlicher Kreditinstitute in Deutschland durch Art. 222 EGV gewährleistet sind. ... Er fordert die Bundesregierung auf, sich in der laufenden Regierungskonferenz zum Maastricht II – Vertrag dafür einzusetzen, dass zu dieser Vorschrift des Vertrages über die Gründung der Europäischen Gemeinschaft ein Protokoll mit folgendem Wortlaut verabschiedet und zum Bestandteil des Vertrages wird:

„Der Schutz der Eigentumsordnung des Art. 222 EGV umfasst auch die sich aus den Rechtsordnungen der Mitgliedstaaten ergebenden Einstandspflichten der Staaten und öffentlich-rechtlichen Körperschaften für ihre Unternehmen der Kreditwirtschaft."

Begründung:

1. Die öffentlich-rechtlichen Kreditinstitute, insbesondere die kommunalen Sparkassen in ihrem arbeitsteiligen Verbund mit den Landesbanken, sind Ausdruck der föderal gestalteten Wirtschaftsstrukturen in der Bundesrepublik Deutschland. Im Rahmen des gesetzlich definierten öffentlichen Auftrages übernehmen die Institute wichtige strukturpolitische Funktionen bei der gleichmäßigen regionalen Entwicklung. ...

   Die unterschiedlichen Organisationsformen und geschäftspolitischen Strategien von privaten Banken, genossenschaftlichen Banken und öffentlich-rechtlichen Kreditinstituten gewährleisten einen intensiven Wettbewerb und sind entscheidende Ursache für die Leistungsfähigkeit und Krisenfestigkeit des deutschen Bankensystems. ...

Die Entscheidung, Kreditinstitute als öffentlich-rechtliche Anstalten zu führen, ... verpflichtet die Träger konsequenterweise auch zur Übernahme der Anstaltslast. ... Sie reicht nur soweit, wie die ordnungsgemäße und letztlich rentable Aufgabenerfüllung durch die Anstalt sichergestellt ist. ... Als unmittelbare Haftung gegenüber den Anstaltsgläubigern kommt der Gewährträgerhaftung nur im Falle der Liquidation der Anstalt praktische Bedeutung zu.

2. Die gesetzgeberische Entscheidung für die öffentlich-rechtliche Organisationsform von Kreditinstituten einschließlich Anstaltslast und Gewährträgerhaftung wird durch das Europarecht nicht in Frage gestellt:

- Anstaltslast und Gewährträgerhaftung sind für die öffentlich-rechtliche Unternehmensorganisation zwingende Strukturelemente, die Bürgschaften oder Garantien als mögliche Beihilfemaßnahmen im Sinne von Art. 92 EGV nicht vergleichbar sind.

- Die öffentlich-rechtliche Organisationsform der Institute ist durch Art. 222 EGV abgedeckt. ...

  Anstaltslast und Gewährträgerhaftung werden von dem Schutzbereich des Art. 222 EGV in doppelter Hinsicht erfasst: Zum einen als Resultat der mitgliedstaatlichen Gestaltungsfreiheit der Wirtschaftspolitik, zum zweiten als unmittelbar mit dem Eigentum des Muttergemeinwesens verbundene Pflichten. Als Bestandteil der Schutzwirkung des Art. 222 EGV sind Anstaltslast und Gewährträgerhaftung damit dem Zugriff der Gemeinschaftsorgane entzogen.

- Auch die Europäische Gemeinschaft hat die Bedeutung gemeinwohl- und regional orientierter Wirtschaftstätigkeit für die Stärkung von Wirtschaft und Wettbewerb in Europa aberkannt. Ein Vorgehen gegen die effizient im Wettbewerb handelnden öffentlich-rechtlichen Kreditinstitute stünde hierzu im Widerspruch.

3. ... Der Bundesrat sieht in dieser Entschließung eine Fortführung der Überlegungen, wie die vielfältige Lebenswirklichkeit und die regionalen Handlungsmöglichkeiten in der Europäischen Union gewährleistet werden können. Dies entspricht auch den Initiativen zur Stärkung des Subsidiaritätsprinzips.

ANHANG III

Memorandum der Ministerpräsidenten der Bundesländer zu Anstaltslast und Gewährträgerhaftung (Februar 1997)

- Auszug -

1. Die Bedeutung der Landesbanken im Sparkassenverbund

Wesentlicher Teil des dreigliedrigen Bankensystems in Deutschland ist die dezentral organisierte Sparkassenorganisation. ... Ziel der Geschäftstätigkeit der Sparkassen und Landesbanken ist die Erfüllung ihres gesetzlich vorgegebenen öffentlichen Auftrags.

Dies konkretisiert sich in der Bereitstellung einer flächendeckenden Versorgung mit Bankdienstleistungen für breite Bevölkerungsschichten und den Mittelstand. ... Sparkassen und Landesbanken erfüllen ihren öffentlichen Auftrag gemeinsam im Wettbewerb mit den anderen Bankengruppen.

2. Anstaltslast und Gewährträgerhaftung

Die Anstaltslast ist die Verpflichtung des Trägers der Landesbank, sie mit den für die Erfüllung ihrer Aufgaben notwendigen Mitteln auszustatten. Diese Verpflichtung ist Konsequenz der Ausgliederung aus der staatlichen Verwaltung und Wesensmerkmal der öffentlichen Hand und des Grundsatzes, dass der Staat auch durch Verselbständigung von Funktionsträgern sich seiner Verantwortung für die Erfüllung öffentlicher Aufgaben nicht entziehen kann.

Die Gewährträgerhaftung garantiert dem Einleger bei der Landesbank ähnlich einer Ausfallbürgschaft, seine Einlage auch bei Zahlungsunfähigkeit der Landesbank zurückzuerhalten.

Da die Anstaltslast den Träger ohnehin zur finanziellen Ausstattung der Anstalt verpflichtet, kommt der Gewährträgerhaftung im Ergebnis keine eigenständige Bedeutung zu.

Auch in anderen europäischen Ländern besteht eine Einstandspflicht des Staates für öffentlich-rechtliche Institutionen.

3. Grenzen der Anstaltslast und Gewährträgerhaftung

Beide garantieren nicht einer unwirtschaftlich gewordenen oder zahlungsunfähigen Anstalt das dauerhafte Weiterbestehen. ... Insoweit besteht kein Unterschied zu betriebswirtschaftlichen Überlegungen bei vergleichbaren Privatunternehmen.

Anstaltslast und Gewährträgerhaftung sind zudem keine Sonderreglung für Banken. ...

4. Vergleichbare Regelungen bei privaten Banken

Vergleichbare Bonitätsverbünde bei Banken sind auch bei Privatbanken üblich: Hier wird – mit demselben Effekt für Dritte – auf Patronatserklärungen zurückgegriffen. ...

Entscheidend ist, dass Sparkassen und Landesbanken anders als die private Konkurrenz aufgaben- statt nur gewinnorientiert tätig sind. Eine Beschränkung allein auf lukrative Geschäftssparten ist ihnen kraft ihrer Errichtungsgesetze und Statuten nicht möglich. Dies allein rechtfertigt bereits Anstaltslast und Gewährträgerhaftung als Ausdruck der damit einhergehenden staatlichen und kommunalen Verantwortung, solange sie diese staatlich gewollten Aufgaben erfüllen.

5. Landesbanken als Staats- und Kommunalbanken

Die Landesbanken sind kraft ihrer Errichtungsgesetze Staats- und Kommunalbanken. Sie leisten hierbei einen wesentlichen Beitrag bei der Beritstellung von Finanzdienstleistungen für Staat und Kommunen. In diesem Zusammenhang sind nicht zuletzt auch die bei Landesbanken angesiedelten Förderbereiche zu erwähnen. ...

Für Staat und Kommunen wird so per Gesetz sichergestellt, im Bedarfsfalle auf leistungsfähige Kreditinstitute zur Deckung ihrer finanziellen Bedürfnisse, seien es Kreidtaufnahmen Platzierung von Anleihen, Abwicklung von Förderprogrammen und ähnliches, zurückgreifen zu können.

6. Landesbanken als Sparkassenzentralbanken

Die Landesbanken erfüllen zudem die Aufgaben der Sparkassenzentralbanken. Die Sparkassen verfügen aufgrund ihrer Größe in aller Regel nicht über die Möglichkeit, alle Universalbankfunktionen anbieten zu können. ...

Hier erlauben die Landesbanken/Girozentralen ein Bündeln der Aufgaben in Kompetenzzentren, auf die die Sparkassen zurückgreifen können. Erst das Bündeln in einer Landesbank führt zu Kostendegression, die die Leistungspalette der gesamten Sparkassenorganisation wettbewerbsfähig machen. auch gerade im Hinblick auf die Einführung der Währungsunion kann die Sparkassenorganisation nur im Zusammenwirken mit den Landesbanken an der Umsetzung entscheidend mitwirken.

7. Landesbanken als Geschäftsbanken

Die Landesbanken erfüllen auch die Aufgabe von Geschäftsbanken. ... Erst die Tätigkeit der Geschäftsbanken ermöglicht die vielfältigen Tätigkeiten als Staats- und Kommunalbank sowie als Sparkassenzentralbank.

Die Landesbanken stellen bei dem in Deutschland traditionell dreigliedrigen Bankensystem ... eine bedeutende Wettbewerbsergänzung dar. ... Dieser seit Bestehen funktionierende Wettbewerb kommt ausschließlich dem Kunden und Verbraucher auch in der Fläche zugute, der die erforderlichen Bankprodukte in hoher Qualität und zu angemessenen Preisen erhält.

8. Landesbanken als Stabilitätsfaktor des Kreditwesens

Durch die Dreigliedrigkeit des Bankensystems und die wirtschaftliche Stabilität der Landesbanken ist das Kreditwesen gegen Krisen deutlich gefestigt. Mögliche Krisen in Teilen der Kreditwirtschaft könne so durch andere aufgefangen werden und dem Wirtschaftssystem die notwendige Stabilität verleihen.

9. Regionalpolitische Bedeutung der Landesbanken

Von besonderer Bedeutung ist der in der Region gelegene Sitz der Landesbanken. Nicht zuletzt aufgrund ihrer regionalen Verwurzelung haben Landesbanken bis heute auch im Firmen und Großkundengeschäft die örtliche Konzentration in Deutschland mit den Nachteilen für die Unternehmen mit Sitz in der Region vermeiden geholfen. In der Gemeinschaft mit den Sparkassen wird der Mittelstand nachhaltig unterstützt und die regionale Wirtschaftsstruktur gestärkt. ...

Die Vorteile des regionalen Bezuges bestehen zum einen in der größeren Kundennähe ... . Durch die Unterstützung durch die Landesbanken sind die Sparkassen gemeinsam mit den Landesbanken in der Lage, auch in der Region alle erforderlichen Finanzdienstleistungen anzubieten, auch wenn sich andere Banken – wie bereits geschehen und weiter verstärkt beabsichtigt – aus der Region zurückziehen.

Die Bankenstruktur in Deutschland mit ihrer starken regionalen Verankerung ... ist einer der Gründe für die erfolgreiche Entwicklung der Regionen. Deutschland steht damit im Gegensatz zu eher zentralistisch ausgerichteten Staaten mit daher einhergehender starker Konzentration in einem Finanzzentrum. ...

Die Landesbanken sind nicht zuletzt auch selbst ein bedeutender Arbeitgeber in der Region und bedeutende Steuerzahler für die Länder und Kommunen.

10. Unterschiede in der Eigenkapitalbeschaffung

Landesbanken und Sparkassen haben gegenüber den privaten Banken ein erweitertes Aufgabenspektrum. Sie unterscheiden sich darüber hinaus auch in den Möglichkeiten der Kapitalbeschaffung.

Die den Landesbanken von der Größe und Bedeutung her nahestehenden privaten Banken in der Rechtsform einer Aktiengesellschaft besitzen den entscheidenden Vorteil, über Aktienemissionen mit erheblichen Aufgeldern ... sich „billiges" Kernkapital verschaffen zu können. ...

Der sich hieraus ergebende Vorteil der Privatbanken, daß sie lediglich den Nominalbetrag in Form von Dividenden verzinsen müssen, ist bei den Landesbanken in aller Regel nicht gegeben. Hier herrscht die Kapitalerhöhung zu Nominalwert vor, der Zugang zum Aktienmarkt ist verschlossen. ...

11. Strukturmerkmal

Anstaltslast und Gewährträgerhaftung sind Strukturmerkmale öffentlicher Anstalten. Sie stellen vorkonstitutionelles (im Sinne des Grundgesetzes) und Vor-EU-Recht dar. Sie sind Teil der öffentlich-rechtlichen Eigentumsordnung und daher durch den EWG-Vertrag (Art. 222) geschützt. Dies entspricht der Praxis der EG-Kommission, die zuletzt in der Stellungnahme vom 28. September 1996 (Amtsbl. Nr. C 281/96) an den Ministerrat der EG die Existenzberechtigung öffentlicher Wirtschaftsunternehmen und damit auch die für diese Unternehmen fundamentalen Rechtsprinzipien anerkannt hat:

„Die Neutralität der Gemeinschaft gegenüber der öffentlich-rechtlichen oder privatrechtlichen Organisationsform der Unternehmen ... ist in Art. 222 des Vertrages verankert. Die Gemeinschaft stellt den jeweiligen Status der Unternehmen, die Gemeinwohlaufgaben wahrnehmen, also keineswegs in Frage und schreibt in keiner Weise Privatisierung vor."

12. Zusammenfassung

Im Ergebnis gilt, daß es nicht möglich ist, aus der in Deutschland bewährten Struktur einen Baustein in Form von Anstaltslast und Gewährträgerhaftung herauszubrechen, ohne das gesamte öffentlich-rechtliche Bankensystem zu zerstören.

Die Regierungschefs der Länder sehen in einem intakten Bankensystem mit funktionsfähigen öffentlich-rechtlichen Kreditinstituten in ihrem jeweiligen Verbund und der dadurch gewährleisteten Versorgung breiter Bevölkerungskreise mit Finanzdienstleistungen eine auch für das Gelingen der Währungsunion besonders wichtige Voraussetzung.

Anhang IV

Erklärung Nr. 37 gemäß der Schlussakte zum Vertrag von Amsterdam

Erklärung zu öffentlich-rechtlichen Kreditinstituten in Deutschland

Die Konferenz nimmt die Auffassung der Kommission zur Kenntnis, dass die bestehenden Wettbewerbsregeln der Gemeinschaft es zulassen, Dienstleistungen von allgemeinem wirtschaftlichen Interesse, welche die in Deutschland bestehenden öffentlich-rechtlichen Kreditinstitute erfüllen, sowie die ihnen zum Ausgleich für die mit diesen Leistungen verbundenen Lasten gewährte Fazilitäten voll zu berücksichtigen. Dabei bleibt es der Organisation dieses Mitgliedstaates überlassen, auf welche Weise er insoweit den Gebietskörperschaften die Erfüllung ihrer Aufgabe ermöglicht, in ihren Regionen eine flächendeckende und leistungsfähige Finanzinfrastruktur zur Verfügung zu stellen. Diese Fazilitäten dürfen die Wettbewerbsbedingungen nicht in einem Ausmaß beeinträchtigen, das über das zur Erfüllung der besonderen Aufgaben erforderliche Maß hinausgeht und zugleich dem Interesse der Gemeinschaft entgegenwirkt.

Die Konferenz erinnert daran, dass der Europäische Rat die Kommission ersucht hat, zu prüfen, ob es in den übrigen Mitgliedstaaten vergleichbare Fälle gibt, auf etwaige vergleichbare Fälle dieselben Maßstäbe anzuwenden und dem Rat in der Zusammensetzung der Wirtschafts- und Finanzminister Bericht zu erstatten.

ANHANG V

Stellungnahme der Bundesregierung zu den Fragen der EU-Kommission

- Auszug -

Der öffentlich-rechtliche Kreditsektor in der Bundesrepublik Deutschland hilft, bei wachsenden Konzentrationstendenzen im Bereich der Kreditwirtschaft wirksamen Wettbewerb zu sichern. Er leistet einen Beitrag zur Kreditversorgung der öffentlichen Hand einerseits und zur Versorgung des unternehmerischen Mittelstandes sowie auch der Bevölkerung in ländlichen Regionen mit Finanzdienstleistungen andererseits. Dabei erhalten die öffentlich-rechtlichen Kreditinstitute keine staatlichen Beihilfen. Daher stehen öffentliche und private Banken in einem umfassenden und den Zielen des EG-Vertrages voll entsprechenden Wettbewerb zueinander.

Zur weiteren Erläuterung der pluralistischen kreditwirtschaftlichen Struktur in der Bundesrepublik hält es die Bundesregierung für sinnvoll, vor der Beantwortung der einzelnen Fragen die Struktur, Funktionsweise und wettbewerbsmäßige Bedeutung des öffentlich-rechtlichen Kreditsektors im Zusammenhang darzustellen. ... Inhaltlich legen die Fragen zudem nahe, dass die Kommission bei ihrer Erhebung ein Konzept zugrundelegt, das sich auf die hiesigen Verhältnisse nicht, bzw. nur teilweise übertragen lässt.

2. *Struktur, Funktionsweise und Bedeutung des öffentlich-rechtlichen Kreditsektors*

Die Bundesrepublik Deutschland hat sich bereits früh für eine auf Wettbewerb ausgerichtete liberale Bankenpolitik entschieden und den staatlichen Ordnungsrahmen des Kreditgewerbes hierauf ausgerichtet. Auf dieser Grundlage und durch historische Einflussfaktoren hat sich die dreigliedrige Struktur der deutschen Kreditwirtschaft herausgebildet. ...

Sämtliche öffentlich-rechtlichen Kreditinstitute haben einen öffentlichen Auftrag zu erfüllen, der gesetzlich festgelegt ist. ... Die Institute sind durchweg nach kaufmännischen Grundsätzen zu führen und sollen einen angemessenen Gewinn erzielen. Ihr Finanzgeschäft hat sich jedoch vor allem an der gesetzlich definierten Aufgabenstellung zu orientieren. ...

Öffentlich-rechtliche Kreditinstitute betätigen sich im Wettbewerb. ... Dabei sind die Geschäftsbanktätigkeit und die öffentliche Aufgabenwahrnehmung nicht zwei isolierte Betätigungsfelder, vielmehr greifen beide Funktionen ineinander. ... Auch öffentlich-rechtliche Kreditinstitute benötigen ein im Vergleich zu den privatrechtlich organisierten Mitbewerbern adäquates Geschäftsvolumen und eine angemessene internationale Präsenz. ...

Ganz überwiegend sind die öffentlich-rechtlichen Kreditinstitute in der Bundesrepublik als Anstalten des öffentlichen Rechts organisiert. ... Die öffentlich-rechtliche Trägerstruktur ... wirkt sich für die Sparkassen und Landesbanken unternehmerisch in – gewollten – funktions- und strukturbedingten Restriktionen aus, unter anderem dadurch, dass ihnen der Zugang zum Aktienmarkt zur Kapitalbeschaffung fehlt.

Mit der Wahl der Rechtsform ist – rechtlich unabdingbar und nicht einschränkbar – die unternehmerische Einstandspflicht der öffentlichen Träger von Sparkassen und Landesbanken verbunden. Dies ist Konsequenz des Grundsatzes der Gesetz- und Rechtmäßigkeit der Verwaltung, der jeden Träger öffentlicher Verwaltung verpflichtet, sämtlich von ihm in öffentlich-rechtlicher Organisationsform eingegangenen Verbindlichkeiten zu erfüllen. Die Finanzierungsverantwortung des Unternehmensträgers kommt im Innenverhältnis in der Anstaltslast, im Außenverhältnis in der Gewährträgerhaftung zum Ausdruck. ... Anstaltslast und Gewährträgerhaftung sind somit keine Gegenleistung des Staates für die Wahrnehmung öffentlicher Aufgaben, sondern Eigenhaftung kraft Unternehmensorganisation.

Die Finanzierungsverantwortung des Unternehmensträgers öffentlich-rechtlicher Kreditinstitute entspricht im übrigen einem allgemeinen, privat- wie öffentlich-rechtlichen Prinzip. ... So führt auch im privaten Gesellschaftsrecht die Nichterfüllung gesetzlich zwingender Kapitalaufbringungs- und –erhaltungsregeln zur weiteren Haftung des Unternehmensträgers.

Verfassungsrechtlich anerkannt haben die Sparkassen und Landesbanken ihren Unternehmenszweck unter voller Geltung der geschäftlichen Anforderungen und Rechtsvorschriften des Wettbewerbs zu erfüllen. ... Die Institute erhalten daher kein besonderes Entgelt oder sonstige Vorzüge vom Staat. ...

3. *Zu den einzelnen Fragen*

4. *Dienstleistungen von allgemeinem wirtschaftlichen Interesse*

4.2. *Bitte nennen Sie sämtliche Kreditinstitute ihres Landes, die nach Auffassung Ihrer Regierung „Dienstleistungen von allgemeinem wirtschaftlichen Interesse" erbringen.*

Dienstleistungen von allgemeinem wirtschaftlichen Interesse werden in der Regel als gesetzliche Aufgabenstellung ... formuliert. Diese Aufgabenstellung wird durch die Sparkassenorganisation wahrgenommen ... .

Darüber hinaus sind spezielle Förderfunktionen durch gesetzliche Regelung den Förderinstituten des Bundes und der Länder zugewiesen, die außerhalb des Wettbewerbsbereiches operieren und unseres Erachtens damit nicht im Zusammenhang mit der „Amsterdamer Erklärung zu den öffentlich-rechtlichen Kreditinstituten in Deutschland" gesehen werden können.

4.3. Bitte beschreiben Sie diese „Dienstleistungen von allgemeinem wirtschaftlichen Interesse" genau. In welchem Maße gehen diese Dienstleistungen über jene hinaus, die von anderen Kreditinstituten erbracht werden?

4.4. Mit welchem Instrument bzw. welchen Instrumenten wurden die Kreditinstitute mit diesen Dienstleistungen betraut? Welche genauen Verpflichtungen ergeben sich aufgrund dieser Instrumente?

4.5. Wie haben die staatlichen Behörden die mit diesen Dienstleistungen verbundenen Kosten eruiert? Was ist das Ergebnis dieser Bewertung (bitte geben Sie die geschätzten Gesamtkosten und die Kosten für jede einzelne Dienstleistung an)?

4.6. Wie werden diese Kosten erstattet (bitte geben Sie sämtliche Bestandteile der Erstattung und ihren jeweiligen wert an)? In welchem Maße stimmt der Gesamtwert der Erstattung mit den Gesamtkosten der den einzelnen Kreditinstituten übertragenen „Dienstleistungen von allgemeinem wirtschaftlichen Interesse" überein?

4.7. Wie wurden die Kreditinstitute ausgewählt, denen die Erbringung dieser „Dienstleistungen von allgemeinem wirtschaftlichen Interesse" übertragen wurde?

Wie bereits beschrieben, ist es Aufgabe der öffentlich-rechtlichen Kreditinstitute in der Bundesrepublik, ihren öffentlichen Auftrag im marktwirtschaftlichen Wettbewerb zu erfüllen. Die Fragestellungen 1.2 bis 1.6 gehen dagegen davon aus, dass die Institute ihre Dienstleistungen von allgemeinem wirtschaftlichen Interesse außerhalb des Wettbewerbsprozesses erbringen und hierfür eine konkret quantifizierte Gegenleistung vom Staat bzw. vom jeweiligen Gewährträger erhalten. Eine jeweils einzelne Beantwortung kann wegen des abweichenden systematischen Ansatzes für die deutsche Kreditwirtschaft nicht erfolgen. ...

Der öffentliche Auftrag der Sparkassen und Landesbanken sowie die Verpflichtung zur Verbundtätigkeit ist in den Sparkassengesetzen, den ergänzenden Verordnungen und Satzungen festgeschrieben. ... Die Kontrolle der Aufgabenerfüllung im Rahmen der vom Wettbewerbsprozess gesetzten Möglichkeiten ist u.a. dadurch instrumentalisiert, dass Geschäfts- und insbesondere Aufsichtsorgane der Sparkassen und Landesbanken mit dem Anstaltsträger vielfach personell verschränkt sind. ... Damit wird dem Interesse des Staates an eigenständiger Aufgabenerfüllung durch die Institute bei gleichzeitig direkter Kontrolle durch die Trägerbehörden Rechnung getragen.

Wie bereits dargelegt, haben die Sparkassen und Landesbanken ihre gesetzliche Aufgabenstellung im Wettbewerbsprozess und damit unter Marktbedingungen zu erfüllen. Ein Kompensationsmechanismus besteht nicht. Systembedingt werden die Kosten der Institute für die Aufgabenerfüllung nicht im einzelnen quantifiziert und nicht erstattet.

4.8. In welcher Weise würde eine Anwendung der Regeln über staatliche Beihilfen und der anderen Wettbewerbsbestimmungen des EG-Vertrages die Erbringung der übertragenen „Dienstleistungen von allgemeinem wirtschaftlichen Interesse" durch die einzelnen Kreditinstitute verhindern?

Die Wettbewerbsregeln des EG-Vertrages sind auf Sparkassen und Landesbanken anwendbar. Die Voraussetzungen, an deren Vorliegen die Regeln über staatliche Beihilfen und andere Wettbewerbsbestimmungen Rechtsfolgen knüpfen, werden durch die Tätigkeit der Institute der Sparkassenorganisation nicht erfüllt, so dass nach unserer Auffassung die Sonderregelung des Art. 90 Abs. 2 EGV nicht beansprucht werden muss. Die Wettbewerbsregeln erlauben es – wie die Regierungskonferenz in ihrer „Erklärung zu den öffentlich-rechtlichen Kreditinstituten in Deutschland" zum Ausdruck bringt –, der besonderen Funktion öffentlich-rechtlicher Kreditinstitute in Deutschland Rechnung zu tragen.

5. Bankensektor

5.2. Werden die Geschäftsmöglichkeiten einiger Kreditinstitute durch Rechtsvorschriften eingeschränkt? Gibt es Spezialkreditinstitute (bitte beschreiben Sie ihre Funktionen)?

Die Geschäftbeschränkungen bei Sparkassen und Landesbanken ergeben sich aus deren gesetzlichen Grundlagen. Die Bankgeschäftstätigkeit ist den Sparkassen und Landesbanken in dem Rahmen erlaubt, der zur Erfüllung ihrer öffentlichen Aufgabenstellung dient.

5.3. Welche Arten von (individuellen oder kollektiven) Sicherungs- und Unterstützungssystemen (Bürgschaften und Haftungen inbegriffen) bestehen im Finanzdienstleistungssektor Ihres Landes? Auf welche Weise werden sie finanziert? Sind es freiwillige oder Pflichteinrichtungen?

In den drei großen Bankengruppen – Privatbanken, Genossenschaftsbanken und öffentlich-rechtliche Kreditinstitute – existieren Instituts- und Einlagensicherungssysteme, die den materiellen Anforderungen der Richtlinie über Einlagensicherungssysteme 94/19/EG gerecht werden. Es handelt sich derzeit noch um freiwillige Einrichtungen, die auf dem Prinzip der Selbstorganisation und Selbstfinanzierung beruhen. ...

Dem Gläubiger- bzw. Einlegerschutz im Bereich der privaten Banken dient der Einlagensicherungsfonds des Bundesverbandes deutscher Banken. ... Die Einlagensicherungssysteme bei den Kreditgenossenschaften sowie Sparkassen und Landesbanken gehen hierüber noch hinaus. ...

Zum Zwecke der Einlagensicherung bei Sparkassen sind die regionalen Sparkassen-Stützungsfonds gegründet worden. ... Zwischen den regionalen Stützungsfonds besteht ein Haftungsverbund. Zusätzlich besteht auch ein Haftungsverbund mit der Sicherungsreserve der Landesbanken/Girozentralen. ...

5.4. *Welche Kreditinstitute oder Gruppen von Kreditinstituten betreiben ein Filialnetz, das sich auf das gesamte Gebiet Ihres Landes bzw. bestimmter Regionen erstreckt? Sind diese Institute verpflichtet, dieses Gebiet zu versorgen? Erhalten diese Kreditinstitute einen Ausgleich für die flächendeckende Versorgung? Erhalten sämtliche Kreditinstitute, die ein bestimmtes Gebiet versorgen, die gleiche Art von Ausgleich?*

Bundesweite Filialnetze unterhalten zunächst die privaten Kreditbanken ... . Diese Institute konzentrieren sich vorrangig auf Groß- und Mittelzentren. Die kreditwirtschaftliche Versorgung in Orten unter 10.000 Einwohnern wird überwiegend durch die Sparkasseninstitute und die Genossenschaftsbanken sowie die Postbank sichergestellt. ...

Die rechtliche Verpflichtung, die kreditwirtschaftliche Versorgung flächendeckend zu gewährleisten, besteht nur für die Institute der Sparkassenorganisation. Sie ist Kernbestandteil ihrer öffentlichen Aufgabenstellung, die im Wettbewerb wahrzunehmen ist und nicht durch einen besonderen Ausgleich kompensiert wird.

ANHANG VI

Stellungnahme des Bundesverbandes deutscher Banken zu den Fragen der EU-Kommission

- Auszug -

2. *Dienstleistungen von allgemeinem wirtschaftlichen Interesse*

2.2. *Bitte nennen Sie sämtliche Kreditinstitute ihres Landes, die nach Auffassung Ihrer Regierung „Dienstleistungen von allgemeinem wirtschaftlichen Interesse" erbringen.*

Landesbanken und Sparkassen sind universell tätige Kreditinstitute, die keine Dienstleistungen von allgemeinem wirtschaftlichen Interesse erbringen. Insbesondere die Landesbanken wurden von reinen Liquiditätsausgleichsstellen der örtlichen Sparkassen zu Banken mit großem eigenen Geschäftskreis, einige zu international operierenden Geschäftsbanken. ...

Dienstleistungen von allgemeinem wirtschaftlichen Interesse werden in Deutschland von speziellen Förderinstituten erbracht. ... Die sich in diesem Zusammenhang ergebende Verbindung von Bank- und Fördergeschäft ist mit erheblichen Wettbewerbsproblemen verbunden. ...

2.3. *Wie haben die staatlichen Behörden die mit diesen Dienstleistungen verbundenen Kosten eruiert? Was ist das Ergebnis dieser Bewertung (bitte geben Sie die geschätzten Gesamtkosten und die Kosten für jede einzelne Dienstleistung an)?*

Nach unseren Informationen gibt es solche Kostenermittlungen nicht. Dies gilt auch für Landesbanken und Sparkassen, obwohl sie unzutreffenderweise behaupten, Dienstleistungen von allgemeinem wirtschaftlichen Interesse zu erbringen.

2.4. *Wie werden diese Kosten erstattet (bitte geben Sie sämtliche Bestandteile der Erstattung und ihren jeweiligen wert an)? In welchem Maße stimmt der Gesamtwert der Erstattung mit den Gesamtkosten der den einzelnen Kreditinstituten übertragenen „Dienstleistungen von allgemeinem wirtschaftlichen Interesse" überein?*

Siehe Antwort zu Frage 1.4.

Ergänzend ist zu der ... zusammenfassenden Antwort der Bundesregierung folgendes anzumerken:

- Die Initiative „Girokonto für jedermann" wird von der gesamten deutschen Kreditwirtschaft getragen. Die Initiative ist somit kein Beleg für ein besonderes Engagement der Sparkassen.

- Die Aussage, dass 75 Prozent aller mittelständischen Unternehmen und Handwerksbetriebe eine Kontoverbindung zu einer Sparkasse oder Landesbank unterhalten, will den Eindruck eines besonderen Engagements der öffentlichen Banken um den Mittelstand vermitteln. Diese Aussage ist jedoch in diesem Zusammenhang nichtssagend. So haben über 70 Prozent der mittelständischen Betriebe mehr als vier Bankverbindungen ... .

- Über eigenen Kapitalbeteiligungsgesellschaften und die Beteiligung an Risikokapitalfonds einzelner Bundesländer stellen auch die privaten Banken in erheblichem Umfang der Wirtschaft Risikokapital zur Verfügung.

3. *Bankensektor*

2.2. Werden die Geschäftsmöglichkeiten einiger Kreditinstitute durch Rechtsvorschriften eingeschränkt? Gibt es Spezialkreditinstitute (bitte beschreiben Sie ihre Funktionen)?

Soweit es für Sparkassen und Landesbanken Geschäftsbeschränkungen gibt, erfolgen sie aus Risikogesichtspunkten und entsprechen damit Vorgaben, wie sie im Bereich der privaten Banken durch das Management festgelegt werden. Das Regionalprinzip kann nicht als wesentliche Geschäftsbeschränkung für Sparkassen gewertet werden. Vielmehr führt es zu einer Abschottung regionaler Märkte gegenüber der Konkurrenz anderer Sparkassen und schützt damit Sparkassen vor dem Wettbewerb untereinander.

2.3. Welche Arten von (individuellen oder kollektiven) Sicherungs- und Unterstützungssystemen (Bürgschaften und Haftungen inbegriffen) bestehen im Finanzdienstleistungssektor Ihres Landes? Auf welche Weise werden sie finanziert? Sind es freiwillige oder Pflichteinrichtungen?

Neben dem Einlagensicherungsfonds der privaten Banken gibt es Sicherungssysteme der Genossenschaftsbanken, der Sparkassen, der Landesbanken/Girozentralen und der Bausparkassen ... sowie ein Sicherungssystem der Verbandes öffentlicher Banken für diejenigen Mitgliedsinstitute, die keinem der o.g. Sicherungssysteme angehören. Im Sparkassensektor greifen faktisch immer zuerst Anstaltslast und Gewährträgerhaftung. Das Sicherungssystem der Sparkassen hat damit allenfalls einen subsidiären Charakter. Ausschlaggebend ist faktisch die unentgeltliche Haftung der Gewährträger.

2.4. *Welche Kreditinstitute oder Gruppen von Kreditinstituten betreiben ein Filialnetz, das sich auf das gesamte Gebiet Ihres Landes bzw. bestimmter Regionen erstreckt? Sind diese Institute verpflichtet, dieses Gebiet zu versorgen? Erhalten diese Kreditinstitute einen Ausgleich für die flächendeckende Versorgung? Erhalten sämtliche Kreditinstitute, die ein bestimmtes Gebiet versorgen, die gleiche Art von Ausgleich?*

Als Aufgabe der Sparkassen nennen die Sparkassengesetze der Länder zwar die Sicherstellung der Versorgung mit geld- und kreditwirtschaftlichen Leistungen. Gleichzeitig sind die Sparkassen aber verpflichtet, ihre Geschäfte nach kaufmännischen Gesichtspunkten zu führen. Damit besteht keine eindeutige rechtliche Verpflichtung, in jedem Ort – also flächendeckend, ohne Berücksichtigung wirtschaftlicher Notwendigkeiten – Zweigstellen zu unterhalten.

Während private Banken für die von ihnen gewährleistete flächendeckende Versorgung keine Vergünstigungen des Staates erhalten, kommen Sparkassen in den Genuss von Anstaltslast und Gewährträgerhaftung.

ANHANG VII

Mitteilung der Kommission vom 28.10.1998
KOM (1998) 625

FINANZDIENSTLEISTUNGEN:
ABSTECKEN EINES AKTIONSRAHMENS

Unionsweit entfallen auf Dienstleistungen im Bank und Versicherungssektor (Finanzdienstleistungen) etwa 6% des Bruttoinlandsprodukts und 2,45% der Gesamtzahl der Beschäftigten, und das bei steigender Tendenz.

Vorteile eines effizienten und transparenten Finanzmarktes:

- Verbraucher erhält größeren Gegenwert für seine Geldleistung
- Verbraucher hat größeres Angebot an Finanzdienstleistungen und –Produkten zu günstigen Preisen
- Optimierung der Kapitalverteilung
- besserer Zugang zu Eigenkapitalfinanzierung und Risiko für kleine und mittlere Unternehmen sowie Jungunternehmen

Trotz der Einführung des EURO, der eine der Hauptursachen der Marktsegmentation beseitigen wird, stehen einer optimalen Nutzung der potentiellen Vorteile des Binnenmarktes für Finanzdienstleistungen, insbesondere dem grenzüberschreitenden Verkauf von Finanzprodukten an Individualverbraucher, vor allem

- eine unzureichende Steuerharmonisierung
- behördliche Anforderungen
- ein gewisser Mangel an Transparenz

entgegen.

Hauptaspekte der Vollendung des Binnenmarktes für Finanzdienstleistungen sind:

- Schaffung von Kapitalmärkten, deren Tiefe und Liquidität sowohl Emittenten als auch Investoren zugute kommt
- Beseitigung noch bestehender Beschränkungen für grenzüberschreitende Privatkundenfinanzgeschäfte, um die Wahlfreiheit der Verbraucher zu gewährleisten und gleichzeitig das Vertrauen der Verbraucher sowie ein hohes Maß an Verbraucherschutz zu erhalten

- Stützung der Wettbewerbsfähigkeit
- Eindämmung der finanziellen Instabilität

Dieses Ziel soll vor allem durch eine bessere Koordinierung zwischen den Regulierungs- und Aufsichtsbehörden erreicht werden, wobei der Kommission eine wichtige Rolle zukommt. Gravierende Einschnitte in das bestehende Regelwerk sind dabei nicht erforderlich, vielmehr wird ein schlanker und moderner Regelungsrahmen für einen sich rasch verändernden Finanzdienstleistungsmarkt benötigt. Hierzu ergehen entsprechende Aufforderungen an den Rat und das Europäische Parlament.

Außerdem wird eine marktorientierte Modernisierung der EU-Firmenkundenmärkte angestrebt, um die bestehenden rechtlichen, administrativen und steuerlichen Beschränkungen für

- grenzüberschreitende Emissionen
- investitionsbezogene Tätigkeiten

zu beseitigen. Hierzu sollen die Regelungen für

- Prospekte
- Börseneinführungen
- Berichtswesen
- Anbieter von Wertpapierdienstleistungen

angepaßt werden, um eine Kostensenkung des EU-Kapitals zu erreichen. Hierzu ergeht eine Aufforderung an die Mitgliedstaaten.

Im Bereich des Privatkundenmarktes soll schrittweise ein Binnenmarkt für Privatkundenfinanzprodukte errichtet werden. Hierzu sollen

- die Anforderungen des Gastlandes an Verbraucher, die als nichtprofessionelle Kunden auftreten, begrenzt werden
- größere Transparenz erreicht und sichergestellt werden, daß die Durchsetzung der Bestimmungen des Gastlandes angemessen ist
- die einzelstaatlichen Praktiken beim Verbraucherschutz auf einem hohen Niveau angeglichen werden.

Die Kommission ist der Ansicht, daß für die fortschreitende Errichtung eines Regelungsrahmens für einen Finanzbinnenmarkt eine strukturierte Kooperation der einzelstaatlichen Aufsichtsbehörden ausreicht, um die finanzielle Stabilität zu gewährleisten. Ein Handeln ist in folgenden Bereichen erforderlich:

- Erreichen einer integrierten Infrastruktur

  insbesondere Interaktion zwischen Wertpapierabrechnungs- und Zahlungssystemen sowie Mechanismen gegen Betrug und Geldwäsche

- Schaffung gleicher Wettbewerbsbedingungen für Finanzteilnehmer

  insbesondere strengere Anwendung der Vertragsvorschriften für Wettbewerb und staatliche Beihilfen, da nach der Einführung des EURO mit einem schärferen Wettbewerb zu rechnen ist

- Beseitigung von Ungleichgewichten in der steuerlichen Behandlung

  insbesondere bei Sparerträgen und wichtigen Finanzprodukten wie Lebensversicherungen und Pensionsfonds

Zur Erreichung dieser Ziele soll zunächst eine Arbeitsgruppe aus Vertretern der Finanzminister der Mitgliedstaaten gebildet werden, die erste Schritte erarbeiten und die Kommission unterstützen soll.

ANHANG VIII

Entschließung des Bundesrats vom 09.07.1999

1. Der Bundesrat bekräftigt seine Haltung vom 21. Februar 1997 zur Anstaltslast und Gewährträgerhaftung, wonach die Unternehmensstrukturen öffentlich-rechtlicher Kreditinstitute durch Artikel 295 EGV (EG-Vertrag) gewährleistet sind. Artikel 295 EGV umfaßt auch die sich aus den Rechtsordnungen der Mitgliedstaaten ergebenden Einstandspflichten der Staaten und öffentlich-rechtlichen Körperschaften für ihre Unternehmen der Kreditwirtschaft.

2. Der Bundesrat bekräftigt seine Stellungnahme vom 28. November 1997 zur Amsterdamer Erklärung der Kommission zu den öffentlich-rechtlichen Kreditinstituten in der Bundesrepublik Deutschland. Der Europäische Rat hatte die Erklärung der Kommission, in der die besondere Verpflichtung der Sparkassen zur kreditwirtschaftlichen Versorgung breiter Bevölkerungskreise sowie insbesondere kleiner und mittlerer Unternehmen gewürdigt wurde, zur Kenntnis genommen.

3. Der Bundesrat verweist auf die Ausführungen des amtierenden Präsidenten der Kommission, Herrn Jacques Santer, im Gespräch mit den Regierungschefs der Länder am 2. Juli 1997 in Bonn. In dem Gespräch hatte der Präsident der Kommission erklärt, daß er keine abweichende Interpretation der Erklärung der Kommission zu den öffentlich-rechtlichen Kreditinstituten gelten lasse.

4. Der Bundesrat nimmt mit Bedauern die Entscheidung der Kommission vom 8. Juli 1999 zur Einbringung von Wohnungsbauvermögen in die Westdeutsche Landesbank zur Kenntnis. er widerspricht der von der Kommission vertretenen Auffassung, daß es sich hierbei um einen Fall unerlaubter staatlicher Beihilfen gehandelt habe.

Der Bundesrat ersucht die Bundesregierung, zur Wahrung der gemeinsamen Interessen eine rechtliche Überprüfung der letztlich für den Fortbestand der öffentlich-rechtlichen Kreditinstitute so wesentlichen Entscheidung gemeinsam mit den betroffenen Ländern vor dem Europäischen Gerichtshof anzustrengen.

ANHANG IX

Deutscher Sparkassen und Giroverband: Öffentlich-rechtliche Kreditinstitute in Deutschland Januar 2000

Der öffentliche Auftrag von Sparkassen und Landesbanken

Kern der gesetzlichen Regelungen ist der öffentliche Auftrag von Sparkassen und Landesbanken. Die Erfüllung dieser gesetzlichen Aufgaben hat bei Sparkassen und Landesbanken Vorrang gegenüber der Gewinnorientierung. ...

Die von den öffentlichen Trägern, Kommunen und Ländern, übernommene unternehmerische Finanzierungsverantwortung in Form von Anstaltslast und Gewährträgerhaftung ist dabei ein Äquivalent für die gesetzlich angeordnete Aufgabenbindung der Landesbanken und Sparkassen.

Der öffentliche Auftrag der Sparkassenorganisation beinhaltet vor allem:

Allen Bevölkerungsschichten den Zugang zu modernen Finanzdienstleistungen ermöglichen

Ein Girokonto ist im Zeitalter des bargeldlosen Zahlungsverkehrs für eine Teilhabe am wirtschaftlichen Leben unabdingbar. ... Die Sparkassen grenzen keine Kundengruppe aus. Dies wird nicht zuletzt daran deutlich, dass etwa 80 Prozent der Sozialhilfeempfänger in Deutschland ihr Girokonto bei einer Sparkasse unterhalten.

Sparen und Vermögensbildung in der Fläche fördern

Im Geschäft mit Privatkunden hält die Sparkassen-Finanzgruppe einen Marktanteil von fast 40 Prozent. ...

Die Beratung bei geld- und kreditwirtschaftlichen Angelegenheiten umfasst auch gesellschaftlich wichtige Bereiche wie die Budget-Beratung für die private Finanzplanung, die Altersvorsorge, die Schuldnerberatung und die Vermittlung von Wissen über die moderne Wirtschaft und den Umgang mit Geld. Als einzige Kreditinstitutsgruppe in Deutschland unterhält die Sparkassenorganisation mit dem Beratungsdienst „Geld und Haushalt" einen besonderen Service für Verbraucher und Privathaushalte ...

Den Mittelstand mit Finanzdienstleistungen und Unternehmensfinanzierungen versorgen

Die Sparkassen haben heute einen Marktanteil von fast 40 Prozent beim gewerblichen Mittelstand. ... Neben der Vergabe von Krediten ... unterstützen die Sparkassen den Mittelstand mit der Vermittlung öffentlicher Förderkredite ... und Bürgschaften, Fördergeldern aus eigenen Sonderprogrammen, Beteiligungsfinanzierungen und der Begleitung beim Gang an die Börse (Going Public). ...

Eine „Kultur der Selbständigkeit" fördern

... Die Sparkassenorganisation trägt maßgeblich zur Förderung der „Kultur der Selbständigkeit" bei. Dazu gehören die Existenzgründungsberatung und –Finanzierung ebenso wie das direkte Anstoßen von Existenzgründungen, das Engagement in Technologie- und Gründerzentren und die Beratung bei der Unternehmensnachfolge. ...

Einen intensiven Wettbewerb in allen Regionen sichern

Mit etwa 25.000 Geschäftsstellen ist die S-Finanzgruppe flächendeckend in Deutschland vertreten. ... Das Rheinisch-Westfälische Institut für Wirtschaftsforschung (RWI) stellt hierzu in einer wissenschaftlichen Untersuchung fest: „Es ist nicht zu übersehen, dass ein Abweichen vom Regionalprinzip gerade in ländlichen Gebieten zu örtlichen Monopolstellungen oder zu einer Unterversorgung führen könnte."

Die deutsche plurale Finanzmarktstruktur garantiert einen intensiven Wettbewerb, der sich auch in angemessenen Preisen für die Kunden niederschlägt. ... „Overbanked" können Deutschland nur diejenigen finden, die durch geringeren Wettbewerb höhere Profite erzielen wollen. ...

Eine ausgewogene regionale Wirtschaftsstruktur erhalten

... Die S-Finanzgruppe ist mit über 370.000 Beschäftigten selbst einer der großen Arbeitgeber in Deutschland. ... Dieses Engagement hat insbesondere regionalpolitische Bedeutung, denn die modernen Arbeits- und Ausbildungsplätze kommen ... gerade den strukturschwachen Regionen zugute. ...

Die S-Finanzgruppe bringt seit Jahrzehnten zwischen 40 und 50 Prozent der gesamten Ertragsteuern der Kreditinstitute auf. ... Die hohen Steuerzahlungen fallen regelmäßig in allen, also auch in strukturschwachen Regionen an.

Ländliche Gebiete weiterentwickeln

... Als Hauptkreditgeber von langfristigen Investitionskrediten für landwirtschaftliche Unternehmen tragen die Sparkassen ... maßgeblich zur Entwicklung einer wettbewerbsfähigen und nachhaltig produzierenden Land- und Ernährungswirtschaft ... bei.

Modernisierung von Kommunen und Ländern unterstützen

Die S-Finanzgruppe hat im Wettbewerbsgeschäft der Vergabe von Kommunalkrediten einen Marktanteil von fast 60 Prozent. Sparkassen und Landesbanken unterstützen Länder und Kommunen darüber hinaus mit innovativen Lösungen für die Finanzierung kommunaler Investitionen, mit Programmen zur Optimierung der Schuldenlast, mit Konzepten wie Public-Private-Partnerships oder dem Aufbau eines kommunalen Consulting-Angebots. ...

Gesellschaftliche, soziale und kulturelle Verantwortung wahrnehmen

Die Tätigkeit der S-Finanzgruppe umfasst auch das gemeinnützige Förderengagement. ... Die Sparkassenorganisation trägt rund ein Sechstel der gesamten nicht-staatlichen Kulturförderung und ist damit größter Förderer von Kunst und Kultur in Deutschland. ...

Die Finanzmärkte durch Verankerung in der Region stabilisieren

Der dezentrale Aufbau der Sparkassenorganisation fördert die Nähe zwischen Kreditinstitut und Unternehmen, ist Grundlage der Wettbewerbsfähigkeit der Sparkassen und hilft, lokale Gegebenheiten besser zu berücksichtigen. Dieser Informationsvorteil dezentraler Strukturen dient im Ergebnis dem Wohle der Verbraucher. ...

Gerade die pluralen Strukturen in der deutschen Kreditwirtschaft schützen vor der Ansteckung von globalen Finanzkrisen. Regional verankerte Kreditinstitute beugen der Risikokumulation vor und bieten hier strukturellen Schutz. ...

Realisierung des öffentlichen Auftrags im Verbund mit den Landesbanken

... Die Landesbanken eröffnen durch ihre internationale Präsenz den Kunden der Sparkassen – und damit insbesondere dem Mittelstand – den Zugang zu internationalen Märkten. Sie stellen als Sparkassenzentralbank im arbeitsteiligen Verbund mit den Sparkassen diese Einbindung sicher, indem die Know-how bei komplexen Produkten und Gemeinschaftsprojekten, leistungsfähige Zahlungsverkehrssysteme und Liquiditätsmanagement bereit stellen und zur Kostendegression durch Bündelung von Serviceleistungen beitragen. ...

Darüber hinaus leisten die Landesbanken in ihrer Staats- und Kommunalbankfunktion einen wesentlichen Beitrag bei der Bereitstellung von Finanzdienstleistungen für Staat und Kommunen. ...

Durch ihre Wettbewerbstätigkeit als universale Geschäftsbanken erhalten die Landesbanken die Technik, das Know-how sowie die sachliche und personelle Ausstattung, die zur Erfüllung der Aufgaben in ihrer Sparkassenzentralbank- sowie Staats- und Kommunalbankfunktion notwendig sind. Ein adäquates Geschäftsvolumen und eine angemessene internationale Präsenz sind zur Einbindung der öffentlich-rechtlichen Kreditinstitute in die nationalen und internationalen Wettbewerbsprozesse im Bankenmarkt unverzichtbar.

Effizienz dezentraler Kreditinstitute

Sparkassen und Landesbanken müssen betriebwirtschaftlich effizient arbeiten, um die Stärkung ihrer Eigenkapitalbasis durch Gewinnthesaurierung dauerhaft sicherzustellen. ... Bei der Relation von Aufwand und Rohertrag weisen die Landesbanken nach der Bundesbankstatistik im Jahr 1998 einen Wert von durchschnittlich 56,1 Prozent, die Sparkassen – wegen der hohen Filialdichte – einen Durchschnittswert von 68,1 Prozent, die Großbanken hingegen einen deutlich schlechteren Wert von 78,3 Prozent auf. ...

Umfassende Geltung bankrechtlicher Vorgaben

Für Sparkassen und Landesbanken gelten ... in vollem Umfang die nationalen und europäischen Vorgaben des Bankaufsichtsrechts ...

Gerade mit Blick auf die Eigenkapitalanforderungen des Bankaufsichtsrechts liegt ein wesentlicher Nachteil von Sparkassen und Landesbanken gegenüber Aktienbanken darin, dass ihnen der Zugang zur Börse für die Versorgung mit Eigenkapital fehlt. ... Sparkassen und Landesbanken sind aufgrund der aufgabenorientierten öffentlichen Rechtsform ... vorrangig auf die Thesaurierung von Gewinnüberschüssen angewiesen.

Unternehmerische Finanzierungsverantwortung

Nicht anders als bei privaten Unternehmern gilt das Prinzip unternehmerischer Finanzierungsverantwortung und Haftung der Träger auch bei öffentlich-rechtlichen Unternehmen. Bei Sparkassen und Landesbanken kommen sie durch Anstaltslast und Gewährträgerhaftung zum Ausdruck. ...

Wesentliches Element der Gläubigersicherung sind in der Praxis zudem die in der Sparkassenorganisation bestehenden Institutssicherungssysteme. ...

Öffentlich-rechtliche Kreditinstitute in der europarechtlichen Diskussion

Am 08. Juli 1999 hat die Europäische Kommission ihre Entscheidung im Beihilfeverfahren gegen die Bundesrepublik Deutschland in Sachen Westdeutsche Landesbank Girozentrale (WestLB) getroffen. ... Die WestLB soll danach rund 1,6 Mrd. DM netto – rund 3,1 Mrd. DM brutto – für den relevanten zeitraum von 1992 bis 1998 an das Land Nordrhein-Westfalen leisten. Dies entspricht einer Verzinsung von 12 Prozent nach Steuern und – zusammen mit den vorgenannten Aufschlägen – von 26,7 Prozent nach Steuern.

Eine solche Rendite von 26,7 Prozent geht weit über das übliche Marktniveau hinaus. ...

Die Entscheidung der EU-Kommission würde, sollte sie Bestand haben – öffentliche Unternehmen dazu zwingen, ausschließlich gewinnmaximierend zu handeln. Gemeinwohlorientierte Zwecke und Aufgaben der Daseinsvorsorge spielen dabei keine Rolle. ...

Mit der „Erklärung zu den öffentlich-rechtlichen Kreditinstituten in Deutschland" haben die Staats- und Regierungschefs der Europäischen Union ... das Selbstorganisationsrecht der Bundesrepublik Deutschland und ihrer lokalen und regionalen Gebietskörperschaften sowie die besondere Verpflichtung der Sparkassenorganisation zur kreditwirtschaftlichen Versorgung breiter Bevölkerungskreise und insbesondere kleiner und mittlerer Unternehmen gewürdigt. ...

Anstaltslast und Gewährträgerhaftung sind Ausdruck unternehmerischer Finanzierungsverantwortung und als solche nicht mit einer Dritthaftung aus Bürgschaft oder Garantie gleichzusetzen. Mangels Haftung für einen Dritten ... ist insofern ein Beihilfetatbestand nicht erkennbar.

Unabhängig von dieser grundsätzlichen Bewertung ist für Sparkassen zudem festzuhalten, dass ihre Refinanzierung praktisch nicht aus internationalem, rating-reagiblen Kapital erfolgt. Sie sind schon aus diesem Grund von einer Diskussion um angebliche Refinanzierungsvorteile nicht betroffen.

Bei den Landesbanken wird zumeist übersehen, dass ein erheblicher Teil des Refinanzierungsvolumens der Landesbanken aus gedeckten Schuldverschreibungen – Pfandbriefen und Kommunalobligationen – besteht. Diese Verbindlichkeiten haben wegen der besonderen gesetzlichen Produktkonstruktion die höchste Bonitätsstufe.

Sofern danach noch Refinanzierungsvorteile messbar blieben, wären diesen die Belastungen öffentlich-rechtlicher Kreditinstitute gegenüberzustellen. ...

Schlussfolgerungen

... Wenn öffentlich-rechtliche Kreditinstitute ausschließlich am Ziel der Gewinnmaximierung gemessen würden, könnten sie ihren öffentlichen Auftrag nicht mehr wahrnehmen. Sie müssten sich dann in ihrer Geschäftspolitik wie die privaten Wettbewerber verhalten. Die Folgen wären in Wirtschaft und Gesellschaft unmittelbar spürbar. Die flächendeckende Versorgung mit modernen Finanzdienstleistungen wäre vor allem in ländlichen und strukturschwachen Regionen gefährdet. Eine Zunahme von Ungleichgewichten in der wirtschaftlichen Entwicklung von Regionen wäre die Folge. ...

Vor dem Hintergrund der erheblichen Unterstützung strukturschwacher Regionen durch Mittel der europäischen Union erscheint es wenig sinnvoll, Strukturen zu beschädigen, die bisher sowohl zu moderaten Preisstrukturen für Finanzdienstleistungen als auch zu einer wirtschaftlich gleichmäßigen Entwicklung der Regionen erfolgreich beigetragen haben. ...

ANHANG X

Antwort der Bundesregierung auf die kleine Anfrage der Abgeordneten Ursula Lötzer und der Fraktion der PDS - Drucksache 14/3069 -

- Auszug -

Auf Beschwerde deutscher Privatbanken ... hat die EU-Kommission im Juli 1999 die zur Sparkassenorganisation gehörende Westdeutsche Landesbank Girozentrale (WestLB) angewiesen, 1,6 Mrd. DM an das Land Nordrhein-Westfalen zu zahlen ... . Entscheidungen aus der Auseinandersetzung zwischen Bundes- und Landesregierungen einerseits und der EU-Kommission andererseits, mit der sich auch eine Arbeitsgruppe aus Vertretern der Bundesregierung und der EU-Kommission befaßt, werden als Grundsatzentscheidung über die Zukunft des öffentlichen Bankenwesens in Deutschland betrachtet. ...

3. ***Welche Position vertritt die Bundesregierung grundsätzlich bei der Gewährleistungshaftung im öffentlichen Bankensektor?***

Die Bundesregierung ist der Auffassung, dass die rechtlichen Grundlagen der Sparkassenorganisation mit dem EG-Vertrag vereinbar sind.

a) ***Wo liegen die Differenzen der Bundesregierung zur Monopolkommission bezüglich der Gewährleistungshaftung, da sie in ihrer Stellungnahme zum Monopolbericht schrieb, sie teile nicht die Ansicht der Monopolkommission?***

Die Monopolkommission empfiehlt seit langem eine Privatisierung des öffentlich-rechtlichen Kreditsektors. Demgegenüber ist die Bundesregierung der Auffassung, dass sich das in Deutschland bestehende dreisäulige Bankensystem, bestehend aus Privatbanken, Genossenschaftsbanken und öffentlich-rechtlichen Banken als dauerhaft wachstums- und wettbewerbsfördernd und vergleichsweise krisensicher bewährt hat.

b) ***Welchen Arbeitsauftrag hat die von der Bundesregierung und EU-Kommission eingesetzte Arbeitsgruppe zur Regelung beihilferechtlicher Fragen?***

Die von der Bundesregierung eingesetzte Arbeitsgruppe hat den Auftrag zu klären, ob und gegebenenfalls auf welcher Basis mit der EU-Kommission Einvernehmen über beihilferechtliche Fragen der deutschen öffentlichen Kreditwirtschaft erzielt werden kann.

c) Welche Ziele verfolgen die Beteiligten des Bundesministeriums der Finanzen in dieser Arbeitsgruppe?

Es geht darum, Lösungen zu entwickeln, die möglichst sowohl den beihilferechtlichen Maßstäben der EU-Kommission als auch den berechtigten Interessen der öffentlich-rechtlichen Kreditinstitute gerecht werden. Im Einzelnen hat die Arbeitsgruppe die Vertraulichkeit ihrer Beratungen vereinbart.

d) Werden seitens der Bundesregierung Maßnahmen erwogen, die die Gewährleistungshaftung von öffentlichen Gewährträgern dauerhaft sicherstellen?

Es wird auf die Beantwortung zu Frage 3 c verwiesen.

e) Wenn ja, wie müssten diese wettbewerbsrechtlich geregelt sein?

Es müssen die beihilferechtlichen Regelungen des EG-Vertrages (Art 86 folgende) eingehalten werden.

4. Teilt die Bundesregierung die Einschätzung, dass die Shareholder-Value-Strategie durch Mindestgewinnvorgaben von Kapitaleignern, Analysten und Rating-Agenturen die Konzentration auf den Märkten begünstigt und damit den Bankenwettbewerb beeinträchtigt?

Die Bundesregierung erkennt eine Vielzahl von möglichen Ursachen, die den Bankenwettbewerb beeinträchtigen und Konzentrationsbewegungen im Finanzsektor begünstigen können. ...

6. Wie schätzt die Bundesregierung die Beurteilung von Privatbank-Vertretern ein, dass Privatbanken durch öffentliche Banken in Deutschland im Wettbewerb behindert werden, da sie deshalb keine ausreichenden Renditen erwirtschaften könnten, weil das Shareholder-Value-Konzept Renditen von mindestens 15 % nach Steuern verlangt?

Die Bundesregierung ist nicht der Auffassung, dass Privatbanken durch öffentliche Banken in Deutschland im Wettbewerb behindert werden.

7. Welche Position nimmt die Bundesregierung in der Diskussion zur grundsätzlichen Neuorganisation des Systems der Landesbanken ein?

Die Beurteilung dieser Frage obliegt den Ländern. ...

8. ***Welche Position vertritt die Bundesregierung in der Diskussion um Änderungen der Rechtsform , eine Einbindung privater Elemente und die Erschließung privater Kapitalquellen bei öffentlichen Banken?***

Die Bundesregierung wird ihre Förderbanken weiterhin in öffentlicher Rechtsform führen. Im Übrigen berührt diese Frage die Zuständigkeit der Länder.

9. ***Wie bewertet die Bundesregierung die Ansicht, dass bei einer Aufgabe der besonderen Stellung der Landesbanken und Sparkassen davon auszugehen ist, dass Privatbanken, die über ausreichend Kapital verfügen, künftig öffentliche Kreditinstitute übernehmen und Gleiches für öffentliche Versicherungen gilt, die von EU-Entscheidungen bezüglich der Gewährleistungshaftung ebenfalls betroffen sein könnten?***

Die Bundesregierung hält den öffentlich-rechtlichen Bankensektor für unverzichtbar in unserem dreigliedrigen Bankensystem. ...

14. ***Wie bewertet die Bundesregierung die Einschätzung von Experten, dass gerade öffentliche Banken mit der Bereitstellung von Bankdienstleistungen für sozial schwächere Bevölkerungsgruppen auch eine soziale Funktion wahrnehmen, die von den privaten Banken in der Form nicht zu erwarten sind?***

Die Bundesregierung ist der Auffassung, dass die öffentlich-rechtliche Kreditwirtschaft die aus dem öffentlichen Auftrag erwachsenen Verpflichtungen effizient und flächendeckend erfüllt. ...

15. ***Wie schätzt die Bundesregierung die von der EU-Kommission verfaßte Klarstellung der EU-Beihilferichtlinie ein?***

Angesprochen ist hier offenbar die Ende 1999 veröffentlichte „Mitteilung der Kommission über die Anwendung der Artikel 87 und 88 EG-Vertrag auf staatliche Beihilfen in Form von Haftungsverpflichtungen und Bürgschaften" (Bürgschaftsmitteilung). ...

Die Bundesregierung hat einer Gleichsetzung von Anstaltslast und Gewährträgerhaftung mit staatlichen Bürgschaften wiederholt widersprochen und in ihren Stellungnahmen zu vorbereitenden Entwürfen dieser Mitteilung immer wieder darauf hingewiesen, dass diese Rechtsinstitute als Teil des – historisch gewachsenen – rechtlichen Charakters öffentlich-rechtlicher Kreditunternehmen in Deutschland deutlich andere Strukturelemente aufweisen als staatliche Bürgschaften. ...

16. ***Unterstützt die Bundesregierung die ... Forderung, die gegenwärtige Eigentumsordnung der öffentlichen Banken angesichts der Ankündigung der EU-Kommission, staatliche Garantien an öffentliche Banken in der Bundesrepublik Deutschland künftig schärfer im Hinblick auf Kompatibilität mit dem europäischen Wettbewerbsrecht zu prüfen, zu verteidigen?***

Die Bundesregierung hat ihre Haltung gegenüber der Europäischen Kommission stets dahin gehend ausgelegt, dass das öffentlich-rechtliche Kreditwesen in Deutschland den Schutz des EG-Vertrages (jetzt Artikel 295) genießt, nachdem der Vertrag die Eigentumsordnungen in den verschiedenen Mitgliedstaaten unberührt läßt. Gleichzeitig misst die Bundesregierung der Wahrnehmung der öffentlich-rechtlichen Kreditinstituten gesetzlich auferlegten besonderen öffentlichen Aufgaben weiterhin eine außerordentliche Bedeutung bei. ...

20. Teilt die Bundesregierung die Einschätzung, dass die Sparkassen mittelbar von der EU-Entscheidung betroffen sind, da der föderale Aufbau des öffentlichen Bankensystems bedingt, dass eine Garantievergütung der Landesbanken letztlich nicht ohne Konsequenzen für die Sparkassen bleiben kann, obwohl die deutschen Sparkassen nicht unter die Beihilfeprüfung der EU-Kommission fallen, da Brüssel nur dann tätig wird, wenn der Handel zwischen den Mitgliedstaaten beeinträchtigt wird?

Aus Sicht der Kommission stellen Anstaltslast und Gewährträgerhaftung vermögenswerte staatliche Leistungen dar, die den öffentlichen Kreditinstituten Refinanzierungsvorteile verschaffen. Stehen diesen Begünstigungen weder Aufwendungen der Banken für Dienstleistungen im allgemeinen wirtschaftlichen Interesse (Artikel 86 Abs. 2 EG-Vertrag) noch angemessene Gegenleistungen ... gegenüber, so handelt es sich – aus Sicht der Kommission – um (gemeinschaftsrechtswidrige) staatliche Beihilfen. Diese generellen Erwägungen treffen im Prinzip sowohl auf Landesbanken als auch auf Sparkassen zu, da auch letztere – zumindest mittelbar über die Landesbanken – von den von der Kommission angesprochenen Refinanzierungsvorteilen profitieren. ...

ANHANG XI

Antwort der Bundesregierung auf die Kleine Anfrage der Abgeordneten Rainer Brüderle, Rainer Funke, Dr. Werner Hoyer, weiterer Abgeordneter und der Fraktion der FDP - Drucksache 14/3334 -

- Auszug -

Der Streit um Beihilfen und Privilegien mit Beihilfecharakter für öffentlich-rechtliche Unternehmen ist eskaliert. Insbesondere die Landesbanken und Sparkassen sind in das beihilfe- und wettbewerbsrechtliche Visier der EU-Kommission geraten. ...

Die strengen Wettbewerbs- und Beihilferegeln sind im EU-Vertrag vor allem auf Initiative Deutschlands verankert worden. Inzwischen erscheint Deutschland aber nicht mehr als der Motor, sondern als Blockierer eines europäischen Wettbewerbsgedankens. ...

3. ***Wie definiert die Bundesregierung den Begriff der Daseinsvorsorge in einer sozialen Marktwirtschaft?***

Aus Sicht der Bundesregierung erfasst der Begriff der Daseinsvorsorge die am Interesse des Gemeinwohls orientierte Erbringung von Leistungen wirtschafts-, gesellschafts-, sozial- oder kulturpolitischer Art.

4. ***Welche öffentlichen Aufgaben lassen sich im Detail für den Sektor der öffentlich-rechtlichen Banken aus der Definition des Daseinsvorsorgebegriffs durch die Bundesregierung ableiten?***

Hierzu gehört vor allem die flächendeckende Versorgung mit Finanzdienstleistungen, die Förderung kleiner und mittlerer Unternehmen sowie die Kreditversorgung einkommensschwacher Bevölkerungskreise durch die Sparkassen. ...

6. ***Verfügt die Bundesregierung über Daten, die das Ausmaß der Erfüllung eines öffentlichen Auftrags durch Sparkassen und Landesbanken (z.B. Kreditversorgung in der Fläche, Mittelstandsförderung, Unterstützung von Kommunen und Ländern bei der Wirtschaftsförderung) im Vergleich mit dem privaten Bankensektor belegen können?***

Ja. Die Zahlen belegen zur Besorgnis der Bundesregierung, dass sich die Großbanken aus der Mittelstandsförderung zunehmend zurückziehen. ...

7. **Wie beurteilt die Bundesregierung die weitverbreitete Praxis von Quersubventionierungen bei öffentlichen Unternehmen aus ordnungspolitischer Sicht und unter Effizienzgesichtspunkten?**

... Die Subventionierung wettbewerblicher Aktivitäten aus Mitteln der Auftragstätigkeit widerspricht europäischem und in der Regel auch nationalem Recht (z.B. Haushaltsrecht). Der Bundesregierung ist nicht bekannt und sie hält es auch nicht für wahrscheinlich, dass diese Art der Querfinanzierung in nennenswertem Umfang praktiziert wird.

Demgegenüber bestehen gegen eine Finanzierung von Aufgaben im Interesse des Gemeinwohls durch aus Wettbewerbsaktivitäten erwirtschafteten Mitteln aus Sicht der Bundesregierung keine wettbewerbs- oder ordnungspolitischen Bedenken.

8. **Welche Beobachtungen der Bundesregierung gaben Bundeskanzler Gerhard Schröder Anlass zu der Aussage (FAZ vom 6. April 2000), dass gerade die Mischung von privatwirtschaftlicher und öffentlich-rechtlicher Versorgung wichtig sei, damit auch kleine Kunden und mittelgroße Unternehmen optimal mit Finanzdienstleistungen versorgt würden?**

Die Bundesregierung ist der Auffassung, dass sich das in deutschland bestehende dreisäulige Kreditsystem, bestehend aus Privatbanken, Genossenschaftsbanken und öffentlich-rechtlichen Banken, als dauerhaft wachstums- und wettbewerbsfördernd und vergleichsweise krisensicher bewährt hat.

9. **Teilt die Bundesregierung die Auffassung, dass die öffentlichen Banken als „nationales Korrektiv" zu den monopolbildenden Privatbanken mehr denn je nötig seien, wie dies vom nordrhein-westfälischen Ministerpräsidenten Wolfgang Clement geäußert worden sein soll (Financial Times Deutschland vom 28. März 2000)?**

Ja. Dies ist auch die Meinung anderer Ministerpräsidenten, die in mehreren Entschließungen des Bundesrates niedergelegt ist. ...

15. **Befürwortet die Bundesregierung eine umfassende Schutzklausel für öffentlich-rechtliche Dienstleistungen im EU-Vertrag, wie sie von einigen Ministerpräsidenten gefordert wird?**

Die Bundesregierung setzt sich für eine dauerhafte Beilegung des Konflikts ein. ZU der Frage, ob in diesem Zusammenhang eine Vertragsänderung angestrebt werden sollte, hat die Bundesregierung ihre Haltung noch nicht festgelegt. ...

17. ***Welche Haltung nimmt die Bundesregierung zum Vorschlag der EU-Kommission ein, die EU-Transparenzrichtlinie so zu verschärfen, dass alle Unternehmen mit mehr als 40 Mio. Euro Umsatz ggf. ihre Buchführung nach Tätigkeiten im öffentlichen Interesse und Tätigkeiten in freier Konkurrenz trennen müssen?***

Die Bundesregierung lehnt den von der Europäischen Kommission vorgelegten Entwurf zur Änderung der so genannten Transparenzrichtlinie wegen der den betroffenen Unternehmen entstehenden unverhältnismäßigen Kosten ab; sie teilt uneingeschränkt die Auffassung der Bundesländer, nach deren Einschätzung die Einführung zusätzlicher Buchführungspflichten weder geeignet noch erforderlich ist, um die von der Kommission angestrebte Transparenz zu erreichen. ...

ANHANG XII

Bankenvereinigung der Europäischen Union: Beschwerdebegründung vom 26.07.2000

- Auszug -

Die Bankenvereinigung der Europäischen Union hat am 21. Dezember 1999 bei der EG-Kommission eine Beschwerde gegen Anstaltslast und Gewährträgerhaftung bei der WestLB, Stadtsparkasse Köln und der Westdeutschen Immobilienbank eingereicht. Wir begründen im Folgenden, weshalb Anstaltslast und Gewährträgerhaftung bei diesen drei Instituten eine staatliche Beihilfe im Sinne von Art. 87 Abs. 1 EG darstellen, die nicht die Ausnahmevoraussetzungen der Art. 88 Abs. 2 und Abs. 3 erfüllt, und daher von der EG-Kommission für unvereinbar mit dem Gemeinsamen Markt erklärt werden muss.

(44) Zwischen den Tätigkeiten der Sparkassen und privaten Banken bestehen heutzutage keine Unterschiede mehr. Die Sparkassen dienen keinem gemeinnützigen Zweck mehr. ...

(51) Sparkassen und Landesbanken bündeln ihre Marktmacht durch einen überregionalen, einheitlichen Markt- und Werbeauftritt mit gemeinsamen Produkten. Im „Verbund" agieren Sparkassen und Landesbanken wie ein <u>einheitliches Unternehmen</u>. ...

(53) Eine künstliche Trennung zwischen der Tätigkeit der Landesbanken und der Sparkassen würde die zwischen den Instituten und innerhalb der Sparkassenorganisation gesellschaftsrechtlichen Beteiligungsverhältnisse und die engen wirtschaftlichen Verflechtungen zwischen diesen verkennen. ...

(112) ... Das hervorragende Credit-Rating der Landesbanken und der großen Sparkassen beruht allein auf der erstklassigen Bonitätsbewertung des Bundes und des betreffenden Landes als Anstaltsträger. Die Landesbanken und Sparkassen schneiden beim Rating unter Berücksichtigung der Anstaltslast und Gewährträgerhaftung besser ab als bei einer entsprechenden Bewertung ohne diese institutionelle Absicherung. Die öffentlich-rechtlichen Kreditinstitute erhielten bei einem unterstellten Wegfall von Anstaltslast und Gewährträgerhaftung schlechtere Credti-Ratings.

(113) Das höhere Rating aufgrund von Anstaltslast und Gewährträgerhaftung bewirkt einen finanziellen Vorteil für die WestLB, die Stadtsparkasse Köln und die Westdeutsche Immobilienbank im Sinne von Art. 87 Abs. 1 EG. Die Vorteile bestehen insbesondere bei der Emission von Schuldverschreibungen, den Interbankenkrediten und im Derivategschäft.

(134) Eine genaue Bezifferung der Refinanzierungsvorteile aufgrund von Anstaltslast und Gewährträgerhaftung wird kaum möglich sein. ...

(136) Ein gutes Rating beeinflusst nicht nur die Kosten, sondern auch die Möglichkeiten der Refinanzierung. ... Darüber hinaus wirkt sich das gute Rating auch im Derivategeschäft aus. ... Insbesondere die Landesbanken machen aktiv von diesen aus Anstaltslast und Gewährträgerhaftung resultierenden Wettbewerbsvorteilen Gebrauch und heben in den Emissionsprospekten für ihre Anleihen ausdrücklich die Haftung durch den Staat hervor.

(138) Die Vorschläge des Baseler Ausschusses für Bankenaufsicht werden zu weiteren finanziellen Vorteilen für die öffentlich-rechtlichen Kreditinstitute führen. ...

(141) Anstaltslast und Gewährträgerhaftung gewähren den öffentlich-rechtlichen Kreditinstituten einen finanziellen Vorteil bei der Finanzierung der Sicherungseinrichtung der Sparkassenorganisation.

(144) Anstaltslast und Gewährträgerhaftung begünstigen die WestLB, Stadtsparkasse Köln und die Westdeutsche Immobilienbank in mehrfacher Hinsicht:

- Die wichtigsten Refinanzierungsinstrumente für diese Institute, Schuldverschreibungen und Interbankenkredite, und das Derivategeschäft werden in erheblichem Umfang von externen und internen Ratings beeinflusst. Das exzellente Long-Term-Rating dieser drei Kreditinstitute infolge der staatlichen Haftungszusagen führt zu einer erheblichen Senkung ihrer Refinanzierungskosten. ...
- Durch das exzellente Long-Term-Rating erhalten die drei Institute Zugang zu Refinanzierungsquellen, die ihnen ohne das hohe Rating verschlossen blieben ... .
- Die drei Institute haben Refinanzierungsvorteile bei der Aufnahme von nachrangigem Eigenkapital und stillen Einlagen und einen finanziellen Vorteil bei der Einlagensicherung.

(146) ... Anstaltslast und Gewährträgerhaftung könnten allenfalls ein Ausgleich für die Nachteile sein, die den öffentlich-rechtlichen Kreditinstituten aus der Zuweisung bestimmter öffentlicher Aufgaben, z.B. der Verpflichtung zur flächendeckenden Versorgung oder der Kreditversorgung der öffentlichen Hand erwachsen. Eine solche Verpflichtung gibt es jedoch für die genannten Institute nicht. ...

(153) Ein marktwirtschaftlich handelnder privater Anteilseigner eines Kreditinstitutes, z.B. ein privater Mehrheitsgesellschafter, eine Privatbank oder eine private Konzernobergesellschaft, würde keine mit Anstaltslast und Gewährträgerhaftung vergleichbare unbegrenzte Nachschusspflicht und Haftung für sein Kreditinstitut übernehmen können. ...

(157) ... Die unbeschränkte Haftung einer Privatperson oder juristischen Person des Privatrechts entspricht niemals einer unbeschränkten Haftung des Staates oder einer Gebietskörperschaft. Das Vermögen einer Privatperson, auf das die Gläubiger Zugriff haben, ist stets endlich. Der Staat verfügt wegen seiner Steu-

erhoheit über unendliche Ressourcen. Die unbeschränkte Haftung der konkursunfähigen öffentlichen Hand ist insoweit ein Aliud gegenüber der Haftung einer natürlichen oder juristischen Person des Privatrechts.

(166) Der „billige Einkauf" des Geldes im Bankensektor, der von einem sich stetig verschärfenden Konkurrenzkampf geprägt wird, gewinnt immer weiter an Bedeutung für die Ertragslage der Kreditinstitute. Der Wettbewerb im Bankensektor wird daher zwangsläufig durch die Vorteile bei der Mittelbeschaffung der öffentlich-rechtlichen Kreditinstitute in Folge von Anstaltslast und Gewährträgerhaftung verfälscht. Die Kostenentlastung auf der Passivseite räumt den öffentlichen Banken die Möglichkeit ein, den Kunden im Aktivgeschäft attraktivere Konditionen als die privaten Banken anbieten zu können und damit ihr Geschäftsvolumen zu deren Lasten auszubauen.

(191) Anstaltslast und Gewährträgerhaftung wirken sich nicht nur lokal, sondern auf das gesamte Gebiet der Bundesrepublik Deutschland aus. ...

(192) Durch diese kumulative Begünstigung der Sparkassen werden ausländische Kreditinstitute benachteiligt, die in Deutschland tätig sind oder tätig werden wollen. ...

(195) Die mit Anstaltslast und Gewährträgerhaftung verbundene Begünstigung stärkt die Finanzkraft der Sparkassen und erleichtert ihnen die Expansion in andere nationale Märkte. ...

(205) ... Bislang ist von der Bundesrepublik Deutschland noch nicht ausdrücklich worden, dass die öffentlich-rechtlichen Kreditinstitute in Deutschland mit Dienstleistungen von allgemeinem wirtschaftlichen Interesse betraut seien und die Anwendung des Beihilfeverbotes die Erfüllung der ihnen übertragenen Aufgaben rechtlich oder tatsächlich verhinderten.

(209) Art. 295 EG bestimmt, dass der EG-Vertrag „die Eigentumsordnungen in den verschiedenen Mitgliedstaaten unberührt läßt. Hieraus wird zu Unrecht eine Bestandsgarantie für Anstaltslast und Gewährträgerhaftung abgeleitet:

(212) ... Selbst wenn der Verstoß gegen das Beihilfeverbot nur durch die Änderung der Organisationsform beseitigt werden könnte, liegt darin keine Verletzung gegen die Neutralitätsverpflichtung der Gemeinschaft in Bezug auf öffentliches und privates Eigentum. Denn die Änderung der Organisationsform führt nicht zwingend zur Privatisierung des öffentlichen Kreditinstituts. Im Übrigen sind Anstaltslast und Gewährträgerhaftung nicht an die Organisationsform der Anstalt des öffentlichen Rechts geknüpft. ...

... Anstaltslast und Gewährträgerhaftung bei der Westdeutschen Landesbank (WestLB), der Stadtsparkasse Köln und der Westdeutschen Immobilienbank sind verbotene staatliche Beihilfen, die nicht die Genehmigungsvoraussetzungen erfüllen und daher von der EG-Kommission untersagt werden müssen. ...

Die in Anstaltslast und Gewährträgerhaftung enthaltenen Begünstigungen der WestLB, der Stadtsparkasse Köln und der Westdeutschen Immobilienbank sind keine bestehenden, sondern allesamt neue Beihilfen. Sie sind unter Verstoß gegen die Notifizierungspflicht gewährt worden und damit rechtswidrig. ...

ANHANG XIII

Bundesverband Öffentlicher Banken Deutschlands:

Stellungnahme zu der Organisation der Landesbanken als Anstalten des öffentlichen Rechts vor dem Hintergrund der EU-Beihilfe-Diskussion

- Auszug -

Die Strukturen öffentlich-rechtlicher Kreditinstitute in der Bundesrepublik Deutschland sind vor dem Hintergrund der EU-Beihilfevorschriften Diskussionsgegenstand zwischen der Europäischen Kommission, der Bundesrepublik Deutschland sowie den deutschen Bundesländern.

In jüngster Zeit hat die Erörterung der Organisation der Sparkassen und Landesbanken ... Rückfragen bei den führenden Ratingagenturen und den internationalen Investoren der Landesbanken ausgelöst. Hierzu möchten wir ... Folgendes klarstellen: ...

Keine Abschaffung der Unternehmensform „Anstalt des öffentlichen Rechts" mit ihren Haftungsgrundlagen Anstaltslast/Gewährträgerhaftung

Anstaltslast und Gewährträgerhaftung einer Anstalt des öffentlichen Rechts sind Strukturmerkmale der europarechtlich garantierten Eigentumsordnung der Bundesrepublik Deutschland, stellen jedoch keine unerlaubte Beihilfe im Sinne von Art. 87 des EG-Vertrages dar. Da sie nicht mit Garantien, die seitens eines dritten Sicherungsgebers für eine Fremdverbindlichkeit begeben werden, oder Bürgschaften im Privatrechtsverkehr vergleichbar sind, können die EU-Beihilfemaßstäbe hier nicht entsprechend angewandt werden. Als Strukturmerkmale der Rechtsform der Anstalt des öffentlichen Rechts gelten für die Haftungsfaktoren öffentlicher Banken andere Maßstäbe. Eine Abschaffung von Anstaltslast und Gewährträgerhaftung würde weit über die Ziele des gemeinschaftlichen Beihilferechts hinausgehen. Sie wären mit Art. 295 EG-Vertrag, der die Eigentumsordnungen in den Mitgliedstaaten schützt, nicht vereinbar. ...

Auch in dem Fall, dass die EU-Kommission Anstaltslast und Gewährträgerhaftung als Beihilfen ansehen würde, könnte sie hierfür allenfalls eine Kompensation verlangen, nicht aber die Abschaffung dieser Haftungsgrundlagen.

Vertrauensschutz und Rückwirkungsverbot – „Grandfathering"

Die Abschaffung oder Modifizierung von Anstaltslast und Gewährträgerhaftung durch die EU-Kommission ist rechtlich nicht möglich. Da sich zudem auf politischer Ebene alle deutschen Bundesländer nachdrücklich für eine Beibehaltung der Organisationsform „Anstalt des öffentlichen Rechts" mit Anstaltslast und Gewährträgerhaftung für die Sparkassen und Landesbanken ausgesprochen haben, müssen die Erwerber von Landesbankenemissionen einen Wegfall der Anstaltslast sowie der Gewährträgerhaftung nicht befürchten ... . Unterstellt man jedoch den Fall einer Privatisierung, müsste im Rahmen des Privatisierungsgesetzes sichergestellt werden, dass die Gläubiger bestehender Verbindlichkeiten einer Landesbank genauso umfassend geschützt sind, wie dies vor der Privatisierung der Fall war. Das in der Bundesrepublik Deutschland mit Verfassungsrang ausgestattete Rückwirkungsverbot stellt nämlich sicher, dass der Gesetzgeber nicht in bereits bestehende Rechtspositionen zum Nachteil von Investoren der Landesbanken eingreifen darf. ... Neben diesem verfassungsrechtlich garantierten „Verschlechterungsverbot" hätte die ausdrückliche gesetzliche Regelung des „Grandfathering" in einem Privatisierungsgesetz lediglich deklaratorische Bedeutung.

... Auch eine Entscheidung der EU-Kommission kann dieses „Verschlechterungsverbot" nicht verändern. Für den Bestand dieser Garantie ist eine zusätzliche Erklärung der jeweiligen Gewährträger oder eine Gesetzesänderung nicht erforderlich. ...

Im Ergebnis ist sichergestellt, dass die Position von Gläubigern bestehender Verbindlichkeiten selbst in dem unwahrscheinlichen Fall einer Privatisierung oder sonstigen gesetzlichen Einschränkung von Anstaltslast und Gewährträgerhaftung umfassend geschützt ist.

Das Rechtssystem der Bundesrepublik Deutschland stellt in Übereinstimmung mit geltendem EU-Recht sicher, dass den Investoren der Landesbanken durch Verfahren auf EU-Ebene unabhängig von ihrem Ausgang keine Nachteile entstehen können. ...

Der derzeitige Status quo ist für die Gläubiger auch für die absehbare Zukunft gewährleistet.

Theodore Kokkinos

Economic Structure-Functionalism in European Unification and Globalization of the Economies

Frankfurt/M., Berlin, Bern, Bruxelles, New York, Oxford, Wien, 2000. XIII, 218 pp.
ISBN 3-631-36740-6 · pb. DM 79.–*
US-ISBN 0-8204-4788-9

The concept of structure-functionalism introduces a new approach and tool of analysis into economic theory and practice. Analysis of the *long term* becomes deterministic and qualitative, and is orientated by specific categories of productive or institutional structures, which are organic and changing components of every national economy.

This approach has marked Europe's road from the European Coal and Steel Community to the European Union in a dialectical course for convergence and approximately uniform rate of growth of the members' economies. Structures reflect *real* productive potential, the *real* aggregates of an economy and point out the essential need for prices, interest and currency rates to express the structures of the entire economy. The same apporach shows the cause of high unemployment plaguing industrially developed countries, the sources of international monetary crises, the functional differences between the USA and the EU, the fall of Communism, as well as the causes of the Bretton-Woods collapse and the philosophy required for a new International Monetary System.

Structure-functionalism reveals the nightmarish danger stemming from the ethnocentric monetarist mechanism of international markets and the obligation to give top priority to economies. Old practices and models have to be revised since basic economic concepts are differentiated within the framework of global cooperation. Rules, principles of operation and values are transformed in the shape of the challenges of a new era.

Contents: Globalization · European Union · Structures of the Economies · Functioning of the Economy · International Monetary Crises · International Cooperation

FSC
www.fsc.org
MIX
Papier | Fördert
gute Waldnutzung
FSC® C083411

Kolibri 360 GmbH
Ferdinand-Jühlke-Straße 7
99095 Erfurt, Deutschland
produktsicherheit@kolibri360.de

Druck:
CPI Druckdienstleistungen GmbH
im Auftrag der
Kolibri 360 GmbH
Ferdinand-Jühlke-Str. 7
99095 Erfurt